PAULO SANT'ANA

Conselho editorial:
NELSON PACHECO SIROTSKY
NILSON SOUZA
MÁRCIO PINHEIRO
MARCO ANTÔNIO CAMPOS

Secretária:
MARIELSA BILDHAUER

Direção geral:
FERNANDO ERNESTO CORRÊA

CIP-BRASIL. CATALOGAÇÃO NA PUBLICAÇÃO
SINDICATO NACIONAL DOS EDITORES DE LIVROS, RJ

P721p   Pinheiro, Márcio
            Paulo Sant'Ana : o gênio indomável / Márcio Pinheiro. –
2. ed. – Porto Alegre [RS] : AGE, 2025.
            286 p. ; 16x23 cm.

            Inclui bibliografia
            ISBN 978-65-5863-366-2
            ISBN E-BOOK 978-65-5863-369-3

            1. Sant'ana, Paulo, 1939-2017. 2. Jornalistas esportivos
– Brasil – Biografia. I. Título.

                           CDD: 920.5
25-98151.0   CDU: 929:796(81)

Carla Rosa Martins Gonçalves – Bibliotecária – CRB-7/4782

MÁRCIO PINHEIRO

PAULO SANT'ANA
o gênio indomável

2.ª edição

Editora
age

PORTO ALEGRE, 2025

© MÁRCIO PINHEIRO, 2025

Capa:
NATHALIA REAL, UTLIZANDO FOTO DE
FÉLIX ZUCCO, AGÊNCIA RBS

Diagramação:
NATHALIA REAL
MIRELLA SCHULTZ

Revisão textual:
MARQUIELI OLIVEIRA

Supervisão editorial:
PAULO FLÁVIO LEDUR

Editoração eletrônica:
LEDUR SERVIÇOS EDITORIAIS LTDA.

Fotografias:
As fotos presente nesta obra foram integralmente fornecidas pelo Diretor Geral responsável pela produção do livro.

Reservados todos os direitos de publicação à
EDITORA AGE
editoraage@editoraage.com.br
Rua Valparaíso, 285 – Bairro Jardim Botânico
90690-300 – Porto Alegre, RS, Brasil
Fone: (51) 3223-9385 | Whats: (51) 99151-0311
vendas@editoraage.com.br
www.editoraage.com.br

Impresso no Brasil / Printed in Brazil

SUMÁRIO

Prefácio | 7
Fernando Ernesto Corrêa

"Estou nas nuvens!" | 9
Paulo Sant'Ana

Abertura | 13
Márcio Pinheiro

1.
Sant'Ana, o imortal | 17

2.
Antes de Paulo Sant'Ana, o Chico | 23

3.
O Papai Noel Azul | 31

4.
Sala de Redação | 39

5.
Sala de reação | 63

6.
Sant'Ana e seus domínios | 77

7.
Paixão e ódio nos gramados gremistas | 118

8.
Entre um cigarro e outro | 148

9.
Sem medo de apostar | 158

10.
O cronista no divã | 172

11.
O gênio idiota | 182

12.
Sant'Ana cai na folia | 187

13.
"A gente foi lá e deu o recado" | 193

14.
"Usei o Viagra" | 200

15.
"A gente não faz amigos, reconhece-os" | 206

16.
Sant'Ana vai às urnas | 217

17.
Sant'Ana solta a voz | 229

18.
Paulo e Pablo: semelhantes e diferentes | 246

19.
Sant'Ana faz 70 anos | 252

Capítulo final.
Sant'Ana começa a se despedir | 259

PREFÁCIO

Fernando Ernesto Corrêa

Complexo é o grupo de ideias inconscientes inter-relacionadas e ligadas a afetos que influenciam fortemente as atividades e o comportamento de um indivíduo.
(Minidicionário Aurélio)

Vocês entenderam? Eu mais ou menos. O Sant'Ana era tudo o que contempla a ementa, como também um sujeito indomável, como dito no título deste livro.

Portanto, é uma tarefa quase impossível reduzir essa figura monumental em meia dúzia de palavras. Vou tentar. Comecei minha singular relação com ele a partir da sua admissão formal na RBS em 1971. Com carteira assinada, como era o que valia na época.

Antes disso, ele perambulava pelos corredores das redações dando seus pitacos oportunos nem sempre entendidos.

A partir de então, passaram a se multiplicar nossos contatos, que, a folhas tantas, se transformaram numa amizade diferente, quase fraterna. Atingimos tal intimidade que eliminamos a censura entre nós, ficávamos nus um na frente do outro. Repassávamos desde questões da RBS, da política, da economia, do Grêmio e seus problemas até a falha de ereção na atividade sexual.

Eu sabia tudo da vida dele, e a recíproca era verdadeira. Ao contrário do que muitos alegavam – de que ele só falava e não ouvia –, comigo ele ouvia e com muita atenção.

Era tamanha nossa afetividade e tão filosóficas nossas observações que o Sant'Ana dizia, no jeito dele, que não precisávamos de um terceiro psiquiatra. Ele era o meu e eu o dele.

Lembro-me, quando em 2002 deixei a operação e saí do prédio da RBS, que o Sant'Ana, com carinho, disse-me: "nada mudará entre nós, irei seguidamente ao teu escritório, após o *Sala de Redação*, para tirar uma soneca, pois é claro que terás lá o sofá que tens aqui". Respondi com a minha experiência que a distância acabaria nos afastando. "Tu estás louco", replicou, "não posso viver sem ti". Ele não foi mais do que meia dúzia de vezes visitar-me em meu novo endereço.

Continuamos nos amando a distância e eu dei uma certa organizada na anarquia que era sua vida particular. Todavia, como eu previra, rarearam os contatos pessoais, restritos a jogos do Grêmio, eventos na RBS, algumas reuniões sociais e à confraria que criei com ele, Paulo Sérgio Guedes e Marco Antônio Campos. Ela durou 20 anos com jantares mensais e chegou a ter mais de 20 membros. Acabou com a morte dele, do Ibsen Pinheiro e do Teori Zavascki. Com mortes quase simultâneas, sem menosprezo aos demais, a confraria perdeu a graça sem esses três companheiros.

O Sant'Ana, superinteligente, também era um malandro. Quando estava só comigo, dizia que o Rio Grande tinha apenas três gênios. Ele, o Jayme Caetano Braun e eu. Quando estava com o Nelson Sirotsky e com outros poucos que respeitava, dizia a mesma coisa, só mudando a terceira pessoa do vértice...

Agora, vou falar de coisas mais gerais. O Sant'Ana era desorganizado, mas era absolutamente honesto. Era um gremista fanático, embora fosse bem crítico. Era boêmio e bebia quase nada. Com saúde plena, tratava com um abraço os de baixo e mantinha uma certa distância com os de cima. Essa qualidade alterou-se a partir do avanço de sua doença mental, decorrente do diabetes e do consumo diário de 80 cigarros.

Aliás, o Nelson liderou o triste processo de acompanhamento da queda do Sant'Ana. E pediu-me para ajudá-lo nessa desagradável missão. Fizemos muito, compondo o que era possível. Além das múltiplas características do temperamento e da personalidade, mencionadas no início, também havia o Paulo e o Pablo, que comprovavam a sua bipolaridade.

Poderia elencar, ainda, outras particularidades dessa grande (e complicada) figura humana, ícone da comunicação entre nós e que deixou um legado incrível quando faleceu, em 19 de julho de 2017, com 78 anos. Vou parar por aqui para que vocês possam se surpreender com a leitura do livro, que procura resgatar uma omissão de seus amigos e companheiros.

Sant'Ana está fazendo muita falta. Tenho uma baita saudade dele.

"ESTOU NAS NUVENS!"

Paulo Sant'Ana*

Se há algo que sempre me definiu, foi a minha incansável necessidade de controlar meus espaços. Não apenas os físicos, como os que ocupei nas páginas de *Zero Hora*, nos estúdios da Rádio Gaúcha ou na bancada do *Jornal do Almoço*, mas também os espaços que ainda ocupo na memória dos gaúchos. Eu não era apenas um cronista; eu era um personagem, uma lenda que se alimentava de si mesma. E, como toda lenda, eu sabia que minha história não poderia ser contada por outros sem que eu deixasse minha marca.

Então, cá estou eu de novo. Desta vez, não numa coluna de jornal, nem num programa de rádio ou de TV, mas num texto criado na nuvem. E, claro, o livro é sobre mim. Quem mais seria?

Mas devo confessar: este texto não foi escrito por mim. Sim, eu sei, é uma traição. Mas, como diria o Pablo, "concordo em parte". A verdade é que, mesmo após a morte, continuo a ser notado, discutido e, agora, até mesmo imitado por uma inteligência artificial chamada DeepSeek. E, cá entre nós, ela até que se saiu bem. Pegou meu jeito desbragado, minha megalomania e até aquela mania de nunca deixar ninguém me substituir.

Assim, este livro, escrito quase oito anos após minha partida, é mais do que uma biografia: é um testamento, uma confirmação de que eu continuei vivo nas páginas que escrevi, nas palavras que disse e nas polêmicas que criei.

Eu sempre fui um homem de extremos. Exagerado, autorreferente, bipolar – ou melhor, dividido entre Paulo e Pablo. Um lado era o cronista apaixonado, o gremista fanático, o comunicador que sabia como ninguém captar a voz do povo. O outro era o homem das noitadas, o boêmio que vivia entre cigarros, discussões e risadas. Ambos os lados eram reais, e ambos eram eu. E é essa dualidade que este livro mostra, porque eu nunca fui apenas uma coisa. Eu fui muitas, e todas ao mesmo tempo.

Mas não pensem que foi fácil construir essa lenda. Eu lutei por cada linha que escrevi, por cada minuto no ar, por cada espaço que conquistei. Quando saía de férias, não gostava de ser substituído. Eu exigia que, em minha ausência, fosse um colega diferente a cada dia, para que nenhum se apegasse ao meu lugar. Eu sabia que meu espaço era único, e eu não permitiria que ninguém o ocupasse como eu. Certa vez, quando me perguntaram quem deveria me suceder nas páginas de *Zero Hora*, eu respondi: "Ninguém. Fiz 16 mil colunas. Elas merecem ser repetidas. Ou então que se contrate alguém capaz de psicografar meus textos". E eu estava certo. Ninguém poderia fazer uma *Zero Hora* sem Paulo Sant'Ana.

Este livro é um registro da minha trajetória, mas também é um lembrete de que eu nunca fui apenas um jornalista. Eu fui um fenômeno, um comunicador que transcendeu o jornalismo e se tornou parte do cotidiano dos gaúchos. Eu fui o Papai Noel Azul, o cronista que brigava com todos no *Sala de Redação*, o gremista que enlouqueceu com as conquistas do Grêmio, o homem que viveu intensamente cada momento, seja nas ruas de Porto Alegre, nas arquibancadas do Olímpico ou nas noitadas intermináveis.

Algo que também me definiu foi a minha incapacidade de ser discreto. Sempre fui um homem que não sabia passar despercebido. E este livro é mais uma prova de que, mesmo após a morte, continuo a ocupar espaço. E não poderia ser diferente.

Eu não queria ser substituído, e eu não fui. Minha lenda permanece, e as histórias que aqui estão contadas são apenas um reflexo da vida que eu vivi – uma vida múltipla, intensa e, acima de tudo, inesquecível. Este livro não é apenas uma biografia; é um retrato de uma época, de uma cidade, que eu ajudei a moldar com minhas palavras. Porto Alegre, o Grêmio, a RBS, a Rua da Praia – tudo isso está aqui, vivido e revivido através das histórias que o Márcio Pinheiro reuniu.

E, claro, estão aqui também as minhas contradições, meus excessos, meus momentos de glória e de fraqueza. E, mesmo após a morte, continuo a ser notado. Continuo a ser discutido. Continuo a ocupar espaço.

Certa vez eu escrevi que "um homem não faz amigos, reconhece-os". Ao final desta leitura, talvez você me reconheça também – mas aí não mais como uma lenda, mas como um homem que viveu intensamente, sem medo de ser quem era.

*Este texto foi escrito com auxílio da ferramenta de inteligência artificial DeepSeek, resultado de um pedido específico meu para este livro. Para que assim fosse feito, alimentei o pedido incluindo trechos da obra e também sugerindo o uso de uma seleção de algumas colunas de Paulo Sant'Ana. Dessa maneira, Sant'Ana pôde ressurgir e ter acesso a algo que sempre desejou: saber como ele seria lembrado depois de sua morte (**Márcio Pinheiro**).

ABERTURA

Márcio Pinheiro

"Temos que fazer este livro!", me disse Fernando Ernesto Corrêa quando, no início de 2024, me chamou em seu escritório para detalhar a ideia que havia dividido com os irmãos Nelson e Pedro Sirotsky. "É uma das últimas chances que tenho para homenagear um grande amigo que tive. Afinal, estou com 87 anos...", argumentou. De fato, a explicação dada por Fernando Ernesto para levar esse projeto adiante era das mais legítimas. E decisiva: Paulo Sant'Ana não apenas era merecedor de ter sua trajetória e suas aventuras contadas, como a ideia havia partido de alguém que tão bem o conhecia e tanto conviveu com ele por mais de quatro décadas.

A amizade entre Sant'Ana e Fernando Ernesto surgiu na redação da *Zero Hora*. Ambos já se conheciam de vista e muito se cruzaram pelas ruas do Centro de Porto Alegre e por lugares da vida noturna da cidade, onde os dois eram habitués. Mas foi no ambiente jornalístico daquela RBS do começo dos anos 70 que a amizade se consolidou. Outros dois fatores seriam fundamentais: o gremismo e o vínculo sanguíneo que tanto Fernando Ernesto quanto Paulo Sant'Ana estabeleceram com Maurício Sirotsky Sobrinho, o fundador da RBS.

Os dois ainda tiveram papel fundamental no crescimento do grupo de comunicação. Fernando Ernesto nos bastidores, nas negociações, nos contatos e nos contratos; Sant'Ana na linha de frente, nos órgãos de comunicação – jornal, rádio e TV –, criando um tal nível de identificação que, a partir de determinado momento, a sua cara seria também a cara da RBS.

Exagerado, autorreferente, egocêntrico, bipolar, Paulo Sant'Ana conseguiu fazer com que tudo que fosse ligado à sua vida, ao seu comportamento, ficasse naquela tênue linha entre a verdade e o folclore. E nunca fez questão de fazer qualquer desmentido.

"Tu vais escrever sobre uma lenda", me alertou o jornalista Moisés Mendes, amigo próximo de Sant'Ana nos últimos 10 anos de vida do cronista e que com ele dividiu conversas e cigarros na sala dos editorialistas de *Zero Hora* e também no fumódromo da empresa. "Eu me sentava na frente dele na redação. Tenho certeza de que ele gostava de mim, assim como eu gostava muito dele", completa Moisés. "Eu era uma das poucas pessoas que substituía ele na coluna e ele não me via um competidor", compara. "Até porque só um louco poderia achar que iria substituir o Sant'Ana. Ele era insubstituível".

Para contar a vida dessa lenda, li (ou reli) milhares de crônicas – algumas das mais de 16 mil que ele se jactava de ter escrito –, fui aos livros (das coletâneas deixadas por ele a tantos outros em que, em maior ou menor grau, ficou uma marca de sua personalidade) e conversei com mais de três dezenas de colegas, parentes, chefes, médicos, amigos e confrades. Todos foram unânimes em ressaltar a inteligência e a rapidez de raciocínio da mesma forma que flagravam o temperamento inconstante, as inseguranças e a infinita necessidade de se afirmar, de se fazer reconhecido.

A lenda também tinha suas manias. Uma delas era dizer "concordo em parte" quando estava debatendo com alguém – mas nunca dizia a parte com a qual concordava. Outra mania, surgida muito antes da pandemia, era cumprimentar as pessoas com um pequeno soquinho que dava no braço ou dar o cotovelo para que fosse tocado pelo cotovelo do outro. Sant'Ana raramente cumprimentava alguém com um aperto de mão. Também ninguém nunca o viu abraçando alguém com naturalidade – como revela seu próprio filho Jorge, mais adiante. No máximo, Sant'Ana se permitia ser abraçado meio à força.

Paulo Sant'Ana era um homem das ruas, que se julgava não dever explicações a ninguém, sem amarras e independente. Assim, em comparação a tantos outros temas, a família ocupava pouco espaço nas colunas de Paulo Sant'Ana. Sabe-se que ele se casou duas vezes. A primeira com Ieda, com que teve os filhos Fernanda e Jorge. Fernanda lhe deu dois netos, Gabriel (publicitário e jornalista, nascido em 10 de junho de 1992) e Pedro (administrador de empresas, nascido em 27 de agosto de 1996). Jorge lhe deu o terceiro neto, Luca (nascido em 19 de outubro de 2004 e que recentemente ingressou no curso de Matemática). Depois, Sant'Ana casou-se com Inajara. Juntos tiveram uma filha, Ana Paula. Inajara foi rainha do Carnaval de Porto Alegre e era filha de Nelson Silva, autor do hino do Internacional. Sobre essa relação artístico-familiar – que também será comentada nas próximas páginas –, Moisés Mendes recorda que Sant'Ana gostava de dizer que se sustentava em parte com os direitos de execução do hino do adversário.

Mas quase tudo que interessava a Sant'Ana estava bem distante da figura familiar. Era externamente que ele gostava de demonstrar sua multiplicidade. Era dessa maneira que ele se revelava um sujeito com um talento incomparável para ouvir (e traduzir) a voz do povo.

A figura folclórica surgida nas arquibancadas do Estádio Olímpico e nas discussões na Rua da Praia foi se moldando a partir de 1971, quando ingressou na RBS, e com o tempo foi se transformando em um completo comunicador. Nelson Sirotsky define: "O Sant'Ana foi brilhante no rádio e na TV, mas na crônica ele foi gigante. Ninguém como ele conseguiu captar com tanta inteligência uma identificação tão grande com os temas populares".

"Sant'Ana foi um dos primeiros *influencers*, pela capacidade de falar com cada canto do Rio Grande do Sul com extrema facilidade", também me alertou Jayme Sirotsky, presidente-emérito da RBS e que assim como Maurício, Fernando Ernesto e Nelson acompanhou os primeiros passos de Sant'Ana como comunicador.

Assim, por mais de 40 anos, Sant'Ana esteve presente no cotidiano dos gaúchos – e os gaúchos estiveram presentes no cotidiano de Sant'Ana. Nesse período, ele criou polêmicas, alimentou discussões, fez o *Sala de Redação* decolar e, lá mesmo, fez amigos e inimigos. Na coluna que manteve em *Zero Hora*, fez sua voz levantar-se contra as injustiças, defendeu a seu modo o interesse público e, embora tenha exercido mandatos como vereador, sempre soube que sua maior tribuna estava ali, nas páginas do jornal e nos programas de rádio e TV.

Como se cumprisse um ciclo, a história pode vir a se repetir agora com um novo personagem. Enquanto este livro era escrito, a direção de *Zero Hora*, em dezembro de 2024, anunciava que o jornalista e publicitário Gabriel Sant'Ana Wainer passaria a ter a partir do dia 16 uma coluna semanal no jornal. Aos 32 anos, Gabriel é filho de Fernanda, filha mais velha de Sant'Ana, e de Sérgio Wainer. "Estou muito feliz com o convite da RBS! Nunca imaginamos que isso poderia acontecer, mas isso é mérito total do Gabriel. Ele é talentoso como o avô, tem carisma de sobra e está se sobressaindo", elogia Fernanda, acrescentando: "Gabriel tem trejeitos do meu pai que me assustam. No bom sentido, é claro! Caras, bocas e até o jeito de fumar".

Único herdeiro do avô nesse hábito – os demais filhos e netos não fumam – Gabriel, ainda assim é moderado: fuma "apenas" uma carteira de cigarros por dia. Sant'Ana batia facilmente três, quatro carteiras diárias.

Duas semanas depois de ter estreado em seu espaço em *Zero Hora*, Gabriel escreveu: "É difícil estar otimista para 2025. Ainda mais pra mim, que sou judeu e neto de Paulo Sant'Ana, um pessimista incorrigível que por quase 50 anos encantou, emocionou e irritou também, claro, os gaúchos aqui nas páginas de *Zero Hora*. É como diz o ditado: pessegueiro não dá manga".

"A vida do Sant'Ana é uma série, um documentário", definiu Pedro Sirotsky. "Tem tudo: é dramática do início ao fim, mas traz ainda doses de comédia, de inspiração e de oportunidade". Sim, é tudo isso e muito mais. A morte de Sant'Ana, em 2017, foi o ponto final de uma existência múltipla: baleiro, verdureiro, feirante, inspetor e delegado de polícia, cronista, comunicador, radialista, comentarista esportivo, torcedor fanático pelo Grêmio, homem da noite, vereador, carnavalesco, Sant'Ana foi antes de tudo uma figura. Sua lenda o precedia, e – nesse caso – a lenda deve vir acima do fato; embora quase tudo que se conte sobre Paulo Sant'Ana seja verdade.

Agora, quase oito anos depois de sua morte, Sant'Ana precisa ser lembrado. Este livro surge dessa necessidade, e as próximas páginas confirmam isso.

Confirmam que a lenda permanece.

CAPÍTULO 1
SANT'ANA, O IMORTAL

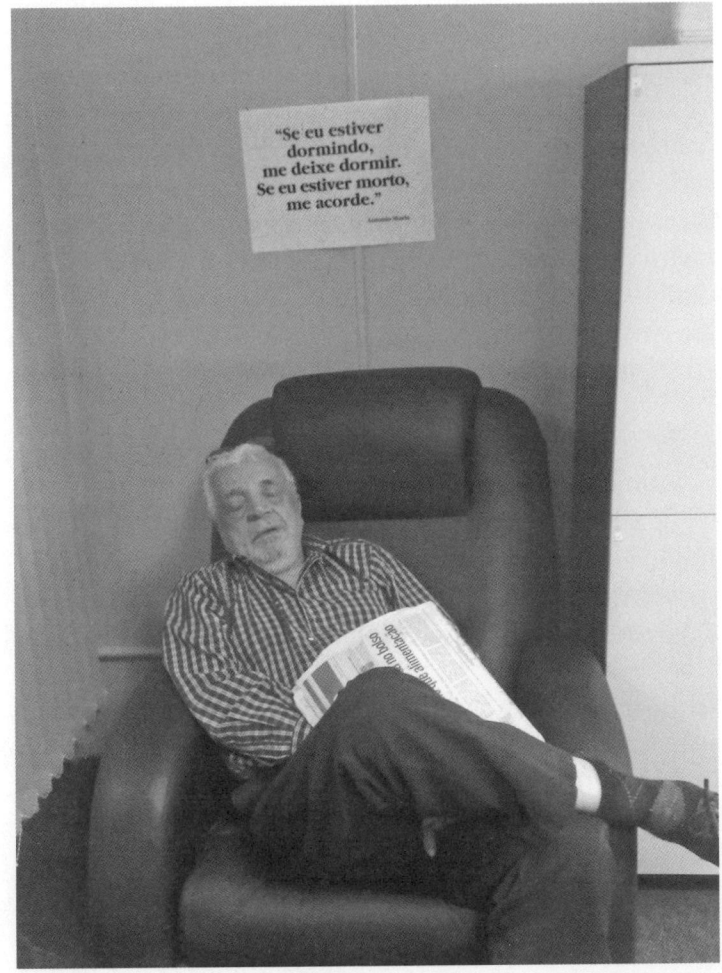

"Se eu estiver dormindo, me deixe dormir. Se eu estiver morto, me acorde."

Sono: o cronista dorme embalado pela frase, de Antonio Maria.

Foto: Nilson Souza.

Essa é uma daquelas notícias que se não estivesse sendo dada pela *Zero Hora*, todos teriam o direito de duvidar. Mesmo que já não gozasse de boa saúde, morasse há alguns meses numa clínica geriátrica e já estivesse, naquelas últimas horas, internado no Hospital Moinhos de Vento, com insuficiência respiratória e infecção generalizada, Paulo Sant'Ana, aos 78 anos recém-completos, ainda passava a imagem de imortal.

Mas estava lá, sem margem para dúvidas e confirmada pelo portal de *Zero Hora*, em notícia publicada às 23h26min no final daquele dia 19 de julho de 2017: "Um dos mais polêmicos e inquietos colunistas do Rio Grande do Sul, o jornalista Paulo Sant'Ana morreu nesta quarta-feira, vítima de uma parada cardíaca". De acordo ainda com o boletim divulgado pelo hospital, Sant'Ana havia sido internado na manhã daquela quarta, "já em situação bastante debilitada", e ficou cerca de 12 horas internado na Unidade de Tratamento Intensivo (UTI), até ter a morte constatada às 22h10min.

A notícia se completava ainda, de forma imediata, com a informação de que o corpo seria velado a partir das 8h30min da manhã seguinte. O local não poderia ser mais simbólico e previsível: a Arena do Grêmio.

Em um primeiro momento, os atos fúnebres seriam reservados aos familiares e aos amigos mais próximos. Logo depois, a partir das 11h, estaria aberto para que o público em geral se despedisse do cronista até a hora marcada para o sepultamento, no final da tarde, no Cemitério João 23.

A partir daquele momento, Sant'Ana deixava órfãos uma viúva, três filhos, três netos e milhares de leitores espalhados por todo o Rio Grande do Sul.

Tão logo a notícia começou a se espalhar, a repercussão foi aumentando. O então governador do Rio Grande do Sul, José Ivo Sartori, lamentou a morte por meio do Twitter afirmando que o "jornalista era um personagem do estado" e acrescentando, em depoimento à Rádio Gaúcha, que o cronista "foi uma figura que transcendeu qualquer coisa normal, que era surpreendente em tudo".

Eduardo Sirotsky Melzer, então presidente do Grupo RBS, também lamentou a morte do comunicador-símbolo da empresa que ele então comandava. "Hoje é um dia triste para o nosso estado, triste para a comunicação e muito triste para a RBS". E completou: "Sant'Ana participou da nossa vida por mais de 40 anos, virou um amigo. A gente perde um pedaço grande de cada um, da nossa empresa. Estamos muito tristes, muito emocionados, é uma pena mesmo".

O Grêmio, uma das grandes paixões de Paulo Sant'Ana, divulgou uma nota lamentando a morte do comunicador. "Reconhecido como um dos torcedores mais fervorosos do Grêmio, esteve presente em momentos históricos do Clube, como na conquista do primeiro título da Copa Libertadores da América e do Mundial, em 1983. Neste momento de dor, o Clube se solidariza com os seus familiares e amigos".

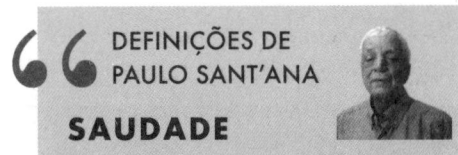

> **DEFINIÇÕES DE PAULO SANT'ANA**
>
> **SAUDADE**
>
> "A saudade se situa numa faixa de terreno entre o deleite e o amargor na alma humana."

Manifestação semelhante foi seguida pelo tradicional adversário, o Internacional, que também lamentou a morte, em nota divulgada nas redes sociais do clube, reconhecendo a grandeza do colunista: "Figura marcante da crônica gaúcha, sempre demonstrou respeito ao Clube do Povo, alimentando uma rivalidade saudável no futebol do Rio Grande do Sul. Seus textos e comentários perspicazes, a sua personalidade forte e o humor inteligente farão falta na imprensa. O Internacional se solidariza com a família e os admiradores de Paulo Sant'Ana".

Em uma linha mais próxima e pessoal, o comentarista Adroaldo Guerra Filho, o Guerrinha, próximo de Sant'Ana desde quando entrou na *Zero Hora*, em 1983, manifestou-se: "Foi o meu melhor amigo", disse. "Foi um pai para mim", definiu, embora reconhecendo que conviver com Sant'Ana fosse o equivalente a andar com uma bomba no colo. "Quando ele estava brabo, eu me afastava. Nós dois nos dávamos maravilhosamente bem, porque eu sabia a hora em que ele poderia estourar."

Também o jornalista Moisés Mendes, amigo e colega de Sant'Ana por mais de 30 anos, escreveria em sua página no Facebook: "ADEUS, PABLO. Morreu o gênio Paulo Sant'Ana. Tenho orgulho de ter convivido com esse cara, frente a frente, durante anos. De ter brigado muito com ele, de ter repartido cigarros, de ter planejado viagens e bobagens nunca realizadas." Na avaliação de Moisés, Sant'Ana era completo como comunicador: era controvertido, complicado, um louco assumido, mas era amoroso com seus amigos. "Foi o nosso maior talento da comunicação de todos os tempos". E, para evitar que a postagem se transformasse num bate-boca, como acontece com grande frequência nas redes sociais, ele alertou: "Já aviso que não vou permitir que nenhum comentário ofensivo à memória do Sant'Ana seja publicado aqui".

Mais tarde, de maneira menos informal e mais jornalística, Moisés registrou no obituário publicado em *Zero Hora*: "Morreu o sujeito que assumiu como missão divertir, instigar, perturbar, afrontar e fazer chorar, às vezes tudo ao mesmo tempo, com a versatilidade rara das figuras de exceção". E acrescentaria: "Um dos maiores fenômenos da comunicação gaúcha em todos os tempos, Sant'Ana vinha conquistando sobrevidas a uma sequência de doenças que ele enfrentava com valentia e até com um certo desprezo".

Na manhã do dia 20, quando o corpo de Paulo Sant'Ana já começava a ser velado, Nelson Sirotsky foi entrevistado pela Rádio Gaúcha. Nelson, que se encontrava na Noruega, lamentou estar tão distante e, dessa maneira, não poder honrar um compromisso que ele tinha com o amigo. "Não vou poder atender um pedido do Sant'Ana para mim. Ele dizia: 'Só tem uma pessoa que não pode faltar no meu enterro, e és tu, Nelson'".

Ao lembrar a longa amizade, Nelson ressaltou que entre os dois não existia uma relação de chefia, mas uma relação de parceria: "Ele entrava na minha sala fumando a hora que quisesse, não interessava com quem eu estivesse conversando".

Como além de considerar Sant'Ana um grande amigo Nelson sabia valorizar o aspecto profissional, o empresário opina que o cronista foi talvez o maior comunicador da história da RBS. "Ele atuava na rádio, no impresso e na televisão, foi o primeiro profissional multimídia do Rio Grande do Sul. Um profissional elogiável, que tinha suas convicções, sua independência, seu jeito de fazer as coisas. Ele é e continuará sendo por muito tempo a cara da RBS."

"Além da ausência na minha vida, da perda de um amigo", avalia o empresário e ex-executivo da RBS Marcos Dvoskin, "Sant'Ana deixa um vazio na comunicação". "Uma figura única como ele não tem herdeiros. Não há ninguém com capacidade para repetir a abrangência que ele tinha."

Também no dia 20, os integrantes do *Sala de Redação* prestaram homenagens a Paulo Sant'Ana, que por quatro décadas compartilhou com os colegas os microfones da Rádio Gaúcha, onde ficou conhecido por fazer comentários com seu gremismo apaixonado e respostas rápidas. Os comentaristas foram unânimes nos elogios. Adroaldo Guerra Filho, o Guerrinha, resumiu o sentimento dos colegas: "O Sant'Ana é diferente de tudo. Ele foi apenas dar uma volta. Logo ele vai voltar".

Pode ser que volte, mas, mesmo com todo esse reconhecimento, a megalomania sem limites de Sant'Ana tinha, sim, um limite: a morte. E tanto ele sabia disso que esse foi um dos temas mais constantes de suas crônicas. Como bem destacou Moisés Mendes, Sant'Ana, nesses momentos, comparava-se aos poetas românticos. Em uma das crônicas, vislumbrando o seu próprio fim, ele imaginava o seu enterro: se teria pessoas chorosas, ou mulheres que o amaram secretamente, ou se, num cenário apavorante, poucos apareceriam para vê-lo no caixão. "Sem o comparecimento de ninguém, se tornaria o meu último e retumbante fracasso?"

Em vida, ele fazia recomendações. Cobrava de amigos que escrevessem seu obituário e encaminhava pedidos: o velório, por exemplo, deveria ter um recital de violão e um solo de clarinete. O caixão deve descer ao sepulcro ao som de *Rosa*, de Pixinguinha, e *Brasa*, de Lupicínio. E, em uma crônica, chegou a finalizá-la com a seguinte orientação:

> *"E, depois que meu corpo fosse coberto de terra, não seria demais pedir que algum amigo recitasse Augusto dos Anjos:*
> *E saí para ver a Natureza.*
> *Em tudo o mesmo abismo de beleza,*
> *Nem uma névoa no estrelado véu.*
> *Mas pareceu-me entre as estrelas flóreas,*
> *Como Elias num carro azul de glórias,*
> *Ver a alma de Pablo subindo ao céu."*

O texto original fala da "alma de meu pai subindo ao céu". Sant'Ana concedeu-se o direito de adaptar Augusto dos Anjos ao seu último desejo.

Assim, no velório – não exatamente igual ao que ele idealizara –, a cerimônia se estendeu durante pouco mais de 5 horas. Tempo suficiente para que o público pudesse se despedir de Sant'Ana. Muitos, vestidos com a camiseta do Grêmio, deixavam flores e bilhetes sobre o caixão. Uma faixa com os dizeres "Paulo Sant'Ana, a vida pelo Grêmio" foi estendida na entrada da Arena. O local estava lotado de fãs, curiosos, ad-

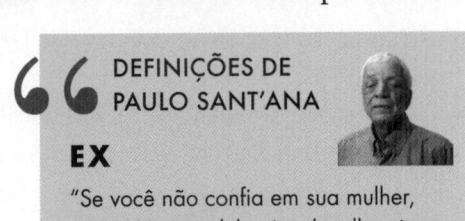

> **DEFINIÇÕES DE PAULO SANT'ANA**
>
> **EX**
>
> "Se você não confia em sua mulher, não se separe dela. Atual mulher é cargo de carreira, ex-mulher é cargo de confiança."

miradores, familiares e amigos, muitos amigos. Alguns desde os primeiros dias de Sant'Ana na RBS, como a cúpula formada por Jayme Sirotsky e Fernando Ernesto Corrêa.

Ainda durante o velório de Sant'Ana, conforme relato publicado em *Zero Hora*, sua mulher, Inajara Silva, recordou como foi o seu último encontro com o companheiro, com quem viveu por 36 anos: "Foi anteontem, quando fui visitá-lo na clínica. A última lembrança que tenho é ele me pedindo um beijo. Dei um beijo e ainda deixei uma marquinha de batom na bochecha. E ele me perguntou se eu andava beijando outras pessoas", relembra, evidenciando uma demonstração de ciúmes do marido. "Ele me perguntou isso porque não me via todas as noites ao lado dele, como em casa." Ao lembrar os últimos anos de convivência com ele, Inajara o descreveu como um "homem que não parava em casa, mesmo com a doença. Ele ia no pôquer, apostava nos cavalinhos, estava sempre na rua. Ele tinha o próprio motorista, que o levava onde ele tivesse vontade de ir. O motorista o trazia aqui na Arena para os jogos e mentia para ele que era gremista, mas, na verdade, era colorado, como eu", revelou a mulher.

Pouco depois das 17h, o corpo seguiu para o Cemitério João 23. Ao chegar no local, o cortejo teve seu silêncio quebrado por uma salva de palmas. Na sequência, os versos do hino do Grêmio e da canção *Felicidade* – duas obras compostas por Lupicínio Rodrigues, amigo e ídolo de Sant'Ana – foram entoados pela multidão. Em seguida, o caixão foi colocado no jazigo, que havia sido pintado de azul poucas horas antes. A vista do local mira o Olímpico, antigo estádio do Grêmio. O mesmo Olímpico que Sant'Ana definiu como sendo a "Tumba do Faraó" – em contraposição à Arena, segundo ele, os "Jardins Suspensos da Babilônia" – em entrevista concedida em dezembro de 2012 aos jornalistas Andreas Müller e Ricardo Lacerda. "Estou feliz com a Arena e infeliz com a demolição do Olímpico. Fui contra a Arena, mas não posso negar que ela é emocionante", disse Sant'Ana.

Inaugurado no dia 19 de setembro de 1954, o Estádio Olímpico Monumental encontra-se desativado desde a conclusão da Arena do Grêmio. O último jogo foi no dia 17 de fevereiro de 2013, pelo Campeonato Gaúcho, contra o Veranópolis, vencido pelo Grêmio. Agora, o que sobrara do Olímpico se transformaria em um cenário eterno para Paulo Sant'Ana.

CAPÍTULO 2
ANTES DE PAULO SANT'ANA, O CHICO

Família: sua mãe com seu irmão Cirilo (esq.) e Sant'Ana ao lado da tia.

G aúcho de Porto Alegre, onde nasceu em 15 de junho de 1939, Francisco Paulo Sant'Ana era filho de Nair e de Cyrillo. Ela, dona de casa, morreu quando o filho nem havia completado 3 anos, em 1941, vítima de pneumonia. Ele, tenente da Brigada Militar e carcereiro do antigo presídio de Porto Alegre, ao lado da Usina do Gasômetro, era conhecido pela valentia e pelo gosto pela violência. Naquela época, no final dos anos 30, a família morava na Rua João Alfredo (à época, Rua da Margem), na Cidade Baixa, onde os irmãos Sant'Ana nasceram. Depois, eles mudaram-se para a Rua Baronesa do Gravataí e, logo a seguir, foram para Jaguari, quando o pai de Sant'Ana, até então oficial da Brigada Militar, foi nomeado delegado de polícia de lá.

Com o Brasil vivendo seu período de democratização, em 1945, Sant'Ana, já de volta a Porto Alegre, cursou a primeira série primária no Grupo Escolar Rio de Janeiro. Anos depois, em uma crônica, Sant'Ana recordaria: "Meu pai, minha madrasta, meu irmão e eu nos acotovelávamos em duas peças e, como era o período da segunda lua de mel do velho, aconselhável se tornava que eu e meu irmão de vez em quando saíssemos para espairecer".

Depois, já em melhor situação financeira, a família se instalou na Chácara das Bananeiras, no Partenon. Foram morar em moradias que pertenciam à Brigada Militar. Hoje, no local, está instalado o Presídio Central de Porto Alegre.

Sant'Ana era o filho mais velho de Cyrillo e Nair. Depois de Paulo, veio Luiz Cirilo, nascido em 1941, poucos meses antes da morte da mãe. Viúvo, Cyrillo, então com 35 anos, casou-se com Zilda Longaray, a Zica, da mesma idade que ele, e com ela teve outros quatro filhos: Teresinha Maria (nascida em 1947), José Carlos (em 1949), Rosa Maria (em 1953) e Flávio Roberto (em 1954). "A Porto Alegre da minha infância era serena, calma, segura e transitável. Hoje, está tudo diferente. As fábricas de cadeados e de trancas prosperaram. Eu gosto da cidade porque ela é minha, não porque ela seja boa. Nasci, vivi e fiz carreira aqui. Ela é minha. Gosto dela, o que vou fazer?", lembraria Sant'Ana, anos depois, em uma entrevista.

Das memórias que levaria para sempre da Chácara das Bananeiras, Sant'Ana sempre se recordaria com saudade de morar no mato, no meio de uma cidade que crescia. "Era uma selva. A minha vida foi uma vida rural. Subia duas vezes por semana o Morro da Polícia. Os guris à minha volta caçavam, eu não conseguia caçar", contou Sant'Ana em entrevista concedida em maio de 2005 ao professor de Literatura da UFRGS, Luís Augusto Fischer, e ao jornalista Rodrigo Breüning.

Nesse sentido, a infância de Sant'Ana não poderia ter sido melhor. Ele vivia num paraíso de frutas (araçá, butiá, goiaba, amora, pitanga) e ainda tinha direito a banhos memoráveis, como o que os garotos tomavam em um local que chamavam de "piscina". Sant'Ana contaria: "Era um tanque incrível no meio da mata, no centro do Morro da Polícia. Quando não chovia, a água ficava verde de tão suja. Eram uns 200, 300 meninos diariamente tomando banho".

A atividade, além de refrescante e aventureira, era também perigosa. "Nós ficávamos expostos às balas. Havia duas linhas de tiro: a da Brigada Militar e a do Exército. As balas de fuzil eram dirigidas aos alvos, claro, e atrás dos alvos tinha um barranco grande. Mas os recrutas erravam e essas balas ricocheteavam morro acima. Ouvíamos o zunido das balas. Volta e meia um menino era atingido".

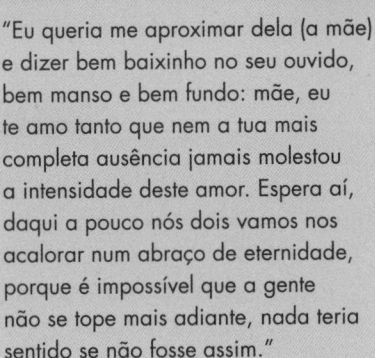

Tempos depois, falando da vida na capital, Sant'Ana comparou: "Em Porto Alegre, há 40 ou 50 anos, as pessoas se sentavam nas calçadas, oito, nove, dez horas da noite. As moçoilas vinham para as janelas e a água do Guaíba não era poluída e era melhor do que a água do mar", rememorou com saudade em uma entrevista concedida em 2009. "Era melhor o veraneio em Ipanema, em Belém Novo do que em Tramandaí, Capão da Canoa ou Torres."

Outro aspecto da vida em liberdade e do amor pela natureza seria evocado por Sant'Ana em uma crônica publicada em maio de 1992. "Nunca gostei de ter passarinho em gaiola", explicou. "Mas uma vez avistei um tangará tão lindo em suas penas coloridas, tão gentil e tão indefeso, que senti vontade de comprá-lo num viveiro e levá-lo para minha casa, onde me deliciaria todos os dias com aquela estonteante visão." Porém, logo a seguir, Sant'Ana refletia: "Pensei muito. Depois me recusei a comprar o formoso pássaro porque achei que não tinha o direito de privá-lo da liberdade. Se eu tivesse aquele passarinho na gaiola, sua prisão seria um libelo contra minha vocação de liberdade, inclinação a qual tive desde criança", comparou. Ao final, ele concluiu: "Melhor não ter todos os dias a beleza diante dos olhos do que escurecer para sempre minhas retinas com aquela estupenda malvadeza".

> **DEFINIÇÕES DE PAULO SANT'ANA**
>
> **MÃE**
>
> "Eu queria me aproximar dela (a mãe) e dizer bem baixinho no seu ouvido, bem manso e bem fundo: mãe, eu te amo tanto que nem a tua mais completa ausência jamais molestou a intensidade deste amor. Espera aí, daqui a pouco nós dois vamos nos acalorar num abraço de eternidade, porque é impossível que a gente não se tope mais adiante, nada teria sentido se não fosse assim."

Caso raro de filho que era bem tratado pela madrasta, o pequeno Sant'Ana – na época chamado em casa pelo apelido derivado do primeiro nome, Chico – criou laços afetivos com Zica, a segunda mulher de seu pai. A lembrança da generosidade dela com ele, traduzida em doces que ela lhe servia (sagu com creme, arroz-de-leite, doce de batata-doce, leite com mogango, melancia, rapadura de amendoim), permaneceria pela vida inteira. "Foi ela quem me viciou nessas cocaínas todas da minha meninice", anotou em uma coluna anos depois.

O carinho dedicado por Zica a ele não o livrava dos abusos e violências que ele sofria do pai. O carcereiro Cyrillo – conhecido pelos colegas e contemporâneos como Touro Hosco (expressão de origem espanhola que tanto pode se aplicar ao gado bovino de cor escura quanto ao sujeito áspero e intratável) – se jactava do próprio estilo e do jeito de resolver os problemas de maneira violenta. "Eu chorei quando tinha 12 anos de idade, meu pai brigou violentamente comigo e me disse que eu nunca seria ninguém em minha vida", escreveu Sant'Ana em uma crônica em maio de 1992. "Eu chorei de novo quando por alguma forma me tornei alguma coisa na vida, formando-me em Direito, mas então meu pai já tinha morrido e eu não pude exibir o meu diploma para ele."

Não foram poucas as vezes que Sant'Ana recordaria, por escrito ou oralmente, a traumática infância marcada pelos tapas no rosto que o faziam sangrar ou ainda pelos castigos como o de mandar o filho dormir nu no sótão da casa, local infestado por ratos e alguns pombos. "Já dormi em porões, entre ratos e baratas, sem fósforo para iluminar o meu ambiente. Já dormi sem cobertas, tendo como travesseiro apenas o chão de terra, nem sei como sobrevivi a esse desterro", escreveu ele em outubro de 2013. "Meu pai bebia cachaça e ficava louco. Ele queria que eu fosse um pária, mas eu me transformei no Paulo Sant'Ana", lembraria o filho anos depois.

Nesse mesmo sótão, ele encontraria os pombos que, mais tarde, venderia para despachos em encruzilhadas. Enfiava os bichos num saco de estopa e ia para o Centro de ônibus. Abastecia um comprador do Mercado Público. Estava na época com cerca de 10 anos e gastava parte do dinheiro que ganhava comprando garrafas de Malzbier.

Já morando no Partenon, Chico começaria a vida profissional desempenhando a função de jornaleiro, entregador de jornais. "Eu comprava uns 30 jornais por 50 centavos de cruzeiro cada, no fim da linha do bonde Partenon, e os revendia pelo dobro do preço lá longe, perto da Rua São Miguel. Depositei todo esse lucro de muitos anos, garoto que eu era, numa caderneta de poupança, e até hoje não sei onde foi parar esse dinheiro. Era uma fortuna." Em paralelo à primeira atividade profissional, Sant'Ana ainda ajudava nas missas como coroinha da Igreja Santo Antônio.

As memórias da infância o acompanhariam por toda a vida e seriam temas recorrentes em centenas de colunas. Em junho de 2010, Sant'Ana, usando o *alter ego* de Pablo, recordaria que morria de saudade dos tempos em que soltava ou via soltar pandorgas na Rua dos Coqueiros (hoje Rua 17 de Junho), junto do Arroio Dilúvio. "Era um folguedo só, o cordão da pandorga em uma mão, na outra cachos e cachos de amoras, do tempo em que se colhiam amoras nas cercas das casas no Menino Deus."

Pablo seguiria reminiscente ao lembrar que, já com mais de 70 anos, quase morria de saudade dos tempos em que, na Chácara das Bananeiras, se reunia com os outros garotos para jogar bola de meia, já que não havia entre eles dinheiro para comprar bola de couro, sequer de borracha, mas que isso nada o impedia de ser uma criança feliz que podia jogar peladas horas e horas com seus amigos. Naquele tempo, seu único incômodo era uma unha encravada que interrompeu a sua carreira. "Pablo tinha tudo para ser o maior centroavante da história do futebol, acima de Di Stéfano", segundo seu relato.

A música, claro, estava presente nessas memórias elencadas. Sons que vinham do regional do Sargento Pinto, na Rua Veiga, ou do regional do Homero, na Avenida Outeiro. Sant'Ana conta que tinha apenas 14 anos e se deliciava com o que tocavam e cantavam os músicos e que se guiava pelos acordes dos banjos, dos bandolins, dos cavaquinhos e dos violões e pela batida do surdo. "Se havia acordes na rua, Pablo corria para lá", escreveu.

Na adolescência, o jovem passaria a morar no bairro da Azenha, onde ficaria amigo de outras figuras que ganhariam destaque nos anos seguintes: Dilamar Machado, mais tarde advogado, radialista, vereador em Porto Alegre e deputado estadual, o professor universitário Aníbal Damasceno Ferreira e Marco Aurélio Garcia, advogado e assessor da presidência da República nos governos Lula e Dilma. Curiosamente, Marco Aurélio morreria apenas um dia depois de Sant'Ana, em 20 de julho de 2017, vítima de infarto.

A vida na Azenha permitia que Sant'Ana começasse a exercer seu gosto pela boemia, frequentando locais como a Esquina do Pecado, na junção das ruas Barão do Triunfo com a 20 de Setembro. "Foi a minha grande escola. Foi ali que eu aprendi a conhecer e a discutir futebol", lembrou Sant'Ana em uma conversa com Dilamar Machado publicada no livro *A Esquina do Pecado*. "O que eu hoje sei de pitoresco e da psicologia popular devo àquela esquina. Ali foi a minha vida, a minha formação, a minha universidade."

Foi nessa mesma esquina que, além do aprendizado das ruas, Sant'Ana desenvolveu o gosto por uma de suas grandes paixões: o jogo. Ele conta que tudo começou no bar da Esquina, que era do Valter, irmão mais velho do Chiquinho Telles, que recolhia o jogo do bicho. Até essa época, Sant'Ana nunca havia acertado nesse jogo, mas um dia jogou no 614 e acertou. Sant'Ana relatou em uma coluna: "Estava escutando o rádio na Barbearia do Ivon quando deu o resultado: 614 na cabeça". E concluiu: "Eu havia ganhado seis mil cruzeiros, que era muito dinheiro naquela época. A minha euforia foi tão grande que eu saltei pela janela e fui correndo para o bar do Valter aos gritos: 'Me dá os meus seis mil que deu na cabeça'. O Valter, que era um bicheiro discreto, colocava o indicador nos lábios e implorava: 'Calma, Sant'Ana, queres que eu vá preso?'. Mas ele me pagou tudo direitinho".

Sant'Ana morava em uma casa na Rua 20 de Setembro, 199. Na verdade, ele ocupava uma peça de madeira nos fundos de um imóvel que pertencia ao pai. O velho Cyrillo havia comprado a casa com um financiamento do Instituto de Previdência do Estado (IPE), e a família se mudou para o local no dia 10 de dezembro de 1954.

Estabelecido na nova região, Sant'Ana passou a perambular pelas ruas. Como não estudava – "Eu tinha apenas o curso primário, pois não podia continuar os estudos na época devido à situação dos meus pais", recordaria –, Sant'Ana atravessaria a década de 50 alternando-se em variadas tarefas profissionais: foi baleiro (atuando no extinto Cine Castelo, um amplo prédio na Azenha que servia também de auditório e onde Maurício Sirotsky Sobrinho apresentava seu programa), vendeu pastéis nos quartéis da Brigada Militar, foi feirante e, mais tarde, auxiliar de caminhoneiro.

Com 18 anos, Sant'Ana começou a trabalhar nas feiras. Ficou nessa função por uns quatro anos. Trabalhava numa barraca que vendia café, bolachas, balas, massas e temperos. Foi o seu primeiro emprego fixo. Com exatidão de datas e locais, Sant'Ana recordou seu cotidiano como feirante na entrevista concedida a Fischer e Breüning: "A feira era às terças na João Telles, quartas na São Pedro, quintas na Goethe, sextas atrás da Igreja do Menino Deus, e, nos sábados, no Alto da Bronze e na Vila Jardim. No domingo, Vila Santa Catarina. Segunda era folga, quando a gente carregava o caminhão para a semana inteira".

A semana do jovem Sant'Ana começava então com o dono da banca passando de caminhão na casa dele, ainda de madrugada, para chamá-lo para o trabalho. Às 5h, eles iam armar as barracas e só davam uma pausa às 7h, quando tomavam o café da manhã. Logo depois, Sant'Ana voltava para a hora do pico, que era das 7h30min às 10h30min. Horário em que as donas de casa todas iam à feira.

Mas mesmo com todo esse trabalho – Sant'Ana havia deixado de estudar na segunda série ginasial, que corresponde hoje ao sétimo ano do Ensino Fundamental, quando abandonou o colégio Júlio de Castilhos, por falta de recursos para comprar o uniforme – e com essa intensa circulação pelos bairros da cidade, Sant'Ana ainda arranjava tempo para polemizar. E onde ele alcançava maior brilho era nas rodas de conversa na Rua da Praia, no Centro de Porto Alegre.

Nos anos 50, o Centro de Porto Alegre era o ponto nervoso da capital gaúcha. Todos lá se encontravam, formando as mais variadas turmas. Umas se reuniam na Praça da Alfândega, outras defronte ao Clube do Comércio e dezenas se espalhavam pelos diversos restaurantes, bares, livrarias, bancas de jornais, cinemas e cafés. Eram grupos amplos e constantes, formados por políticos, jornalistas, advogados, intelectuais, literatos, professores e, em alguns casos, simplesmente por curiosos – como Paulo Sant'Ana. Intuitivo e autodidata, Sant'Ana se destacava pelas opiniões e pelos gestos folclóricos.

Uma das bases de Sant'Ana era a Confeitaria Indiana. Lá ele se postava e passava horas em acirradas discussões com outra folclórica figura do Centro, o Camelinho. Estofador com emprego fixo nas Lojas Renner, Camelinho chegara anos antes de Bagé e escolheu na cidade que adotou como sua um time para torcer, o Grêmio. Tudo iria mudar algum tempo depois. Certa vez, enquanto mantinha seu trabalho na Renner, Camelinho foi chamado para fazer um serviço especial: renovar os estofados e as cortinas da casa do proprietário da empresa, A. J. Renner. Já na época uma lenda do empresariado rio-grandense, A. J. Renner simpatizou com Camelinho e acabou convencendo o funcionário a torcer para o time que àquela altura a empresa estava patrocinando e apostando: o Renner.

Fundado em julho de 1931, o Grêmio Esportivo Renner atravessou grande parte de sua existência sem grandes brilhos, mas, com uma série de investimentos, o clube passou a ganhar uma nova dimensão a partir da década de 50. Por três anos foi vice-campeão juvenil, teve em seu elenco craques como Ênio Andrade e começou a ter certa relevância na disputa regional.

Diante de tal apresentação, Camelinho aceitou os argumentos do patrão e transferiu sua paixão clubística para o time da Zona Norte de Porto Alegre. Agora, ele dedicava ao Renner a mesma obstinação que antes carregava pelo Grêmio. Porém, a vida do Renner, apesar de relativamente bem-sucedida – o time ganhou o campeonato gaúcho de 1954 –, foi efêmera: a empresa, em 1957, decidiu abandonar o departamento de futebol. Sem escolha, Camelinho resolveu voltar à primeira paixão.

Assim, durante um longo período, a parte externa da Confeitaria Indiana se transformava quase todas as tardes na arena onde Camelinho e o jovem Paulo Sant'Ana se digladiavam. "Eu me lembro de descobrir quem era o Paulo Sant'Ana naquela época", conta Fernando Ernesto Corrêa, naquele tempo iniciando a sua atuação como advogado. "O escritório onde eu trabalhava era no Centro de Porto Alegre. Assim, quando eu saía e caminhava pela Rua da Praia, sempre parava para ver Sant'Ana e Camelinho discutindo. Era impossível ficar alheio ao jeito deles polemizarem."

Outro que lembra de ter ouvido falar de Paulo Sant'Ana pela primeira vez nesse período foi Carlos Bastos. Aos 90 anos, o decano dos jornalistas de Porto Alegre já estava na profissão e, nas suas andanças pelo Centro, cruzava com frequência com Sant'Ana. "Eram mais do que discussões. Muitas vezes pareciam comícios", conta Bastos a respeito das performances de Sant'Ana na Rua da Praia. Mais um local onde, segundo Bastos, a presença de Sant'Ana era muito marcante eram as arquibancadas do Estádio Olímpico. "Ele não via os jogos como um torcedor qualquer, sentado e atento ao gramado", recorda Bastos. "Ele caminhava incessantemente de um lado a outro, sempre nervoso. Parecia um animal enjaulado", compara.

A discussão protagonizada por Sant'Ana e Camelinho tinha ainda um aspecto mais impressionante e inusitado: era uma polêmica entre dois torcedores do mesmo time. Não importava. A Camelinho e ao jovem Sant'Ana interessavam muito mais as discussões do que os temas dessas discussões. Ágil, com um gestual expansivo e exagerado, Sant'Ana chamava a atenção. Com uma plateia ainda restrita, porém fiel e interessada, ele começava a se destacar.

Era, em suma, um personagem.

CAPÍTULO 3
O PAPAI NOEL AZUL

Gre-Nal de 1961: o primeiro clássico que Paulo Sant'Ana participou.

A década seguinte já seria diferente; para o Brasil e para Sant'Ana. Os anos 60 começariam com uma imensa novidade, a inauguração da nova capital federal, Brasília, que logo viria acompanhada da eleição de um novo presidente da República, o ex-prefeito e ex-governador de São Paulo Jânio Quadros.

Nem bem tomaria posse e, poucos meses depois, Jânio surpreenderia a todos com seu pedido de renúncia, em agosto de 1961. A decisão cairia como uma bomba e causaria espanto, inclusive, ao vice-presidente eleito, o gaúcho de São Borja, João Goulart, o Jango. Em um primeiro momento, a natural posse de Goulart – que se encontrava em viagem oficial ao exterior – seria contestada por oposicionistas e também por alguns militares. Porém, a reação viria do Sul, com o então governador do estado, Leonel Brizola, correligionário e cunhado de Jango, comandando a que ficaria conhecida como Campanha da Legalidade.

Aqueles dias finais de agosto de 1961 colocariam o Rio Grande do Sul no epicentro dos acontecimentos nacionais, e tamanha exposição afetaria todas as áreas – inclusive o futebol.

O campeonato gaúcho – a grande disputa esportiva que colocava em campos opostos Grêmio e Internacional – naquele ano seria atingido por uma paralisação. Não se sabe se devido a isso, mas a interrupção traria junto a ela, naquele estranho ano de 1961, um novo campeão, o Internacional. Era um fato curioso e surpreendente, pois o Colorado, atravessando uma péssima fase naquele período, teria com esse título sua única conquista num espaço de 12 anos. Entre 1956 e 1968 – 1961 seria a exceção –, o Grêmio ganharia todos os demais títulos.

Mas antes dos acontecimentos da Campanha da Legalidade, o campeonato gaúcho daquele ano já ficaria marcado por uma outra novidade. Em 1961, a Federação Gaúcha de Futebol decidiu unificar o campeonato estadual, até então disputado de forma regionalizada pelos campeões municipais. O campeonato teria 12 clubes, e a competição seria disputada em dois turnos, com pontos corridos.

Assim, o Internacional chegava forte à disputa final e tinha como destaques o lateral-direito Zangão e o zagueiro Ari Ercílio. No ataque, o ídolo Larry, eleito vereador, anunciava que não jogaria mais. Mas o artilheiro Alfeu (irmão mais velho de Alcindo, futuro atacante gremista) continuava, a revelação Flávio (mais tarde acrescido do apelido Minuano) subia da base, e ainda foram contratados Sapiranga (ex-Floriano) e Gilberto Andrade (ex-Aimoré).

O fator extra, que servia como aditivo à disputa, era o fato de o Grêmio, pentacampeão, buscar igualar o feito do Rolo Compressor e chegar ao hexa. O Internacional pretendia evitar essa conquista, e a torcida colorada inventou até uma expressão para isso: "Hexa não, essa não!".

Em junho, houve uma nova surpresa no campeonato. Na partida do Internacional contra o Pelotas, quem estava no banco colorado era Larry. O atacante havia chegado a um acordo com o clube para conciliar seus horários na Câmara de Vereadores com os treinos e decidiu retomar a carreira.

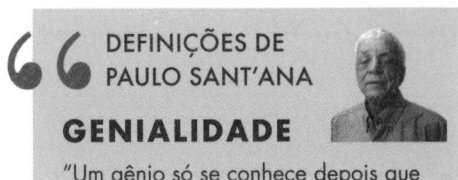

> **DEFINIÇÕES DE PAULO SANT'ANA**
> **GENIALIDADE**
> "Um gênio só se conhece depois que milhares de pessoas garantam que têm talento igual ao dele."

Com a disputa em andamento, o Gre-Nal do primeiro turno estava previsto para ocorrer no dia 27 de agosto. Mas não houve.

Pelo fato de a cidade estar em ebulição pela Campanha da Legalidade, a partida foi cancelada, e o jogo foi transferido para duas semanas depois. Assim, o Gre-Nal da Legalidade, como ficou conhecido o clássico, foi marcado para o dia 10 de setembro, no Estádio Olímpico. O Internacional venceu por 2 a 1.

O campeonato terminaria no dia 3 de dezembro. Estava previsto que, naquela data, o Internacional iria a Pelotas, enfrentar o Pelotas, enquanto o Grêmio recebia o Floriano. A única possibilidade de o Grêmio chegar vivo ao Gre-Nal – uma semana depois – era vencer o seu jogo e o Colorado ser derrotado. Mas o Internacional venceu o Pelotas por 2 a 1 e sagrou-se antecipadamente como o campeão daquele ano.

Restava, porém, o Gre-Nal, jogo que jamais foi realizado de forma amistosa e que mesmo não valendo nada serviria para marcar o encerramento do campeonato. Previsto para ocorrer uma semana depois, no dia 10, a partida tinha a honra e a responsabilidade de fechar o calendário esportivo.

E seria o Gre-Nal 157, de 10 de dezembro de 1961, o primeiro que colocaria em sua história a figura do então vendedor de massas Adria Paulo Sant'Ana. Foi o primeiro Gre-Nal que Sant'Ana "jogou".

Marcada para ser disputada nos domínios do colorado, a partida seria realizada no Estádio dos Eucaliptos (já completamente lotado), e o Internacional entraria em campo comandado pelo treinador Sérgio Moacir Torres Nunes, figura com identificação histórica com o Grêmio.

Como era previsto, o primeiro tempo foi monótono. Porém, na segunda etapa, a partida ganharia em grandeza e em emoção. Alfeu, atacante colorado, marcou dois gols logo no início da etapa final. De imediato, o Grêmio reagiu, marcando com Nadyr, de falta, e Marino, de cabeça. Aí aos 45 minutos, com a partida se encaminhando para o final, o gremista Milton cruzou para a área. O atacante Juarez atropelou o goleiro colorado Silveira e cabeceou para o gol vazio. O juiz não deu a falta, Silveira ficou desmaiado em campo, e o Grêmio venceu por 3 a 2, garantindo o vice-campeonato.

A euforia tomou conta da torcida tricolor e, entre tantos torcedores, um parecia ainda mais alucinado. "Quando o Juarez fez o terceiro, num verdadeiro milagre, eu coloquei a fantasia e esperei o final do jogo", recordaria Sant'Ana anos mais tarde em uma conversa com Dilamar Machado. "As botas custaram a entrar porque eram número 39 e eu calçava 42. O massagista do Grêmio precisou ensaboar bem os meus pés para que os calçados entrassem."

Assim, já à beira do gramado, apenas aguardando o apito final, o jovem Paulo Sant'Ana, então com 22 anos, invadiu o campo todo vestido de Papai Noel, porém com um detalhe: ao contrário do que manda a tradição, o bom velhinho encarnado por Sant'Ana não estava de vermelho. Era o Papai Noel Azul. "Eu corria, os guardas me batiam tentando me deter... e lá se foi a barba, o pompom do chapéu... Quando cheguei perto dos jogadores, eles me protegeram e me ergueram no ar."

Dessa maneira, Sant'Ana inscreveu pela primeira vez seu nome na história do clássico.

Quem estava lá e lembra do episódio – não de maneira muito nítida – é Pedro Sirotsky. Último filho do casal Ione e Maurício, irmão caçula de Nelson, Pedro tem, em sua mais remota memória, o registro desse momento. "Eu tinha 5 anos quando fui com meu pai e meu irmão a esse Gre-Nal. Não lembro de muita coisa daquele jogo, mas a imagem desse Papai Noel Azul na festa de comemoração ficou gravada para sempre."

Pedro ainda conta que, como o Gre-Nal era nos Eucaliptos, havia a necessidade de que a família – claramente identificada com o Grêmio – desenvolvesse toda uma estratégia. "Meu pai tinha dois Oldsmobile, um azul e outro vermelho. Em casos como esses, usávamos o vermelho", recorda Pedro. "E, da mesma maneira, eu e o Nelson íamos ao jogo usando um blusão vermelho", acrescenta Pedro, reforçando o disfarce.

"Depois, já adolescente, eu passei a admirar o Sant'Ana e me tornei seu ouvinte e telespectador", explica Pedro. "Como gremista e fanático por futebol que sempre fui, eu vibrava pelo jeito incomum que ele tinha de se comunicar com os torcedores". Porém, Pedro confessa que só mais de uma década depois do episódio nos Eucaliptos, quando ele já era colega de Sant'Ana na TV Gaúcha, foi que ficou sabendo da verdadeira identidade do Papai Noel Azul.

O Carnaval pré-Natal do Papai Noel Azul não ficou restrito ao Eucaliptos. Sant'Ana, à frente da torcida, saiu de lá em direção ao Centro da cidade. Na altura da Avenida Borges de Medeiros, houve o encontro das duas torcidas, e a pancadaria foi inevitável. Sant'Ana escapou de apanhar embarcando em um bonde.

A visibilidade conseguida pelo Papai Noel Azul e a onipresença nas rodas da Rua da Praia divulgariam ainda mais a figura de Sant'Ana.

Logo depois do "surgimento" do Papai Noel Azul, Sant'Ana entraria numa fase profissional mais estável. Deixaria o trabalho nas feiras para fazer dois concursos públicos, um para o Banco do Brasil e outro para a polícia.

Aprovado em ambos, ele assumiu como inspetor de polícia em Tapes. A opção se deu pelo fato de a nomeação ser mais imediata. Anos mais tarde, Sant'Ana recordaria: "Com 24 anos de idade, inspetor de polícia em Tapes, comparecia ansioso a todas as reuniões dançantes do Clube Aliança. Como ali, nunca fui feliz em toda a minha vida. Porque havia 20 garotas para cada rapaz. E, sendo assim, nós ficávamos mais bonitos, as meninas nos disputavam, às vezes beligerantemente, entre si. Nós, rapazes, podíamos dançar e namorar com a menina que bem entendêssemos, todas elas acalentavam a esperança de casar-se", escreveu ele.

Foi também nesse período que um Sant'Ana apaixonado cometeu o seu primeiro poema. "Me encantei por uma menina em Tapes. Eu tinha 24 anos. Ela tinha 13 ou 14. Depois se casou, hoje é advogada", contou ele na entrevista a Fischer e Breüning. E prosseguiu explicando: "Ela morava num lugar chamado Passo. Todos os dias eu passava pelo Passo caminhando, e num daqueles dias escrevi este poema:

> *"Um dia para Tapes fui banido*
> *e aqui nessa terrinha conheci*
> *esplendor nunca antes conhecido:*
> *a Vera, que é Storck, que é Sueli.*
> *Já temo que depressa eu me enforque,*
> *assim, tão de repente, casadoiro,*
> *num fio sutil do seu cabelo loiro,*
> *mudando em Sant'Ana uma Storck.*
> *Conquanto seja eu um inspetor*
> *e filho de coronel de milícia,*
> *fui preso por cupido casador,*
> *guri que não respeita nem polícia.*
> *Caminho, todos dizem 'Ali vai*
> *futuro bom marido ou vil devasso.*
> *Deus queira que se case e seja pai.'*
> *E eu passo, passo a passo, rumo ao Passo"*

Além desse tempo produtivo e apaixonante em Tapes, Sant'Ana também atuou como inspetor em São Jerônimo e Arroio dos Ratos. Anos mais tarde, já formado em Direito, seria nomeado delegado de polícia. "Como inspetor de polícia, servindo de escrivão, além de tomar depoimento, eu fazia os relatórios dos inquéritos. Eu já ensaiava, digamos assim, um pouco de literatura", admitiu.

Foi em Tapes que Sant'Ana conheceu e se encantou por Maria Ieda dos Santos, que nascera em São Borja em novembro de 1940 e então morava na nova cidade para onde havia ido trabalhar logo depois de se formar como professora. Ieda, segundo seu relato, morava em uma casa muito bonita, pertencente à amiga Maria Cecilia Evangelista Chemale, e almoçava fora quase todos os dias. "Era o restaurante da Tia Mira, local em que todos os 'estrangeiros' da cidade almoçavam", conta.

A primeira impressão de Ieda foi de espanto. "Eu achei aquela figura muito maluca, doida… Gritava, falava alto com todo mundo, mas ao mesmo tempo muito inteligente", recorda. O estranhamento dela com Sant'Ana foi tão grande que Ieda lembra até hoje que quando o conheceu ele usava um pé de meia diferente do outro. "Mas ele era alto e charmoso", admite. "Aí a Tia Mira começou a dizer para eu dar atenção a ele, argumentando que ele era muito solitário", explica. "Fui ficando com dó da figura."

Alguns dos primeiros encontros dos dois jovens ocorreram na casa do comissário de polícia e advogado José Correa Brito e de Dona Clara, pais do jornalista Cláudio Brito. "Não tinha dia fixo. Podia ser almoço, jantar ou café da tarde. Algumas vezes estive junto. Eu vivia em Porto Alegre e ia a Tapes a passeio e para visitar meus pais. Eu e o Sant'Ana nos conhecemos nessa época", lembra Brito, que, a partir desse período, começou a ficar mais íntimo de Sant'Ana, principalmente nas festas, nos bailes e nos *shows* que juntos frequentavam no Clube Aliança. "Foi assim que eu conheci o Sant'Ana, antes de ele ser famoso."

Ieda destaca ainda mais o acolhimento que recebeu da família de Glecy Rodrigues da Silva e de Djalma Cardoso da Silva. "Glecy era prima do Paulo", conta Ieda. "Ela me tirou da casa da Maria Cecilia para me dar mais carinho e atenção. Eles são padrinhos do Jorge e moram no meu coração."

Com o namoro engrenando e indo adiante, Sant'Ana e Ieda ficaram noivos e, logo depois, se casaram. O casamento foi em Santa Maria, onde Ieda havia estudado. Na mesma época, o casal veio morar em Porto Alegre. "A cidade não era novidade pra mim. Meu irmão mais novo já morava aqui e eu sempre vinha muito visitá-lo antes de me mudar definitivamente", situa Ieda. "Como meus pais tinham condições financeiras, eu sempre viajei muito", completa. "O primeiro carro que o Paulo dirigiu na vida foi o meu". Juntos, Ieda e Paulo tiveram dois filhos: Fernanda (nascida em abril de 1968) e Jorge Antônio (nascido em outubro de 1970). O nome do filho homenageia dois grandes amigos de Sant'Ana. Jorge vem de Jorge Alberto Beck Mendes Ribeiro, locutor, comentarista e mais tarde deputado federal constituinte. Já Antônio é uma homenagem a José Antônio Ribeiro, o Gaguinho, por anos repórter e editor de Polícia em *Zero Hora*. Um grande parceiro de Sant'Ana em incontáveis noitadas.

Foi também por essa época, no final dos anos 60, que seria lançado o programa *Conversa de Arquibancada*. Idealizado por Guilherme Sibemberg, Batista Filho e Renato Cardoso – já nomes experientes no jornalismo futebolístico –, o debate esportivo seria pioneiro na programação televisiva no Rio Grande do Sul, ocupando parte da programação da TV Piratini, afiliada no Estado da Rede Tupi, de Assis Chateaubriand. Entre os debatedores, além dos já citados, estavam também outros nomes da crônica esportiva, como Jesus Afonso e Ângelo Garbarski.

Interessado no programa, Sant'Ana deu um jeito de ser convidado e não passou em branco. "Foi um êxito estrondoso", recordaria ele anos depois a José Coiro e Cléber Grabauska, autores do livro *Sala de Redação: A Divina Comédia do Futebol*. "Até hoje as pessoas lembram das minhas participações como torcedor do Grêmio", resumiu.

O ex-presidente tricolor Paulo Odone Ribeiro é um dos que se recordam de Sant'Ana como participante do *Conversa de Arquibancada* e de como ele encarnava o papel do torcedor gremista fanático. "Eu já sabia da existência dele desde o episódio do Papai Noel Azul", conta, "mas depois, na TV, Sant'Ana ganhou outra dimensão". "Ele sabia como poucos fazer um personagem com sucesso e com muito estardalhaço", ressalta. "O Sant'Ana sempre foi uma figura inusitada, com grande capacidade de envolver o torcedor, fosse para o bem, fosse para o mal."

Dessa época do programa da TV Piratini, uma das tiradas de Sant'Ana que ficou na memória de muitos foi quando ele rebateu um representante da torcida colorada que se jactava que o Internacional era doutor em futebol, pelo fato de ser o único hexacampeão do estado. Acreditando que o Grêmio não apenas alcançaria o hexa como também seria hepta, Sant'Ana rebateu: "Então o Grêmio deve estar estudando para ser padre, que demora sete anos". Sant'Ana acertou a previsão: o Grêmio conquistaria o hepta em 1968. Mas, a partir de então, tudo mudaria em 1969. O Internacional começaria a empilhar títulos.

E Sant'Ana, paradoxalmente, começaria a firmar seu nome como grande comunicador.

CAPÍTULO 4
SALA DE REDAÇÃO

Nas ondas do rádio: Sant'Ana começa a criar seu melhor personagem.

A redação à qual o nome da nova atração radiofônica se referia era a da *Zero Hora*. Seria dali que o programa deveria ser transmitido seguindo a ideia de J. Antônio D'Ávila, um esperto e inquieto pernambucano que então respondia pela função de diretor artístico da Rádio Gaúcha. D'Ávila, conforme consta no livro *Sala de Redação: Aos 45 do Primeiro Tempo*, de Cléber Grabauska e Júnior Maicá, lançou a missão a Cândido Norberto – jornalista, radialista, ex-rádio-ator e ex-deputado, já um nome respeitadíssimo na comunicação do Rio Grande do

Sul. Caberia a Cândido ocupar o horário pouco valorizado do meio-dia com um espaço radiojornalístico que mesclasse notícias, comentários, reportagens e entrevistas. E mais: por ser na hora do almoço, quando as famílias estão reunidas ao redor da mesa, toda a abordagem jornalística deveria ser mais leve e as entrevistas deveriam ser feitas de maneira coloquial. Nascia o *Sala de Redação*.

A fórmula estava dada. Era preciso agora colocá-la em prática. Cândido Norberto, com o cenário definido, começou a formatar o programa. D'Ávila aprovou, e Lauro Schirmer, editor-chefe da redação de *Zero Hora* e supervisor de jornalismo na Rádio Gaúcha, também passou a se envolver. De maneira previsível, coube ao próprio Cândido Norberto ancorar a atração.

Na época, a principal rival, a Rádio Guaíba, apresentava espantosos índices de crescimento, fato que vinha ocorrendo pelo menos desde 1961, quando a Guaíba foi a emissora líder na Campanha da Legalidade. Somado à boa performance na audiência, a Guaíba ainda contava com uma equipe de estrelas, nomes do calibre de Ruy Carlos Ostermann, Lauro Quadros, Pedro Carneiro Pereira, Flávio Alcaraz Gomes e Amir Domingues.

Para piorar, a Gaúcha não conseguia bons resultados na área de esportes. Em 1966, em parceria com a Rádio Itatiaia, de Minas Gerais, a emissora de Porto Alegre enviou dois correspondentes, mas o máximo que conseguiu foi uma boa posição dentro do estádio de Wembley no jogo de abertura entre Inglaterra e Uruguai. Maurício Sirotsky, presente em Londres, vibrava com a "transmissão a cores" que a Gaúcha então realizava.

Porém, na Copa de 1970, seria uma decepção. Na Copa do México, a emissora integrou um *pool* ao lado das rádios Nacional, do Rio de Janeiro, Nacional, de Brasília, e Globo, também do Rio de Janeiro, mas ainda assim não conseguiu nem de perto ameaçar o poderio da Guaíba. Diante desse fracasso, a decisão imediata de Maurício Sirotsky foi a de fechar o Departamento de Esportes. A explicação se dava pelo fato de a área não apenas ter baixa audiência, como também não atrair patrocínios. Era preciso mudar.

Com Cândido Norberto à frente, sabendo conduzir com sobriedade e informalidade, o *Sala de Redação*, de início, era mais extenso (começava às 11h e ia até às 14h) e variado (todos os temas jornalísticos eram permitidos).

Coube ao técnico Holmes Aquino a montagem do equipamento de transmissão dentro da redação do jornal, que ficava no segundo andar do prédio recém-construído e localizado na esquina das avenidas Ipiranga e Erico Verissimo. Assim, tudo estava pronto para a estreia, que ocorreu no dia 14 de junho de 1971.

Cândido Norberto circulava pela redação, entrevistava repórteres, redatores, editores e colunistas e, desse modo, destacava os principais temas. Ao lado de Cândido Norberto estavam os repórteres Cláudio Brito e Valtair Santos.

> **DEFINIÇÕES DE PAULO SANT'ANA**
>
> **AMIZADE**
>
> "Se alguma coisa me consome e me envelhece é que a roda furiosa da vida não me permite ter sempre ao meu lado, morando comigo, andando comigo, falando comigo, vivendo comigo, todos os meus amigos e, principalmente, os que só desconfiam ou talvez nunca vão saber que são meus verdadeiros amigos."

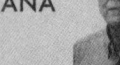

Com a evolução do programa, o espaço foi se estreitando, reduzindo-se para o horário entre às 13h e 14h, e o tema deixou de ser tão genérico para ganhar um caráter mais específico: o futebol. Em poucos dias, o *Sala de Redação* havia ganhado o seu formato definitivo.

Nessa época, Paulo Sant'Ana já frequentava a redação e, aos poucos, ia se espalhando pelo ambiente. Próximo de Armando Burd e de José Antônio Ribeiro, o Gaguinho, dois editores da *Zero Hora*, Sant'Ana entrava nas conversas e, de uma forma entre o natural e o forçado, palpitava no *Sala de Redação*.

Ligado à Polícia, ele muitas vezes ia conversar com editores da área e aproveitava também para falar sobre seu tema preferido, o futebol. "O Cândido Norberto pediu que fosse construída na redação de *Zero Hora* uma estrutura de metal e vidro que tivesse um mínimo de semelhança com um estúdio", recorda Carlos Bastos, que era um dos editores daquela redação. "Eu me lembro do Sant'Ana em pé, encostado nessa estrutura, observando tudo atentamente. Parecia que ele estava pedindo para ser chamado pelo Cândido."

E estava mesmo. Desse modo, a participação espontânea de Sant'Ana no *Sala de Redação* foi ficando tão frequente e tão constante que Lauro Schirmer, passados apenas 45 dias, achou melhor formalizá-la. Procurou o dono da empresa, Maurício Sirotsky, e sugeriu que Sant'Ana recebesse uma quantia fixa mensal, quase que uma ajuda de custo. "Me lembro bem", recordaria Lauro em entrevista a Cléber Grabauska e José Rafael Rosito Coiro. "Iríamos oferecer a ele 200 cruzeiros em troca de sua presença diária."

Lauro nem precisou se esforçar muito para vender Sant'Ana ao patrão, que, obviamente, era ouvinte assíduo do *Sala*, mas se surpreendeu com a decisão de Maurício: "Faz o seguinte: oferece 400 cruzeiros e pede que ele passe também a escrever uma coluna diária em *Zero Hora*".

O espanto de Lauro foi duplo. Primeiro pela decisão de dobrar a oferta, segundo pela dúvida em saber se Sant'Ana se sairia tão bem por escrito quanto se saía falando. Maurício tranquilizou Lauro: "Não tem importância. Ele escrevendo como fala, mesmo com erros de ortografia, basta tu entregares o texto para alguém aí da redação do jornal para corrigir, arrumar, dar um toque final". E encerrou: "Vai lá e toca isso para frente!".

Com o tempo, o *Sala de Redação*, em especial, e a Rádio Gaúcha, de maneira mais abrangente, foram ganhando reforços. Um deles seria o jovem Antônio Britto, então com 18 anos e que ao se destacar na Editoria de Esportes de *Zero Hora* acabou também entrando no ar em muitas transmissões do *Sala de Redação*.

"O caso do Sant'Ana é interessante porque ele já se constituía em um personagem da cidade antes de ser comunicador", avalia Britto, que conheceu Sant'Ana em março de 1970, quando passou a trabalhar como setorista do Grêmio para o *Jornal da Semana*, uma tentativa lançada pelo Grupo dos Sinos de fazer um jornal-revista semanal. No final daquele mesmo ano, recorda Britto, surgiu uma vaga na *Zero Hora*. "Sant'Ana me indicou para ela e meio que me adotou. Ao longo da vida, ele sempre gostou de exaltar essa indicação." Seriam as primeiras participações ao vivo de Britto, que mais tarde se destacaria como comentarista político da Rede Globo, porta-voz de Tancredo Neves e governador do Rio Grande do Sul, eleito em 1994.

Um jovem que também começava a ganhar espaço na Rádio Gaúcha naquele período era outro Brito, só que este com apenas um "t" no sobrenome. Nascido em Porto Alegre em 1948, Cláudio Brito ainda era aluno do Colégio Nossa Senhora das Dores quando, aos 16 anos, começou a trabalhar na Rádio Gaúcha. Dois anos depois, ele se mudou para São Paulo e lá trabalhou no jornal *Notícias Populares* e na produção do programa do Chacrinha.

De volta à capital gaúcha, Brito, então, foi reapresentado a Sant'Ana, que de imediato retomou o convívio com o rapaz que conhecera anos antes em Tapes. Agora, os dois estavam trabalhando na RBS. Muitos fatores foram decisivos na aproximação entre Sant'Ana e Cláudio Brito: a paixão pelo futebol (embora um colorado, outro gremista), pelo carnaval (ambos tinham simpatia pela Imperadores do Samba) e pela comunicação. A partir de então, não mais se separaram. "Fomos colegas e companheiros de infinitas noitadas", conta Brito, explicando que Sant'Ana sempre foi boêmio, sambista e, na década de 70, era habitué em muitas das casas noturnas de Porto Alegre. "Ele foi amigo do Lupicínio, conviveu com o Jamelão... Eu seria capaz de ficar aqui uma semana, um mês, falando de tudo o que vivi ao lado de Paulo Sant'Ana."

Quem também se integrava à jovem equipe da Rádio Gaúcha era Nelson Sirotsky. Filho mais velho de Maurício, Nelson, então com 18 anos, estava naquele período dando seus primeiros passos na comunicação – ele trabalhava na área de contabilidade da Rádio e da TV Gaúcha – e começava também a se familiarizar com a empresa que, duas décadas depois, viria a presidir.

Assim como Bastos, Nelson tem na memória quase a mesma imagem da primeira vez que lembra de ter visto Paulo Sant'Ana: ele encostado na estrutura que parecia um aquário e que servia de estúdio a Cândido Norberto. Nelson também recorda que a partir daquele momento Sant'Ana passou a ser uma figura presente na sua vida. "No intervalo da hora do almoço, eu almoçava rápido, lá mesmo no prédio da *Zero Hora*, e ia de imediato para o estúdio para vê-lo em ação." Gremista e atento ao futebol, Nelson não tem memória anterior de Sant'Ana na época do *Conversa de Arquibancada* – "Ali os comentaristas mais marcantes eram o Renato Cardoso e o Guilherme Sibemberg", conta – mas com a chegada dele na *Zero Hora* logo se estabeleceu uma amizade.

Igual a Paulo Sant'Ana e Nelson Sirotsky, Marcos Dvoskin também entrou na *Zero Hora* naquele mesmo ano de 1971. Cursando o penúltimo ano da faculdade de Administração de Empresas, ele seria convidado por Fernando Ernesto Corrêa, então seu colega no mesmo curso, e assumiria um cargo na área batizada de Serviços Gerais, responsável por dar apoio à gestão da empresa. Encarregado de supervisionar compras, transportes e tantas outras tarefas burocráticas e administrativas, Marcos não restringia sua atuação ao seu departamento: era curioso e circulava por todos os andares do prédio da Avenida Ipiranga, em especial pela redação. "Ninguém ficava indiferente à figura do Paulo Sant'Ana", lembra Marcos, recordando como Sant'Ana chamava a atenção como o "bicão" que nos primeiros tempos rondava o *Sala de Redação*. "Nada mais natural que eu e ele logo criássemos uma intimidade", explica ele, que pouco tempo depois se casaria com Sônia, uma das duas filhas de Maurício Sirotsky.

O crescimento de Sant'Ana, testemunhado de perto por Marcos, foi fulminante. "Sant'Ana reunia uma série de virtudes, algumas até que não pareciam vinculadas à figura dele", conta. "Embora ele fosse carente e carinhoso, ele conseguia ser ainda cumpridor de horários e de rotinas."

Além da capacidade de trabalho, outro fator importante na proximidade de Sant'Ana com boa parte da cúpula da RBS foi o gremismo. Nesse aspecto, Sant'Ana não encontrava apoio apenas em Marcos, um fanático colorado. Desse período, Marcos recorda que a relação entre ele e Sant'Ana era quase sempre respeitosa, sem conflitos, mas com amplo espaço para gozações e flautas. Contemporâneo de uma fase em que o Internacional dominava não apenas o futebol gaúcho, como também o brasileiro, Marcos Dvoskin atravessou a década de 70 com tranquilidade esportiva e podendo brincar bastante com o cronista. Sant'Ana, então, vingava-se apenas em Gre-Nais isolados. "Ele levava a gozação na boa", conta Marcos. "E, como era muito inteligente, ele sempre tinha um argumento, uma justificativa, para explicar o fracasso tricolor."

Já com Nelson, o Grêmio era o grande ponto de contato. A partir de 1971, Nelson e Sant'Ana passaram a conversar com frequência e também iam juntos ao Estádio Olímpico. "Logo depois, em meados dos anos 70, quando o estádio foi ampliado, meu pai comprou um camarote e, sempre que o Sant'Ana não estava escalado para uma jornada esportiva, ele assistia aos jogos conosco." (Anos depois, a família Sirotsky iria adquirir um camarote no novo estádio, a Arena. No dia 20 de julho de 2017, um dia após a morte de Sant'Ana, Nelson anunciou que a partir de então o camarote número três da Arena, de propriedade de sua família, passaria a se chamar Camarote Paulo Sant'Ana.)

Intuição era uma das marcas de Maurício Sirotsky, e essa característica se revelava de forma clara na maneira como o empresário administrava suas empresas e definia as contratações – como ficou explícito no caso de Sant'Ana. "O pai gostava muito de conviver com todas as pessoas, e com o Sant'Ana houve uma empatia imediata, uma amizade especial", lembra Nelson. "Ele gostava daquilo que o Sant'Ana encarnava: o personagem, a figura pública, a irreverência." Dessa maneira, Nelson ressalta, Sant'Ana se constituiu, dentro da Era Maurício, nos anos iniciais da RBS, como um dos primeiros símbolos de sucesso criado pela empresa.

Essa primazia era inegável. Para dar dimensão ainda maior ao surgimento dessa lenda, é preciso somar esse sucesso instantâneo com a ligação que Sant'Ana estabeleceu com os Sirotsky. "Como ele muitas vezes tratava o meu pai como seu pai também, ele se achava uma espécie de meu irmão mais velho também – e logo passou a se considerar o 'filho preferido' do meu pai", exagera Nelson. É curioso notar que Sant'Ana, até geracionalmente, posicionava-se entre pai e filho; era 14 anos mais jovem do que Maurício e igualmente 14 anos mais velho do que Nelson.

Por essa relação diferenciada entre patrão e funcionário – alimentada por Sant'Ana e autorizada por Maurício –, o colunista começou a frequentar a casa do empresário desde os seus primeiros dias na RBS. Aí começaram a se criar laços, analisa Nelson, que transcendiam a convivência profissional. "Em função do jeito do meu pai, o Sant'Ana transformou-se em um personagem da família e até passou a se considerar como parte da família." Em uma linha semelhante de raciocínio, Pedro Sirotsky argumenta que, assim como Maurício havia adotado Sant'Ana, o Sant'Ana adotou a família Sirotsky. "O Nelson foi o exemplo mais claro de como se deu essa adoção. E, assim como meu irmão, eu também me tornei um irmão do Sant'Ana. Quem adota é adotado também." E conclui: "Pela idolatria que o Sant'Ana tinha com o pai, Sant'Ana teve várias adoções e promoveu outras diversas adoções".

Nos frequentes churrascos realizados nas diversas casas dos integrantes da família Sirotsky, Sant'Ana era sempre uma figura presente. "Ele ia à minha casa – assim como ia na do Nelson – com total intimidade, muitas vezes chegando no horário que bem entendia", explica Marcos Dvoskin. "Antes de saber o que ele ia comer no churrasco, o Sant'Ana queria saber qual era a sobremesa. Dependendo da resposta, aí ele ficava", conta. Assim, pelo bom trânsito que tinha, Sant'Ana nunca causava constrangimento: "Todo mundo gostava dele, inclusive das doideiras", diz Marcos.

Além de Sant'Ana, Nelson acrescenta um novo personagem da mesma época que também é colocado quase que em um mesmo patamar pelo acolhimento que teve da família Sirotsky: Marco Aurélio, que durante anos foi chargista de *Zero Hora* e desempenhou outras tantas funções dentro da RBS. "Marco Aurélio e Sant'Ana eram agregados. Muitas vezes eles se achavam da família – e eram."

Nelson ressalva que Dona Ione, a matriarca, necessariamente não gostava de todos os amigos do Maurício. "Alguns ela simpatizava, outros ela preferia distância. Mas, de modo geral, ela aceitava a todos e os acolhia dentro do ambiente familiar, principalmente pelo fato de que esses amigos significavam muito para o Maurício e para a RBS."

Nelson destaca ainda uma repetição que ocorreria de uma geração para outra. "Depois da morte do pai, a Nara, minha mulher, assim como a minha mãe havia feito, acolheu o Sant'Ana e permitiu que ele fizesse parte da nossa convivência." Mas Nelson é o primeiro a reconhecer que essa não era uma tarefa fácil. "Sant'Ana muitas vezes foi incômodo. Ele não tinha desconfiômetro, não tinha limite", compara. "Quantas vezes ele veio aqui em casa e acabou ficando para um almoço ou mesmo para ver um jogo de futebol sem ser convidado." E, completa Nelson: "E ele ainda fazia uma sesta depois do almoço."

Pedro Sirotsky concorda com o irmão em relação a essa capacidade que Sant'Ana tinha de entrar onde não devia. "Era uma espécie de uma saudável inconveniência", define, ressaltando que Sant'Ana não deixava de participar de encontros ou eventos quando era demandado – mas, principalmente, quando não era demandado. "Ele sempre deixava a sua marca, a sua forte personalidade".

Já como atração fixa e contratada do *Sala de Redação*, Paulo Sant'Ana passou a ter um espaço diário em *Zero Hora*. A nova coluna começou a ser publicada a partir de 17 de novembro de 1971 e teria um título fixo, no caso, "Economia Interna". A crônica dividia espaço na mesma página com a coluna de João Saldanha, a "Coluna do João", e com a do Professor Ribeiro, "Teoria e Prática". Além do "Economia Interna", a coluna de Sant'Ana trazia um título secundário, que mudava a cada dia. Em seu primeiro texto, Sant'Ana falava sobre jogadores do Grêmio.

Com o passar do tempo, Lauro Schirmer continuou se espantando ao descobrir que Sant'Ana sabia, sim, escrever com clareza. O destaque foi ficando ainda maior também pelo fato de o tema das colunas ter sido colocado à feição para o novo colunista: escrever sobre futebol. Ou melhor, sobre o Grêmio, de maneira mais específica.

Sant'Ana foi a primeira contratação do *Sala de Redação*. Em seguida, para evitar um desequilíbrio em favor do Grêmio, Nelson, já envolvido com as questões da Rádio Gaúcha e empenhado em transformar a emissora em uma referência na cobertura esportiva, pressionou seu pai para que ele trouxesse um nome capaz de rivalizar com o gremismo de Sant'Ana. "Precisamos de um colorado que enfrente o Sant'Ana com qualidade, com talento, do contrário o programa ficará desequilibrado e nós vamos ter problema", alertou Nelson. E sugeriu: "Chama o Ibsen", disse Nelson a Maurício.

O dono da empresa já conhecia Ibsen Pinheiro do tempo em que ele havia trabalhado na TV Gaúcha. Afastado há poucos meses do comando do futebol do Internacional – seu grupo político havia perdido a eleição para presidência do clube –, Ibsen recebeu uma ligação de Maurício, que teve com ele a seguinte conversa: "Ibsen, tu sabias que és comentarista de futebol?". Ibsen, que havia militado na imprensa, mas até então nunca passara pela área esportiva, espantou-se com a definição de Maurício. "Não, não sabia. Por quê?", perguntou. "Porque o Nelson, meu filho, te ouve e gosta muito das tuas análises feitas no pós-jogo", explicou Maurício. "Queres vir trabalhar conosco?", emendou. Ibsen aceitou e passou a ter também – assim como Sant'Ana – um espaço no *Sala de Redação*, uma coluna em *Zero Hora* e uma participação efetiva nas jornadas esportivas.

Na mesma época, além de Ibsen, a Gaúcha ainda contrataria Sérgio Moacir Torres Nunes, ex-goleiro e ex-treinador, com forte vinculação com o futebol gaúcho, em especial com o Grêmio, e os comentaristas Godoy Bezerra, Renato Cardoso e Professor Ribeiro.

Com as atrações se consolidando, a cúpula da empresa também decidiu que, naquele mesmo ano de 1972, um novo projeto deveria ser criado. Agora, o foco estava na TV, e, também aproveitando o horário do meio-dia – quando ainda não havia espaço na programação nacional da Rede Globo para telejornais locais –, um programa inovador iria ao ar. Surgia o *Jornal do Almoço*. A estreia foi em 6 de março daquele ano, e o programa, separado em quadros de comentários, notícias e esportes, tinha duas horas de duração, indo ao ar das 11h30min até às 13h30min.

Os primeiros apresentadores foram Cláudio Andara e Wilson Rivoire, responsáveis pelo noticiário local, e Tânia Carvalho, que iria comandar o quadro "Variedades". Como o futebol seria altamente contemplado, nada mais natural que Sant'Ana fosse convidado para integrar o programa. Ele seria um dos comentaristas esportivos. Com espaços então na Rádio Gaúcha, na *Zero Hora* e agora na TV Gaúcha, Sant'Ana começava a montar sua trincheira.

No *Jornal do Almoço*, Sant'Ana forçaria a linha de informação com humor, afinado com a proposta do programa: a de ser uma atração leve e divertida. Nesse primeiro momento, integravam o elenco do programa o humorista Renato Pereira e o chargista Marco Aurélio, que no *Jornal do Almoço* seria o responsável por uma charge animada.

Com sua imagem crescendo de maneira constante, Sant'Ana, na mesma época, sem medo de qualquer exposição que pudesse ser considerada demasiadamente exagerada, aceitou participar de uma edição especial dedicada ao Rio Grande do Sul da *Discoteca do Chacrinha*.

No programa, o apresentador – já o nome mais popular da comunicação brasileira – entrava em cena vestido de gaúcho. Ao seu lado, as chacretes abriram a atração com roupas típicas e cantando *Prenda Minha*. Sant'Ana integrava o júri.

No texto que fez sobre sua participação no programa do Velho Guerreiro, publicado no dia 27 de julho de 1972, Sant'Ana contou que se revoltou com o fato de que, quando ele apareceu ao lado de Everaldo, Chacrinha – segundo o colunista querendo fazer média com a torcida colorada – fez o auditório gritar em coro: "Um, dois, três, o Grêmio é freguês". Sant'Ana, indignado, respondeu: "Fui obrigado a desobedecer ao *script* e partir para cima do Chacra, velho torcedor vascaíno, e dizer-lhe que freguês é o Vasco, que há dez anos não ganha do Grêmio". No fim da coluna, Sant'Ana contou que, no final do programa, o apresentador, com seu jeito de sempre, levando os dedos na boca, gritou: "Alô, Santana, Penta, uma banana".

Pedro Sirotsky, na época um adolescente de 15 anos, lembra bem do episódio e de como vibrou com a performance de Sant'Ana. Para Pedro, o colunista não se intimidou com a pressão do comunicador, mesmo quando Chacrinha comandou a plateia. "Só a vaia consagra. E a vaia recebida pelo Sant'Ana foi consagradora!", avalia.

Em 1973, a seleção brasileira vivia um tempo de transição. Vencedora da Copa anterior, realizada no México, a seleção se preparava agora para enfrentar sua primeira Copa desde 1958 sem Pelé. Precisava provar que ainda era um time competitivo mesmo sem seu maior craque.

Como preparação para o Mundial, que seria realizado no ano seguinte, a Confederação Brasileira de Futebol (CBD) decidiu organizar uma excursão, primeiro à África, depois à Europa. Embutida nessa viagem estava também a intenção de João Havelange fazer campanha. O então presidente da CBD sonhava em virar presidente da Fifa, o que acabou se confirmando no ano seguinte. Assim, entre os dias 3 e 21 de junho, a seleção disputou seis partidas: venceu a Argélia, a Tunísia, a União Soviética e a Alemanha Ocidental, e perdeu apenas para a Itália.

Porém, no dia 25 de junho, o Brasil foi novamente derrotado, agora para a Suécia, por 1 a 0. Dessa forma, a reação da Comissão Técnica foi romper com a imprensa e divulgar o Manifesto de Glasgow. Idealizado pelo chefe da Preparação Física, o major Cláudio Coutinho – mais tarde treinador da Seleção na Copa de 1978 –, o manifesto, escrito durante a viagem da Suécia à Escócia, era mal redigido (tinha 13 erros de gramática) e não trazia nenhuma inovação, servindo apenas para azedar ainda mais a relação entre jogadores e jornalistas.

Se o clima na Europa estava pesado, em Porto Alegre a situação não era muito melhor. À época com 20 anos e empenhado em fazer do futebol uma bandeira para a Rádio Gaúcha, Nelson Sirotsky se armou para o que considerava uma batalha.

Primeiro, formou uma equipe em que se destacavam, além do próprio Paulo Sant'Ana, Celestino Valenzuela, Valdomiro Moraes e Samuel de Souza Santos. Depois, partiu para tentar convencer o pai a não apenas dar destaque para o esporte na Gaúcha, como também viabilizar as coberturas internacionais das partidas futebolísticas. "Essa excursão da seleção brasileira na etapa preparatória para a Copa de 1974 foi um marco na minha carreira e, acredito, também na do Sant'Ana", garante Nelson. "Como eu tinha um compromisso com essa equipe que eu formei, em especial com o Sant'Ana, eu tinha que reverter a decisão do meu pai. Foi um período duro em que eu cheguei a considerar seriamente a ideia de pedir demissão."

A situação não precisou chegar a esse extremo. Nelson convenceu Maurício aos seus argumentos e a Gaúcha enviou sua equipe esportiva à Europa. Sant'Ana estreava no exterior.

A Copa de 1974 na Alemanha significou uma revolução para a RBS. "Até então nós éramos goleados pela concorrência", lembra Nelson, "mas aí o jogo começou a virar", rebate. "E o Sant'Ana teve uma participação fundamental nesse episódio."

A excursão da Rádio Gaúcha serviu ainda para Paulo Sant'Ana se aproximar de um novo colega. Em 1973, Sant'Ana conheceu e ficou próximo do narrador Haroldo de Souza. "Me identifiquei com ele. Era espalhafatoso, alegre, invocado", lembrou o narrador anos depois em uma entrevista. Haroldo à época trabalhava na Rádio Itatiaia de Belo Horizonte.

Um ano depois, os dois voltaram a se encontrar, agora já durante a realização da Copa da Alemanha, e, no intervalo de um jogo, recordou Haroldo, o Sant'Ana o abordou para perguntar se ele tinha interesse em se mudar para Porto Alegre. "Vamos conversar", respondeu o narrador. Foi tudo muito rápido. Logo depois da Copa, quando voltou para Minas Gerais, Haroldo já encontrou na rádio uma passagem aérea e um convite para vir negociar com a direção da RBS em Porto Alegre. Ele veio, negociou e ficou trabalhando por aqui. Nunca mais saiu da cidade.

Para aquela Copa, Nelson foi indicado como responsável da equipe da RBS. Mal havia começado a atuar em sua nova função e ele foi alertado por Holmes Aquino, chefe da Central Técnica da Gaúcha, que a Rádio Guaíba havia contratado um circuito para falar direto com a Alemanha. Nelson se interessou em saber o que era aquilo, e Holmes Aquino explicou que se tratava de uma linha comprada junto à Embratel e que ficava permanentemente aberta. Nelson quis saber o valor da operação: 30 mil dólares. "Era um valor altíssimo, mas precisávamos investir."

A estratégia revelou-se acertada. A RBS montou uma estrutura forte na Alemanha e passou a transmitir em tempo integral. "O erro da Guaíba", avalia Nelson, "foi ter comprado e não usado o tempo todo. Eles tinham a linha, mas preferiram manter a programação normal. Assim, foram perdendo espaço".

Nelson recorda que a orientação era transmitir o máximo possível da Alemanha. "Assim, Sant'Ana foi às ruas, fez reportagens que inclusive nada tinham a ver com o futebol e se consagrou mais uma vez".

Os anos de 1973 e 1974 marcariam as primeiras conquistas da Rádio Gaúcha e de Paulo Sant'Ana na busca pela liderança na área da cobertura esportiva.

Esse sucesso instantâneo teria reflexos poucos anos depois. Identificado e vibrando com os avanços da Gaúcha, Sant'Ana não se animaria muito com o início da decadência da Guaíba e com as futuras contratações dos que vinham da Caldas Júnior, nomes como Ruy Carlos Ostermann, Lauro Quadros e Armindo Antônio Ranzolin.

O chargista Marco Aurélio, segundo Nelson, compartilhava da mesma visão. "Para os dois, era um clima de nós contra eles", compara Nelson. "E muitas vezes o conflito era provocado pelo Sant'Ana. A causa? Ciúmes", diagnostica Nelson mais de 50 anos depois. "O Sant'Ana fazia questão de se posicionar mais fortemente como o mais importante e o mais identificado comunicador da RBS. Ele se considerava 100% RBS e usava com frequência esse argumento, pontuando a própria lealdade", acrescenta o executivo Geraldo Corrêa. "Eles – Sant'Ana e Marco Aurélio –, de certa forma, disputavam o tempo todo quem ocupava a maior parte do coração do Maurício", completa Marcos Dvoskin.

O agitado período profissional entre 1973 e 1974 também reservaria outras surpresas a Paulo Sant'Ana, estas mais ligadas à vida pessoal. A maior delas seria o início do envolvimento com Inajara Silva. Nascida em Porto Alegre em janeiro de 1952, Inajara era filha de Nelson Silva (1916-1983), sambista e radialista carioca que veio passar uma temporada em Porto Alegre e nunca mais deixou a cidade. A identificação foi tamanha que Nelson se transformou no autor do hino do Sport Club Internacional. Da relação de Nelson Silva com Miguela nasceram cinco filhos – todos com nomes de inspiração indígena –, porém o relacionamento não durou muito e, antes de Inajara completar três anos de idade, o casal já estava separado.

Doze anos e meio mais nova do que Sant'Ana, Inajara trabalhava então como maquiadora no elegante e bem frequentado salão do cabeleireiro Fernandinho Mendes, na Avenida Mostardeiro, e desempenhava também a função de dançarina acompanhando o conjunto Samba 8. O grupo interpretava os grandes sambões da época e se apresentava em *shows* e bailes. "Talvez inspirado pelo exemplo de Sargentelli, o grupo resolveu incluir três mulatas para que sambassem durante as apresentações. Eu era uma delas", lembra Inajara.

Até então, ela confessa, pouco havia ouvido falar em Paulo Sant'Ana. Sabia apenas de suas participações na TV, mas não se interessava. O coloradismo dela a afastava dos comentários dele.

Tudo mudou pouco antes da Copa de 1974, quando Sant'Ana deveria viajar para participar da cobertura na Alemanha. Inajara recorda que estava previsto um *show* a ser realizado no Marcílio Dias, clube então localizado na Avenida Praia de Belas. "Foi quando alguém veio me dizer: 'O Paulo Sant'Ana vai estar lá'. E eu respondi: 'E eu lá sei quem é Paulo Sant'Ana!'"

Porém, prossegue Inajara, quando a Kombi que levava o conjunto chegou ao local, ele já estava lá, "trajando um alinhado *blazer* de veludo vermelho, uma elegância só". Inajara também recorda que, mais tarde, soube que Cláudio Brito já havia passado a ficha para ele. "Tens que ver, Sant'Ana! Tem uma mulher que mexe mais do que um liquidificador!" Inajara sabia do sucesso que fazia junto ao público masculino.

A partir desse primeiro encontro, Sant'Ana passou a assediá-la. "Ele começou a me cercar, pagava cerveja para todos os integrantes do conjunto só para ficar perto de mim." Mas o cerco de nada adiantava: "Eu não queria nada com ele, não gostava, não estava interessada".

Sant'Ana começou a visitar a casa dela. "Ele tinha uma Brasília verde e, quando eu escutava o barulho do motor do carro, eu já me escondia. Pedia para minha mãe inventar uma desculpa, dizer que eu não estava, que havia saído com minhas amigas."

Rejeitado e sem chances imediatas de sucesso, Sant'Ana cansou e se afastou – "ou resolveu mudar de estratégia", admite Inajara. Foi a vez de ele sumir – e de ela passar a ficar olhando para a rua à espera do carro dele.

O plano deu certo, e também contou com a ajuda de Cirilo, irmão de Sant'Ana, que a procurava para dizer que Sant'Ana ainda se interessava por ela. Inajara foi cedendo. "Ele me levava para jantar, muitas vezes no Restaurante Copacabana, e me dava muitos presentes, quase sempre perfumes franceses, o que para mim era uma novidade, já que eu só usava o Toque de Amor, um perfume barato da Avon."

O relacionamento ia evoluindo até que um dia, na definição de Inajara, "ele me deu um bote bonito". Ela conta: "Ele me convidou para tomar um chá da tarde. Eu já estava meio caidinha e, quando eu vi, estava num motel com ele".

A partir de então, os encontros passaram a ser cada vez mais frequentes. "Ficamos uns dois ou três anos assim. Eu continuava trabalhando, fazendo os *shows*, e, em muitas noites, ele me buscava para me levar para jantar. Também fizemos algumas viagens ao Rio de Janeiro." Os dois também frequentavam muito as escolas de samba de Porto Alegre. E aí Sant'Ana foi responsável por uma mudança na vida dela: Inajara originalmente era vinculada à escola Acadêmicos da Orgia. Mas, por insistência dele, ela passou a se identificar com a Imperadores do Samba.

Inajara lembra uma curiosidade desse início de relacionamento: "Quando chegávamos a algum lugar, como eu gostava de beber, eu sempre pedia um uísque, e ele um refrigerante. Mas quando o garçom trazia, havia uma troca dos pedidos: o refrigerante era colocado na minha frente e o uísque na dele". Outra troca muito comum era com relação ao nome. "Ele errava muito. Aí, para facilitar, ele me apelidou de Naná." Mais tarde, segundo Inajara, os dois passaram a chamar um ao outro de "vida".

Se, na escolha carnavalesca, os dois chegaram a um consenso, na opção esportiva, eles continuaram em lados opostos. "Nos respeitávamos e nunca tocamos flauta um no outro." E mais: "Se alguém se aproximasse para falar mal do Internacional quando ele estava ao meu lado ou da nossa filha, Ana Paula, ele imediatamente pedia que o interlocutor parasse". Ana Paula lembra com saudade da atenção que o pai lhe dedicava. "Nós éramos muito próximos, gostávamos de conversar, e ele era muito carinhoso."

Ana Paula, a filha do casal, nasceu em fevereiro de 1988. "Quando ela nasceu, Sant'Ana foi para o hospital com uma camisetinha do Grêmio. Mas eu não deixei que ele colocasse nela."

De volta a 1974. Nesse ano, um outro reconhecimento jornalístico também ajudaria a alterar o perfil de Paulo Sant'Ana. Em agosto, Porto Alegre viveria um fato trágico e inédito: o sequestro de um adolescente seguido de um pedido de resgate.

Até então considerado como um crime ligado ao terrorismo político, o sequestro do jovem Alexandre Moeller, na época com 13 anos, mudaria a mentalidade dos gaúchos. No dia 30 daquele mês, Alexandre fora deixado às 7h na frente do Colégio Anchieta, onde estudava. Logo depois, ele foi abordado por um homem que se dizia empregado de Getúlio Moeller, o pai do jovem. Alexandre foi empurrado para dentro de um Fusca. Às 13h do mesmo dia, a família recebeu o primeiro telefonema. Os sequestradores exigiam Cr$ 450 mil (em valores de hoje, cerca de R$ 2 milhões) para libertar o garoto.

A atuação de Sant'Ana no sequestro foi classificada por ele, quase 30 anos depois do fato, como um "rombo", e não apenas um "furo" (jargão jornalístico para a informação publicada em um veículo antes de todos os demais). Sant'Ana se consagraria por se envolver diretamente com o caso e dar todos os detalhes do crime. Amigo do pai de Alexandre, Sant'Ana contou, em entrevista concedida a Lauro Schirmer para o livro *RBS: Da Voz-do-Poste à Multimídia*, que durante os seis dias do sequestro ele permaneceu na casa da família e praticamente não dormiu. "Eu estava lá tanto como amigo quanto como jornalista", diria Sant'Ana.

"Toda a cobertura jornalística daquela semana se concentrou no sequestro. De um lado a poderosa Caldas Júnior, com seus três jornais – *Correio do Povo*, *Folha da Manhã* e *Folha da Tarde* –, e do outro a *Zero Hora*, um jornal emergente tentando se afirmar", comparou Sant'Ana. Era o cenário ideal para uma disputa pela informação mais ágil e completa. Sant'Ana acrescentou ainda que, se a *Zero Hora* não podia esbanjar recursos (a Caldas Júnior mobilizara só em transporte nove automóveis), o jornal, em compensação, podia contar com a sua presença constante na casa da família Moeller.

Além disso, Sant'Ana, como inspetor de polícia, também tinha acesso aos demais policiais que atuavam no caso e assim poderia vivenciar "aqueles dias de nervosismo na casa onde a polícia instalou seu QG, aguardando com ansiedade os telefonemas".

Cobrado e estimulado pela cúpula do jornal, o diretor Lauro Schirmer e o editor-chefe Armando Burd, Sant'Ana seguiu acompanhando de perto todos os fatos e viu o cenário se modificar no dia 5 de setembro. Naquele dia, a polícia conseguir localizar o cativeiro do rapaz, em Tramandaí. O garoto foi resgatado, os sequestradores foram identificados e alguns deles foram presos em flagrante.

Porém, como outros sequestradores envolvidos ainda eram procurados, a polícia determinou sigilo sobre o caso. Sant'Ana quebrou com a ordem e conseguiu uma entrevista com Alexandre. Avisada a redação, em meio à madrugada, a edição só foi rodada às 6h da manhã e trazia a manchete gigantesca e inédita: "Alexandre conta todo o sequestro". *Zero Hora* foi o único jornal a ter a informação. "Ainda hoje saboreio o sucesso sempre que o fato é recordado", comemorou Sant'Ana no depoimento concedido em 2002.

No mesmo ano de 1974, Pedro Sirotsky começaria a trabalhar na TV Gaúcha e ficaria ainda mais próximo de Paulo Sant'Ana. "Nesse período, nós convivemos bastante, e eu passei a admirá-lo ainda mais pelo seu alto egocentrismo e pela sua linha de raciocínio para desenvolver teses." A amizade entre Pedro e Sant'Ana já existia pela proximidade do cronista com o pai de Pedro, mas o *Jornal do Almoço* iria servir para aprofundar esse relacionamento.

"Foi na TV, trabalhando lado a lado com ele, que eu pude ter certeza de que o Sant'Ana era um grande profissional." Quando estava alegre e disposto, lembra Pedro, Sant'Ana era um ótimo colega, contando piadas e criando um ambiente de trabalho fantástico. "Mas às vezes ele chegava de mau humor e nem era bom se aproximar para cumprimentá-lo", completa. Diante das câmeras, conta Pedro, Sant'Ana gostava de demonstrar independência. "Quando um editor dizia que ele tinha 1 minuto e 45 segundos para seu comentário, ele invariavelmente respondia: 'Estou preparado para 3 minutos'. Mas aí, quando era para valer, ele se mostrava disciplinado e respeitava o tempo definido."

Paulo Sant'Ana reinaria por muito tempo na bancada do *Jornal do Almoço*, mas naqueles anos da década de 70 ele encontraria um rival em matéria de ousadia, audácia e histrionismo: Roberto Gigante. Homossexual assumido – em uma época em que as emissoras de TV eram muito rígidas na contratação de profissionais com perfis e comportamentos fora do padrão –, o pelotense Gigante surgiu no teatro, mudou-se para o Rio de Janeiro e lá ficou por longos anos. De volta ao Rio Grande do Sul, ele entrou para a televisão fazendo um comentário noturno em um programa na já decadente TV Piratini. Apesar do horário e do baixo ibope,

Gigante chamava a atenção, e foi isso que fez com que fosse convidado para se juntar à equipe do *Jornal do Almoço*.

Roberto Gigante lembraria, em 2007, num programa especial sobre os 35 anos do *Jornal do Almoço*, que ao chegar à emissora descobriu que não teria um produtor só para ele. Era preciso se virar sozinho. Assim, ele entrou moderado, respeitoso, mas logo se deu conta de que, se mantivesse esse perfil contido, em 15 dias seria demitido.

A primeira providência foi criar um bordão. No caso, "eu me rasgo todo", que ele passou a usar sempre que era surpreendido por uma notícia que lhe causasse espanto ou revolta. A partir de então não parou mais. Criou até um figurino, já previamente rasgado, que facilitava a performance. Depois, vieram fantasias de Super-Homem, palhaço, aviador e tantas outras.

Roberto Gigante e Paulo Sant'Ana se completavam em suas divertidas loucuras a tal ponto que os estúdios do *Jornal do Almoço* ficaram pequenos para os dois; e eles foram para o cinema.

Domingo de Gre-Nal foi um longa-metragem produzido em 1979 em que os dois tinham papel de destaque. Dirigido por Pereira Dias, o filme tinha um roteiro escrito pelo cronista e dramaturgo Sérgio Jockymann, que fazia uma adaptação bem-humorada do clássico *Romeu & Julieta*, de William Shakespeare.

O dilema dos jovens amantes de Verona se transferiu para a Porto Alegre do final dos anos 70 e contava a história de um casal que era impedido de consumar sua paixão devido à rivalidade futebolística de suas famílias, uma gremista, liderada por Hugo, o pai, interpretado por Sant'Ana, e outra colorada, comandada por Juca (único papel de Chibé, um ator pouco conhecido).

As provocações entre os rivais e vizinhos eram constantes até a chegada do dia em que Grêmio e Internacional iriam disputar a decisão do campeonato. É nesse momento que as duas famílias descobrem o romance entre o filho de Juca e a filha de Hugo. Até então, tudo havia sido acobertado pelo padre do bairro, papel de Roberto Gigante.

A proposta do filme não emplacou, e a comédia ficou pouco mais de um mês em cartaz nos cinemas de Porto Alegre, sem grande sucesso. A trama boba e simpática permitia que o jovem casal fosse feliz para sempre e, no enredo, apenas um mistério foi mantido: em momento algum é revelado quem venceu o Gre-Nal.

A admiração de Sant'Ana por Gigante era tão genuína que, na época de lançamento do filme, ele escreveu em sua coluna sobre o colega: "O Gigante plana na vida, sem ligar para nenhuma convenção. Como gostaria de ser assim e não tenho conseguido, invejo-o, o que sintetiza o que penso dele". Afastado do *Jornal do Almoço* logo depois dos anos 80, Roberto Gigante perambulou ainda por outras emissoras e outras redações. Já retirado da vida pública por mais de 20 anos, Gigante morreu em Pelotas, em fevereiro de 2022, aos 83 anos.

Em matéria de histrionismo, o momento em que Paulo Sant'Ana mais se aproximou de Roberto Gigante foi em fevereiro de 1989. No dia seguinte à derrota do Internacional para o Bahia na final do campeonato brasileiro daquele ano, Sant'Ana entrou no ar no *Jornal do Almoço* vestido de baiana. Em seu comentário, ele cantou uma versão adaptada de *Falsa Baiana*, samba de Geraldo Pereira, em que alterava a letra e dizia "Baiana é aquela que entra no samba de qualquer maneira / Que mexe, remexe e dá nó nas cadeiras / Bobô (*meia do Bahia*) fez besteira e deixou Taffarel (*goleiro colorado*) com água na boca...".

Com um gestual irreverente, excessivo e até carnavalesco, numa proposta claramente espetacular de comunicar, Sant'Ana investiria em performances que muitas vezes poderiam beirar o ridículo. Quase 20 anos depois de se vestir de baiana, o comentarista entraria no estúdio do *Jornal do Almoço*, no dia 7 de junho de 2007, com uma nova fantasia. Um dia após a vitória do Grêmio sobre o Santos, Sant'Ana – vestindo um abrigo do Grêmio e um chapéu de mosqueteiro (o símbolo do clube) – empunhava um espeto e na ponta um peixe cru, uma clara referência à mascote do time derrotado. Questionado pela colega Cristina Ranzolin sobre o que faria caso o Grêmio fosse campeão, ele respondeu: "Vou ter de inventar alguma coisa".

Em outro momento em anos anteriores, Paulo Sant'Ana havia inventado – e se dado muito bem com a invenção. Foi em maio de 1980. A ocasião, conforme lembraria Jayme Sirotsky mais de 40 anos depois, foi o evento de inauguração da RBS TV Passo Fundo. A solenidade era carregada de simbolismo, pois a emissora estava sendo implantada na terra onde Maurício havia se criado, e Jayme, nascido. Assim, Jayme ressalta ter tido um cuidado todo especial com todos os detalhes, até porque, na mesma ocasião, seria também inaugurada a creche Rita Sirotsky, entidade que homenageava a mãe dos dois fundadores.

Porém, no dia da abertura, os planos precisaram ser modificados. À noite, estava previsto um jantar no Clube do Comércio, e o evento teria como atração um *show* com um grande nome nacional: Chico Anysio. O humorista aceitou o convite, veio do Rio de Janeiro para Porto Alegre, instalou-se no hotel reservado pela RBS e de lá não saiu pelas próximas horas. Quando Nelson Sirotsky foi buscá-lo, perto do horário do *show*, ele estava num pileque monumental, sem qualquer condição de subir ao palco.

A solução imediata encontrada pela família Sirotsky e pelos organizadores do evento foi armar uma edição extra e ao vivo do *Jornal do Almoço*. E Paulo Sant'Ana, que já estava na cidade, se sobressaiu. "O Sant'Ana sempre foi um grande comunicador, isso todo mundo reconhece", destaca Jayme, "mas naquele dia ele foi também um ótimo improvisador: falou sobre Passo Fundo, sobre a família Sirotsky, sobre alguns detalhes da RBS e completou tudo com muitas referências pessoais. Foi um sucesso!". Jayme acrescenta que, ao final do jantar, ninguém mais lembrava da desistência da atração nacional.

Sant'Ana crescia em exposição no *Jornal do Almoço*, mas o *Sala de Redação* ocupava ainda um lugar todo especial na sua vida. Até 1978, o programa radiofônico manteria o formato, com Cândido Norberto à frente. As mudanças começariam a ocorrer a partir de março daquele ano, com a contratação de Ruy Carlos Ostermann.

Já respeitado pela sua trajetória nos veículos da Caldas Júnior, Ostermann chegaria à RBS para ocupar as funções de colunista da *Zero Hora*, comentarista da jornada esportiva e chefe de Esportes da Rádio Gaúcha.

Quem saudaria de maneira eufórica a chegada de Ruy seria Paulo Sant'Ana. Em sua coluna publicada no dia seguinte ao anúncio da contratação, um entusiasmado Sant'Ana escreveu: "É impossível deixar de comentar aquilo que estourou como uma bomba de nêutron ontem na cidade e começou a se alastrar pelo Estado: a contratação pela Rede Brasil Sul de Comunicações de Ruy Carlos Ostermann". Logo a seguir, Sant'Ana, ainda mais animado, profetizava: "Se fosse político, Ostermann seria um dos maiores tribunos deste país. Mas ele escolheu o jornalismo, uma forma muito mais ampla de comunicar-se com o público. E de aproximar-se dos seus anseios e sentimentos".

A primeira grande participação de Ostermann nos veículos da RBS se daria quase de imediato, com a cobertura da Copa da Argentina em

1978. E uma das novidades da programação seria a transmissão do *Sala de Redação* direto do país-sede.

No retorno ao Brasil, uma nova mudança: Ostermann passou a dividir com Cândido Norberto a ancoragem do *Sala de Redação*. O criador do programa ficaria com a parte inicial, voltada ao jornalismo, enquanto Ruy assumiria a segunda parte, centrada nos debates esportivos. O novo formato durou apenas um ano. Em 1979, Cândido Norberto deixou a RBS para se dedicar a um novo projeto, a Rádio Farroupilha.

Outra mudança seria o antípoda que Paulo Sant'Ana e seu gremismo iriam enfrentar. Ibsen Pinheiro, eleito vereador em Porto Alegre pelo MDB em 1976, também deixou a RBS e se transferiu para a Caldas Júnior. Quem assumiu o posto no *Sala de Redação* foi o veterano Cid Pinheiro Cabral, que aos 63 anos (nasceu em maio de 1915, em São Luiz Gonzaga) era uma espécie de decano entre os cronistas esportivos do Rio Grande do Sul, tendo sido inclusive, em 1945, um dos fundadores da Associação dos Cronistas Esportivos de Porto Alegre, a ACEPA, que mais tarde se transformaria em Associação dos Cronistas Esportivos Gaúchos, a ACEG. Cid era ainda um colorado que garantia nunca ter precisado revelar seu time do coração: "Eu sempre acreditei na inteligência dos leitores", justificava-se. A entrada no *Sala de Redação* também marcava um ineditismo na carreira de Cid: pela primeira vez, ele – um sujeito com toda sua trajetória vinculada ao jornalismo impresso – participaria de um programa de rádio.

Com o *Sala de Redação* crescendo em popularidade e audiência, Sant'Ana não teria apenas mais um rival, mas dois. Além de Cid, outro colorado se somaria ao elenco: Kenny Braga. Para empatar o jogo, o Grêmio igualmente ganharia um reforço, Oswaldo Rolla, o Foguinho, ainda mais velho do que Cid – era de setembro de 1909 –, e que antes de entrar para a crônica esportiva já havia sido jogador de futebol, treinador e árbitro.

Mais jovem entre os integrantes desse novo *Sala de Redação*, Kenny se transformaria em um dos mais duradouros integrantes do programa. Também seria o mais constante adversário colorado de Sant'Ana, seguindo uma linhagem que começara com Ibsen, passara por Cid e teria ainda Hugo Amorim, Cláudio Cabral e Adroaldo Guerra Filho. Kenny conviveria com todos e só deixaria o *Sala de Redação* depois de uma violenta discussão que teve com Sant'Ana e que será mais bem tratada logo adiante.

Vivendo seu apogeu, o *Sala de Redação* sofreria alterações já no começo da década seguinte. Cid Pinheiro Cabral morreria em setembro de 1983, aos 68 anos, vítima de um derrame cerebral. Antes disso, Ostermann – confirmando o presságio de Sant'Ana– se candidataria e seria eleito deputado estadual pelo PMDB nas eleições de 1982, sendo reeleito em 1986. No primeiro mandato, Ruy conseguiu conciliar as atividades na Assembleia Legislativa com o *Sala*, mas, no segundo, assumindo naquele período a Secretaria de Ciência e Tecnologia e, posteriormente, a da Educação, ele precisou se licenciar do programa.

Já Paulo Sant'Ana viveria nesse período – a primeira metade da década de 80 – as maiores alegrias esportivas da sua vida.

Em 1981, o Grêmio se sagraria campeão brasileiro pela primeira vez. Era o último ano do mandato de Hélio Dourado na presidência do clube. E o homem que havia sido protagonista em grandes conquistas do tricolor, como o fechamento do último anel do Estádio Olímpico e a quebra da série de títulos do Internacional em 1977, queria encerrar seu período à frente do tricolor com a conquista máxima. Mesmo tendo vencido quatro dos cinco últimos campeonatos estaduais (1977, 1979, 1980 e 1981), faltava a Hélio Dourado e ao Grêmio uma conquista nacional, até porque o tradicional rival já era tricampeão brasileiro e havia formado uma geração de grandes craques, como Falcão, Jair, Paulo César Carpeggiani e Caçapava.

Para mudar a história, Dourado montou uma equipe que começava pelo comando, entregue a Ênio Andrade (campeão invicto pelo Internacional em 1979) e mesclava veteranos, como Leão (goleiro de três Copas do Mundo), De León (capitão do Nacional do Uruguai que havia ganhado a Libertadores da América derrotando o Internacional) e Tarciso (ponta veloz que integrava o elenco gremista há quase uma década) com novos talentos, como o lateral-direito Paulo Roberto, o volante China e, principalmente, o atacante Baltazar.

E seria esse goiano, de 22 anos, no Grêmio desde 1979, o grande herói daquele primeiro campeonato tricolor. O Grêmio chegaria à final em abril/maio de 1981, enfrentando em duas partidas o São Paulo, time treinado por Carlos Alberto Silva e com um elenco de craques, como Marinho Chagas, Dario Pereyra e Serginho Chulapa. No primeiro jogo, no Estádio Olímpico, o time da casa venceria por 2 a 1, com dois gols do meia Paulo Isidoro. A situação poderia ter ficado mais tranquila se Baltazar, no mesmo jogo, não tivesse desperdiçado um pênalti. Ao ser entrevistado no final da partida, ele se desculpou e profetizou: "Deus está reservando algo melhor para mim". Pioneiro entre os jogadores que se declaravam como Atleta de Cristo e que tinham na fé a explicação para a sua performance em campo, Baltazar estava certo: na final no Estádio Morumbi, na semana seguinte, ele marcou o gol que deu o título ao Grêmio.

Mas antes mesmo de ser campeão Paulo Sant'Ana já estava enlouquecido.

Na coluna seguinte à conquista do título, publicada no dia 5 de maio em *Zero Hora*, Sant'Ana fez uma imensa lista de agradecimentos, começando com os dirigentes Hélio Dourado e Rafael Bandeira dos Santos, passando pelos jogadores, em especial Leão, Paulo Isidoro e Paulo Roberto, pela torcida do Internacional (que, segundo levantamento de Sant'Ana, não secou o Grêmio) e se encerrando com uma longa homenagem ao comandante Ênio Andrade, a quem o cronista dedicou um "hino profético, um hino sabidão":

> *"Adeus Ênio Velho*
> *Feliz Ênio novo*
> *Que o Grêmio se realize*
> *Com Ênio de tri-regional*
> *Mas não se esqueça*
> *Cabeça*
> *De ser campeão nacional"*

Porém, antes desse acontecimento, no feriado de 1º de maio, um dia depois do primeiro jogo da decisão, Sant'Ana estava ainda mais eufórico. Ele chegou para apresentar o *Jornal do Almoço* enrolado em uma bandeira do Grêmio. E foi assim que ele entrou no ar. De sua sala, Carlos Bastos, então diretor de jornalismo da emissora, acompanhava tudo pelo aparelho de TV.

Sant'Ana entrou em cena em transe. Quase não falava. Com os olhos lacrimejantes, os lábios trêmulos, ele apenas beijava a bandeira e gritava: "Viva o Grêmio! Viva o Grêmio! Eu sou campeão brasileiro!".

Em determinado momento, Sant'Ana saiu fora do ar. Ninguém entendeu nada. Coube ao narrador Celestino Valenzuela, que também estava no estúdio, dar sequência ao programa como se estivesse tudo normal. Assustado, Bastos saiu de seu gabinete e foi para o estúdio. Sant'Ana estava lá, inerte, estirado atrás da mesa e ainda enrolado na bandeira tricolor. Bastos e outras pessoas, então, carregaram um desfalecido Sant'Ana até um sofá e solicitaram uma ambulância. Bastos também tomou a decisão de avisar a família do comentarista. Ninguém entendia o que havia acontecido.

Atendido e medicado, Sant'Ana, segundo a equipe, estava melhor e se recuperava bem. A prescrição maior era de que ele descansasse, o que foi feito. O mais curioso é que, durante esse meio-tempo, a emissora recebeu milhares de telefonemas para saber se Sant'Ana havia morrido.

Um ano depois, Bastos e Sant'Ana conversavam na redação de *Zero Hora*. Como estavam só os dois, Bastos aproveitou a ocasião para descobrir algo que há tempos o intrigava. "Sant'Ana, naquele dia no estúdio da TV, tu desmaiaste ou foi só encenação?". Sem se entregar, Sant'Ana respondeu: "Até hoje eu não sei. Bastos, eu tenho a mesma dúvida tua!".

Carlos Bastos – na época e ainda hoje – tem certeza: foi encenação!

O campeonato brasileiro seria apenas a primeira grande conquista que Paulo Sant'Ana testemunharia naquele período e também marcaria o encerramento de um período de luto que o cronista encarou por quase seis anos.

Em dezembro de 1975, quando o Internacional se transformou no primeiro clube gaúcho a vencer um campeonato brasileiro (derrotando o Cruzeiro no Beira-Rio), Sant'Ana dedicou toda a coluna para parabenizar o adversário. Em letras garrafais, escreveu: "Parabéns ao Internacional e aos colorados". E encerrou sua curta manifestação fazendo – como sempre foi do seu feitio – uma ressalva à conquista: "Embora o gol tenha surgido de uma falta inexistente".

Agora, pouco mais de dois anos depois da vitória de 1981, o Grêmio conquistaria a América. Em julho de 1983, o clube, então presidido por Fábio Koff, seria o campeão da Taça Libertadores, derrotando em casa o Peñarol, do Uruguai.

Com uma equipe comandada por Valdir Espinosa e que reunia remanescentes do campeonato de 1981 (Tarciso, Paulo Roberto, China, De León) com novas contratações (Tita e Osvaldo), o Grêmio naquele período revelaria talvez o maior craque de sua história, um dos grandes ídolos de Sant'Ana e figura fundamental na trajetória do clube: Renato Portaluppi.

CAPÍTULO 5
SALA DE REAÇÃO

Sala de Redação: programa pautado por polêmicas e muitas brigas.

"Aqui todas as brigas são reais.
Fingidas são as reconciliações"
(Paulo Sant'Ana)

A frase que serve como epígrafe a este capítulo, dita com indisfarçável ironia pelo autor, resume bem o clima verdadeiro dentro do estúdio. Aquilo era uma jaula onde as feras necessariamente não eram mansas. Vaidade era um traço comum. E todos estavam cientes da própria dimensão, do espaço que cada um ocupava e de tudo que deveria ser feito na defesa dele.

Sant'Ana, já durante um bom tempo o mais antigo e o mais vinculado ao programa, sentia-se, muitas vezes, num patamar acima dos demais. Não ligava para hierarquias, não considerava o fato de o programa ter um âncora (desde a sua criação) e que a esse sujeito – primeiro Cândido Norberto e depois, por longos anos, Ruy Carlos Ostermann – cabia a tarefa de manter um mínimo de ordem em meio aquele caos.

"Já houve desforço pessoal comigo e ameaça de agressão, umas 30, 40 vezes", também admitiu Sant'Ana, em uma entrevista concedida anos depois. A revelação trazia um demasiado exagero. Inegável, apenas, era o fato de ser ele próprio o pivô das discussões. Das brigas que tiveram pouca repercussão, Sant'Ana recordou os embates com Airton Bernardoni e com Renato Marsiglia. Curiosamente, os dois foram árbitros de futebol.

Marsiglia, a partir de 1994, passou a integrar a equipe de debatedores fixos do programa. Já Bernardoni apitou profissionalmente durante os anos 70, fazendo parte do quadro da Federação Gaúcha de Futebol. Depois de pendurar o apito, assumiu sua condição de colorado e passou a ser figurinha fácil em programas de debates esportivos. Sant'Ana, em entrevista a Grabauska e Júnior Maicá para o livro *Sala de Redação: Aos 45 do Primeiro Tempo*, não soube lembrar ao certo o motivo das discussões com nenhum dos dois, bem como da briga que teve com o então treinador Ernesto Guedes.

Mas Sant'Ana não era protagonista apenas de disputas que envolvessem ameaça de agressão. Seu início no *Sala de Redação* coincidiu com a fase em que o Internacional começou a empilhar títulos, chegando ao final da década com o octacampeonato gaúcho e o tri brasileiro. "O Grêmio perdia sempre", lembrou Sant'Ana, apontando quem ele considerava como responsáveis por aquela montanha de fracassos. "Eu criticava muito os dirigentes do Grêmio, criticava muito os jogadores e, acima de tudo, criticava as arbitragens, que, no meu entender, eram todas elas muito agressivas para o Grêmio."

Em um desses episódios, Sant'Ana elevou tanto o tom da crítica – atacando um jogador e um dirigente do Grêmio – que o próprio clube resolveu revidar. Durante três meses, por decisão da direção gremista, nenhum jogador tinha permissão para dar entrevista para qualquer jornalista ligado à *Zero Hora*, à Rádio Gaúcha ou à RBS TV. "*Persona non grata* ao Grêmio, eu tive mais de dez documentos desse tipo, muitas vezes assinados pelo presidente do Conselho Deliberativo, pelo patrono e mais a diretoria toda", confessou em entrevista.

Mas essas, digamos assim, foram algumas das brigas externas que Sant'Ana enfrentou. A sua primeira grande briga interna, nos limites do *Sala de Redação*, seria no final de 1995. No lado oposto, Sant'Ana encontraria um adversário igualmente peso-pesado: Ruy Carlos Ostermann.

> **DEFINIÇÕES DE PAULO SANT'ANA**
> **CHATOS**
> "O campo ideal para os chatos é uma pequena roda. Aí então eles atacam demolidoramente."

Gaúcho de São Leopoldo, onde nasceu em setembro de 1934, Ostermann, então com 61 anos, era um nome com prestígio nacional na crônica esportiva. Amigo de João Saldanha e de Armando Nogueira – com quem tinha grandes semelhanças no estilo de escrever e na maneira de ver o futebol –, Ostermann era chamado por muitos de seus pares como "Professor".

O apelido não era gratuito e vinha de pelo menos três vertentes: o bom uso que sabia fazer da língua portuguesa, a ponderação nos comentários e, ainda, ao fato de ser formado em Filosofia. Ostermann começou a carreira na Companhia Jornalística Caldas Júnior e lá dentro passou por diversos veículos do grupo, como a Rádio Guaíba, a *Folha da Tarde*, a *Folha da Manhã* e a *Folha da Tarde Esportiva*. Quando chegou à RBS, em 1978, já era um nome consagrado, com a participação em quatro copas e com uma meia dúzia livros publicados.

Ostermann foi contratado pela RBS como uma estrela. Ganhou espaço na TV, passou a assinar uma coluna em *Zero Hora* e, claro, somou-se à equipe do *Sala de Redação*, assumindo o papel de âncora. A visibilidade aliada à respeitabilidade deu a ele uma dimensão ainda maior fora dos limites da imprensa: Ostermann foi eleito deputado estadual e também ocupou as secretarias da Ciência e Tecnologia e a da Educação no governo de Pedro Simon.

Sant'Ana e Ostermann se respeitavam. No ambiente da redação, não havia registro de proximidade, tampouco de animosidade. Conviviam ali e em outros locais públicos, dividiam jornadas esportivas e cada um era cioso do espaço gigantesco que um e outro ocupavam. Sant'Ana era o gremista desbragado, exagerado, mercurial. Ostermann era o analista frio, distante, imparcial. Marca dessa imparcialidade estava no fato de o Professor jamais ter admitido se era gremista ou colorado, a tal ponto que, poucos anos depois, seria convidado por uma editora para escrever dois livros: um dedicado ao Grêmio, outro ao Internacional.

Até que chegou o dia da final do Mundial de Clubes e novamente o Grêmio estaria envolvido com uma decisão. Em 1995, a disputa era em um jogo único. De um lado, o Ajax da Holanda, campeão da Liga dos Campeões da UEFA de 1994/95. Do outro, o Grêmio, campeão da Copa Libertadores da América de 1995.

O Ajax era uma máquina. Melhor time do mundo na época, a equipe holandesa, tendo à frente o treinador Louis Van Gaal, atravessou dois campeonatos sem perder nenhum jogo, num total de 27 vitórias e sete empates. Já o Grêmio havia formado a melhor equipe que poderia ter. Resultado: ganhou a Copa do Brasil e a Libertadores da América, revelando jogadores como Paulo Nunes, Jardel, Arce e Carlos Miguel.

A final foi realizada no Estádio Olímpico de Tóquio. Após o empate no tempo normal de 0 a 0 e igual placar também na prorrogação, a decisão foi para as cobranças de penalidades. Final: vitória do Ajax por 4 a 3.

Grabauska e Maicá, durante a produção do livro que escreveram sobre o *Sala de Redação*, tentaram recuperar os acontecimentos daquelas horas no Japão, mas esbarraram na amnésia ou no silêncio dos que lá estavam.

A equipe enviada pela RBS era integrada pelo narrador Pedro Ernesto Denardin, pelos repórteres Sílvio Benfica e Antônio Carlos Macedo e, claro, por Sant'Ana e Ostermann como comentaristas. Essa foi a formação que acompanhou o jogo final e que, logo depois, se integrou aos debates que seriam transmitidos pelo *Sala de Redação*. Pelo ineditismo, o programa daquele dia foi dividido, com uma parte dos debatedores em Tóquio e a outra parte no estúdio da Rádio Gaúcha, em Porto Alegre.

O primeiro motivo de atrito foi uma discussão sobre a expulsão de Rivarola, o zagueiro gremista, seguida de um debate mais acirrado sobre a postura das duas equipes, em especial com relação à decisão tomada pelo técnico gremista, Luiz Felipe Scolari, de optar por um esquema de jogo pragmático, próximo à retranca.

Sem um motivo muito claro, a discussão logo enveredou para um clima menos ameno. Não demorou muito e as vozes se levantaram, os dois colocaram o dedo em riste e, já de pé e empunhando os microfones, ambos pareciam duelar. Quebrando o aspecto futebolístico do bate-boca,

Sant'Ana desencavou um assunto adormecido há mais de uma década e acusou Ostermann de só ter ido para a RBS depois de ter quebrado a Caldas Júnior.

Com a frase, Sant'Ana revelou uma mágoa que tinha guardada por muitos anos.

A acusação, além de despropositada, era injusta. Ostermann havia deixado a Caldas Júnior pelo menos seis anos antes do fechamento da empresa. E mais: nunca ninguém havia usado esse argumento para atacá-lo. Sant'Ana agora usava por pelo menos dois motivos: para fustigar seu opositor e para deixar claro que na RBS antiguidade era posto. Na empresa, ninguém deveria se arvorar a mandar mais do que ele. Só o Nelson, talvez, na opinião de Sant'Ana.

Além da argumentação lançada por Sant'Ana – que caiu como uma bomba no meio dos dois estúdios, o de Tóquio (improvisado em um quarto de hotel) e o da distante Porto Alegre –, a discussão foi interrompida também por uma voz não identificada de alguém que estava no estúdio da capital gaúcha e que, espantado, teve apenas tempo para exclamar um "bahhhhh", que foi ouvido por todos.

A partir de então, não havia mais condições de o programa seguir adiante. Os anúncios comerciais foram chamados e tudo começou a se encaminhar para o final. Quem tentou desanuviar o pesado clima foi o diretor da RBS, Geraldo Corrêa, que passou pelos repórteres Macedo e Benfica, que estavam na antessala e – claro – ouviram os gritos, e propôs um inusitado armistício: "Vou buscar uma tábua de sanduíches para ver se eles se acalmam um pouquinho".

"A disputa entre os dois não começou em Tóquio, tampouco acabou lá, prosseguindo em Porto Alegre", avalia Pedro Sirotsky, uma das testemunhas da discussão. "Onde tinha disputa de ego, tinha Paulo Sant'Ana", completa.

Hoje, passados quase 30 anos da polêmica, Geraldo Corrêa também tem o seu diagnóstico para o que aconteceu. "O Ruy e o Sant'Ana eram espaçosos", analisa. "O Ruy tinha um protagonismo mais intelectual, mais ponderado, mais centrado, mais professoral. E esse estilo se chocava com o jeito do Sant'Ana, que era mais informal e exagerado. Aí o conflito era inevitável."

Uma outra briga envolvendo Paulo Sant'Ana, ocorrida quase duas décadas depois, teria consequências mais graves: a suspensão dele, Sant'Ana, e a demissão de outro integrante do *Sala de Redação*, Kenny Braga.

Jornalista desde meados dos anos 60, Kenny Braga, santanense nascido em 1944, começou a carreira em sua cidade natal escrevendo para o jornal *A Plateia*. Já em Porto Alegre, passou pelas redações do *Diário de Notícias* e pela *Folha da Tarde*, além de colaborar com as sucursais da revista *Veja* e do jornal *O Globo*. Desde a década de 80, ele era um participante do *Sala de Redação*, sempre atuando como um dos representantes da torcida colorada.

Tão apaixonado pelo Internacional quanto Sant'Ana demonstrava ser pelo Grêmio, Kenny perdia na comparação por não ter a mesma agilidade do adversário. Era ainda mais irritadiço do que o cronista tricolor e caía fácil nas provocações, não apenas nas de Sant'Ana, como também nas dos demais integrantes do programa.

Até que chegou o dia 10 de novembro de 2014.

No dia anterior, o Internacional havia sofrido uma goleada de 4 a 1 do Grêmio. Era um jogo pela fase final do Campeonato Brasileiro daquele ano e que trazia uma situação repleta de significados. O Internacional vinha de boas fases recentes, enquanto o Grêmio não ganhava um título relevante desde 2001. Também pesavam os fatos de o Internacional manter uma invencibilidade de dois anos no clássico e de, naquele mesmo ano, ter metido uma goleada de 4 a 1 no principal rival.

Por toda essa carga, o programa daquela segunda-feira começou diferente. Na mesa do estúdio estavam Pedro Ernesto Denardin, o âncora, e mais Wianey Carlet, Adroaldo Guerra Filho, Cléber Grabauska, Luiz Carlos Silveira Martins, o Cacalo, ex-presidente do Grêmio, além, claro, de Kenny e Sant'Ana.

Coube a Cacalo o pontapé inicial. Logo após as leituras das chamadas comerciais, o gremista – quase sem voz, provavelmente devido aos excessos da véspera – começou a provocação lembrando que Felipão, então técnico do Grêmio, colocou Murtosa (seu auxiliar) para dirigir a equipe e que o interino "amassou o Internacional". Na verdade, Felipão estava suspenso. Cacalo também aproveitou para lembrar outra goleada recente sofrida pelo Internacional, 5 a 0 perante o time da Chapecoense.

Sant'Ana então estava calado, e assim permaneceria até ser chamado para a conversa por Pedro Ernesto. Antes que Sant'Ana abrisse a boca, ouve-se ao fundo a voz de um queixoso Kenny dizendo que "hoje é um programa só de gremista".

Contrariando todas as expectativas, Sant'Ana começou sua fala de maneira surpreendentemente tranquila. "Eu queria dizer que nós gremistas precisávamos, como do oxigênio se precisa, de uma vitória dessa estirpe." E comparou: "O Grêmio tinha levado um 4 a 1 e agora conseguiu fazer um 4 a 1 sobre o Internacional. Parece um milagre!". Em seguida, concluiu: "O Grêmio há dois anos não ganhava do Internacional, o Grêmio nunca ganhou Gre-Nal na Arena. Eu estou com a alma inundada de alegria". Maicá e Grabauska, em seu livro sobre o *Sala de Redação*, cronometraram os primeiros sete minutos desse programa e demonstraram que, passado esse tempo, apenas três pessoas falaram: Pedro, o apresentador, e os gremistas Cacalo e Sant'Ana. Kenny precisava reagir.

Seu primeiro alvo foi o ex-dirigente gremista. "O Cacalo é agressivo quando perde e agressivo quando ganha", explicou, dando a senha daquilo que poderia acontecer logo adiante. "Isso está ficando muito chato. Porque a agressividade tem que ser respondida também, às vezes, com agressividade." O duelo havia ficado claro.

Sant'Ana tenta interromper Kenny, que não permite o aparte. Sant'Ana insiste na tentativa de interromper e é novamente rechaçado. Sant'Ana argumenta que não havia sido agressivo até então e decide revidar dizendo a um Kenny exaltado: "Vai gritar com a tua mãe!". "A tua mãe, filho da puta!", responde Kenny de imediato.

O clima muda completamente. Pedro Ernesto e Guerrinha tentam serenar os ânimos. Um transtornado Kenny exige que sua mãe seja respeitada. A situação se acalma um pouco, e o programa segue seu ritmo até o primeiro intervalo, por volta das 13h35min. Antes disso, houve espaço até para um rápido bate-boca envolvendo Cacalo e Wianey Carlet.

No intervalo do programa, Cyro Silveira Martins Filho, que comandava a Rádio Gaúcha, saiu de sua sala, foi ao estúdio – o que era um comportamento padrão após brigas no *Sala de Redação* e, segundo Grabauska e Maicá apuraram, advertiu os dois debatedores. Antes de entrar de volta no estúdio, Sant'Ana confirmou aos colegas que estava a partir daquele momento permanentemente fora do programa. Já Kenny fora chamado para uma reunião na sala da direção depois do término do *Sala de Redação*. Recusou-se a ir.

A recusa de Kenny engrossaria o caldo. O comentarista colorado foi comunicado de que, a partir daquele momento, ele não fazia mais parte da equipe da Rádio Gaúcha e também perderia a coluna que publicava todos os dias no *Diário Gaúcho*. Em resumo, estava demitido. Sant'Ana teve uma punição mais branda: foi afastado do programa por tempo indeterminado.

Essa edição do *Sala de Redação* marcaria também o último encontro de Kenny Braga com Paulo Sant'Ana. Contratado pela Rádio Gre--Nal, Kenny confirmaria anos mais tarde, em entrevista ao programa *Um Assado Para...*, com Duda Garbi, que nunca mais conversou com Sant'Ana depois do ocorrido. "Embora nós tenhamos ficado assim estranhos. Nós não nos falamos mais. Nunca mais eu falei com ele", explicou. Chamado a dar a sua versão sobre a briga, Kenny desconversou: "Não quero falar porque ele já faleceu, tá no outro lugar, no outro mundo. E aquilo passou", disse, confessando ter ficado magoado pela forma de tratamento que recebeu. "Eles me puniram com a minha demissão da rádio e ele recebeu apenas uma suspensão."

A explicação da Rádio Gaúcha estava na nota emitida à época pela emissora. "Em razão de o jornalista Kenny Braga ter utilizado expressão de baixo calão para ofender um dos participantes do programa *Sala de Redação*, durante a edição desta segunda-feira (10), o Grupo RBS decidiu desligá-lo de suas atividades profissionais tanto na Rádio Gaúcha quanto no *Diário Gaúcho*".

Para o lugar de Kenny, a Rádio Gaúcha contratou como debatedor o ex-presidente do Internacional Fernando Carvalho.

A briga de Sant'Ana com Kenny foi a que resultou numa punição mais grave – no caso, a suspensão de Sant'Ana e a demissão de Kenny –, mas a discussão que alcançou maior relevância foi a que envolveu o cronista com outro nome de destaque da RBS, David Coimbra.

Mais de 20 anos mais jovem do que Sant'Ana, David havia entrado para a *Zero Hora* nos anos 90. Nascido em Porto Alegre em 1962 e formado em jornalismo pela PUC nos anos 80, David destacou-se como editor de Esportes do jornal, passando a seguir a ter uma coluna na editoria e, a partir de 2011, transformando-se em um dos integrantes da bancada do *Sala de Redação*.

Os primeiros tempos do convívio entre Sant'Ana e David foram de amizade e de respeito mútuo. Gremistas, embora no caso de David uma paixão não assumida publicamente, ambos tinham muitos pontos em comum. E, não por acaso, a partir de determinado momento, David começou a ser apontado como possível sucessor de Sant'Ana.

O debate sucessório foi um assunto que sempre irritou Sant'Ana. A possível aposentadoria e a ocupação de seus espaços por outros jornalistas eram temas que o cronista evitava abordar. Até mesmo a interinidade – quando Sant'Ana saía de férias ou precisava se ausentar por motivo de tratamento de saúde – era malvista por ele. Sant'Ana chegava a exigir que na sua ausência colunas já publicadas fossem repetidas. Se os editores se opusessem a tal alternativa, Sant'Ana concordava com a argumentação, mas aí exigia que houvesse um rodízio entre os substitutos. Não queria que ninguém se sentisse dono dos espaços que ele cultivava com tanta atenção.

David passou a ser uma ameaça. A sucessão que poderia ter se dado de forma natural começou a ganhar contornos perigosos. "David quer roubar minha coluna em *Zero Hora*", teria dito Sant'Ana a pessoas de sua proximidade. A chegada de David ao *Sala de Redação* agravaria ainda mais a situação.

David sabia o que esperava e chegou a cogitar não aceitar o convite feito por Marcelo Rech, diretor de Redação de *Zero Hora*, e por Nelson Sirotsky. Convencido pelos dois, David entrou para o programa. Logo começariam as hostilidades.

A primeira que mereceu registro ocorreu em 2012. David estava lançando seu livro, *A História do Mundo*, e usava seu espaço no *Sala de Redação* para divulgar a sessão de autógrafos. Irônico, Sant'Ana debochou: "Um dos maiores orgulhos do David como escritor é que os livros dele permanecem sempre nas livrarias". David não passou recibo.

A situação pioraria em março de 2013. No dia anterior, o Grêmio havia derrotado o time do Caracas pela Libertadores da América. A vitória por 4 a 1 teve dois personagens, o goleiro Dida e o centroavante Barcos. Os dois jogadores, segundo Sant'Ana, teriam chegado ao Grêmio por insistência dele, Sant'Ana, que havia falado sobre eles com o presidente gremista Fábio Koff. A discussão se desenrolava no programa quando lá pelas tantas, no ar, o celular de Sant'Ana toca. "Deve ser o Koff", falou David. Era a sua vez de ser debochado. Sant'Ana acusou o golpe e rebateu: "Ó o ciúme!".

Logo a seguir foi a vez de Pedro Ernesto fustigar Sant'Ana. O âncora acusou Dida, protegido de Sant'Ana, de ter falhado no gol marcado pelo Caracas, e, para piorar, a opinião de Pedro Ernesto foi corroborada por David. "Sim, o Dida falhou", disse. Irritado, Sant'Ana partiu para a ofensa pessoal dizendo que quem falhava era determinado colunista da *Zero Hora* que não entende nada de futebol, e completou encarando David: "Então, eu vou dizer para ti, porque tu não és honesto".

David, que até então procurava não polemizar, confessaria anos mais tarde que a sua decisão de não responder aos ataques de Sant'Ana teria chegado ao fim depois de ter sabido que seu filho, então com 5 anos, teria dito à mãe dias antes: "Tem um homem xingando o papai".

Aquilo, segundo David, teria sido demais. Ele não podia deixar que seu filho ficasse com aquela imagem dele e decidiu que, se viesse a sofrer um próximo ataque, ele iria revidar. Assim, quando Sant'Ana disse naquele dia que ele não era honesto, David elevou a voz e impôs um limite: "Ou tu baixas a bola ou eu não vou discutir contigo. Desonesto não!". Pedro Ernesto, prevendo desdobramentos perigosos, fez apelos para que a situação se acalmasse, mas os gritos permaneceram até Sant'Ana forçar o encerramento da discussão com uma frase dura: "E não me olha mais, não fala mais comigo, só profissionalmente. Tu és mau caráter!".

Essa foi a primeira briga. Curiosamente, a mais amena.

Menos de dois meses depois, em maio, novamente depois de uma vitória do Grêmio na Libertadores da América, agora sobre o Santa Fé da Colômbia por 2 a 1, o *Sala de Redação* daquele dia teria um apelo maior: o programa marcava a volta de David. Por 60 dias, ele havia ficado afastado das atividades para se dedicar a um tratamento que contivesse o avanço do câncer que descobrira poucos dias antes.

O *Sala de Redação* – na época ainda com apenas uma hora de duração – já se aproximava de seu fim, faltando pouco mais de cinco minutos para as 14h, o horário limite. Foi quando Sant'Ana pegou a palavra e, referindo-se à Copa do Mundo, que seria realizada no Brasil um ano depois, aproveitou o tema para alfinetar David. "Não me surpreende que o David Coimbra discorde do meu apanágio de defesa da saúde pública contra a Copa do Mundo no Brasil", falou Sant'Ana. "Porque todo o apanágio que eu tenho o David discorda." Na sequência, Sant'Ana provocou ainda mais, recuperando a briga mais recente. "Ele discordou do Dida, imaginem." E finalizou: "Quer dizer, se eu tenho um apanágio, ele discorda. Pô, vai fazer carreira em cima de outro". Talvez pelo mal-estar da recente cirurgia, talvez pelo desejo de não ter que encarar uma nova polêmica, David encerrou o assunto: "Me esquece, Sant'Ana".

Pedro Ernesto começou então a encaminhar o programa para seus instantes finais com a leitura dos anúncios comerciais, quando, ao fundo, pôde ser ouvido David voltando a implorar por uma trégua: "Me esquece. Vai cuidar de ti, rapaz". A discussão não parou, e os sons de dentro do estúdio, longe dos microfones, ficaram quase inaudíveis. Em um dos poucos momentos em que as falas ficaram mais claras, foi possível ouvir David chamar Sant'Ana de bunda mole. Como David já estava de pé, Sant'Ana, intimidado, reagiu levantando a bengala e apontando-a para o colega. Cacalo segurou a bengala e Kenny pediu calma, gritando "para aí!". A última palavra que se ouviu antes de o programa sair do ar foi "invejoso", gritada por Sant'Ana.

O resultado prático da briga seria o completo afastamento dos dois cronistas. Como Sant'Ana já estava com uma carga de trabalho reduzida, indo ao *Sala de Redação* apenas às segundas e às quintas, David pediu à direção que ele fosse escalado apenas para os programas dos demais dias, terças, quartas e sextas. Tempos depois, David se mudaria com a mulher e com o filho para Boston, nos Estados Unidos, onde daria prosseguimento ao tratamento contra o câncer.

No dia 20 de julho de 2017, na edição de *Zero Hora* que registrava a morte de Paulo Sant'Ana, David Coimbra dedicou a ele todo o espaço de sua coluna; a mesma coluna que durante um longo período foi ocupada por Sant'Ana.

David abriu o texto lembrando o episódio que envolveu os dois no *Sala de Redação*: "Tive um contencioso com o Sant'Ana, todo mundo sabe. Foi uma briga feia e, o pior, transmitida ao vivo pelo poderoso microfone da Rádio Gaúcha. Lamento por essa briga, mas não me arrependo de ter brigado. Brigaria de novo, e com a mesma intensidade, se de novo acontecesse o que aconteceu entre nós".

Em seguida, recordou que "depois daquele episódio, nós nunca mais nos falamos, do que também não me arrependo e o que também lamento". Em seu texto, David reconheceu que gostava de Sant'Ana, principalmente pelo fato de ele, Sant'Ana, ter conquistado um espaço perene numa atividade que se caracteriza pela efemeridade. "Ninguém apareceu mais do que o Sant'Ana, nem jamais aparecerá, porque o Sant'Ana, mais do que aparecer, fazia-se notar."

Ao final, David encerrou dizendo: "Paulo Sant'Ana faz falta para Porto Alegre. Faz falta para o jornalismo. E faz falta para mim, que um dia fui seu amigo e que sempre entendi que a cidade, com ele, era mais colorida, mais interessante e mais viva".

No dia seguinte, David voltaria ao tema, novamente tendo Sant'Ana como personagem. O título do texto era "O que ensina a história do Sant'Ana", e o cronista abria a coluna recuperando o que considerou uma obsessão de Sant'Ana com ele depois da briga que tiveram. "Ele ficou meio que obcecado. Escrevia sobre mim duas, três vezes por semana, sem me citar o nome, é claro, mas ressaltando seu ressentimento." David prossegue: "Eu era seu maior inimigo, o homem que ele odiava e por aí vai".

Logo adiante, David confidenciou a conversa que teve com Nelson Sirotsky, que o chamou para saber o que poderia ser feito para que aquela situação se encerrasse. "Antes que eu falasse, porém, Nelson fez uma observação: 'Sei que o Sant'Ana está em um momento difícil, está doente e brigando com muita gente, mas quero te dizer que não vamos demiti-lo ou coisa parecida. Temos uma dívida de gratidão com o Sant'Ana'".

David, então, avaliou que aquela manifestação do presidente da RBS o havia deixado encantado. "Não são muitas as empresas que reconhecem a este ponto os serviços prestados por um profissional e o amparam mesmo quando ele possa causar inconveniências."

Por fim, David encerrou sua segunda coluna em dois dias sobre o mesmo personagem dizendo ter recebido uma lição: "Eu, que fui seu amigo e, depois, acabei sendo considerado por ele como seu maior inimigo, olho para a história do Sant'Ana não exatamente como um exemplo, mas como uma lição". E concluiu: "Como uma prova de que viver com plenitude pode até nem trazer felicidade para você ou para os outros, mas certamente fará com que a sua vida faça diferença num mundo de tanta gente igual".

Menos de cinco anos depois, em maio de 2022, David Coimbra morreria em Porto Alegre, vítima de um câncer no rim.

Nelson recorda este episódio e lembra que, tanto pela sua posição de comando quanto pela ascendência natural que tinha sobre Sant'Ana, ele sempre esteve envolvido em buscar soluções para esses problemas. "Minha missão sempre foi a de contemporizar, de estimular o bom convívio". E o objetivo do executivo era claro: "Não queria perder nenhum deles, eram talentos da RBS".

De todos com os quais Sant'Ana se envolveu em brigas e polêmicas mais acirradas, apenas um recebeu uma trégua por parte do colunista: Ruy Carlos Ostermann. As pazes entre os dois foram feitas na noite do dia 26 de março de 2009, quando o primeiro foi recepcionado pelo segundo dentro do projeto *Encontros com o Professor*.

Série de entrevistas ao vivo realizada com personalidades gaúchas e também de fora do Estado, o *Encontros com o Professor* recebeu Sant'Ana naquela edição, que assim foi saudado pelo entrevistador, lembrando uma das manias do cronista entrevistado: "Paulo Sant'Ana não estende a mão para cumprimentar porque segue uma advertência lida em um velho bonde que o levou ao seu médico. De fato, disse ele, o aperto de mão pode transmitir muitas bactérias". Na primeira oportunidade, Sant'Ana justificou-se: "Tento escafeder, tergiversar, mas às vezes é impossível evitar. Mas aperto cheio de dedos".

A entrevista, com o local lotado, transcorreu em clima de camaradagem. Conhecendo bem o perfil do entrevistado, Ostermann o deixou à vontade. Assim, Sant'Ana pôde falar bastante e escancarar suas opiniões. No final, foram aplaudidos.

A última polêmica envolvendo Paulo Sant'Ana já não seria de corpo presente, ocorreria dez dias após a morte do cronista. Foi quando o comentarista Wianey Carlet, apresentador do programa *Super Sábado*, atração matutina da Rádio Gaúcha, declarou que "não sentiu a morte de Paulo Sant'Ana", dizendo que o achava "muito filho da puta". Ao se dar conta, de imediato, de que já estava ao vivo, Wianey tentou se justificar: "Meu Deus! Eu estava fazendo uma piada e botam no ar".

Na segunda-feira seguinte, dia 31 de julho de 2017, a RBS divulgou uma nota oficial comunicando a demissão do jornalista, que, segundo a emissora, não estava mais alinhado com o posicionamento da empresa.

CAPÍTULO 6
SANT'ANA E SEUS DOMÍNIOS

Foto: Galeno Rodrigues, Agência RBS.

Pelé e Sant'Ana: o que é melhor do que tabelar com o Rei?

O *Sala de Redação* deu a Paulo Sant'Ana visibilidade, fama e reconhecimento. Era um espaço para que ele pudesse expor suas ideias e seu histrionismo – mas ele precisava dividir a bancada com outras estrelas.

O *Jornal do Almoço* ampliou essa visibilidade. Mais: deu a Sant'Ana um rosto. Era ainda um novo espaço em que ele poderia ser ainda mais ousado e abusado – mas também ali Sant'Ana precisava brilhar ao lado de outros colegas.

A coluna era, sim, o seu território mais independente, livre e autobiográfico – e do qual Sant'Ana tinha mais ciúmes.

No latifúndio que ocupava nas páginas de *Zero Hora*, Sant'Ana podia se mostrar da maneira que quisesse. Sem amarras, sem censuras, o colunista era o único responsável por tudo que lá saía – e melhor: não precisava dividir isso com mais ninguém. "A grande paixão da minha vida não é mais o Grêmio, talvez ele seja minha segunda grande paixão. A grande paixão da minha vida hoje é a minha coluna", confessou Sant'Ana em entrevista à Mariana Bertolucci.

Marcos Dvoskin acredita que Sant'Ana conseguia desempenhar três papéis bem diferentes. Na televisão, ele era mais escrachado, provocativo. No rádio, ele ficava muito vinculado ao comportamento de quem debatia com ele. Logo, era na coluna de jornal que ele melhor se mostrava, era onde ele tinha a maior liberdade para explorar todos os assuntos da maneira que mais lhe agradasse.

Para Nelson Sirotsky, em uma linha de análise semelhante à de Marcos Dvoskin, Paulo Sant'Ana se mostrou em sua total grandeza nas páginas de *Zero Hora*. Nelson ainda aponta a passagem de Sant'Ana para a penúltima página como o ápice de sua carreira. Segundo o empresário, foi quando o cronista teve um salto monumental como comunicador e se transformou em um talento admirado por todos.

Em 1971, quando começou a ocupar seu primeiro espaço, na editoria de Esportes, o futebol de forma genérica e o Grêmio de maneira específica eram seus temas preferidos. Mas a coluna não poderia ser apenas uma coluna. Sant'Ana precisava fugir do óbvio, apresentar novidades. Como o feirante de seu passado, o agora cronista deveria dispor o que tinha a oferecer em sua banca, atrair a freguesia e colocar na rua seus produtos.

Em uma das primeiras crônicas, ele já causou impacto e polêmica. Sant'Ana decidiu elencar os que considerava serem os principais cronistas esportivos de Porto Alegre, uma lista com uns 20, e revelar para quais clubes eles torciam. Numa cidade marcada pela divisão entre Grêmio e Internacional, onde também muitos escondem suas preferências mascarando-as com véus de isenção e de imparcialidade, Sant'Ana foi bombástico. Não deve ter angariado muita simpatia entre os novos colegas, mas ele saiu satisfeito com o resultado. Lamentou apenas ter errado uma indicação: cravou que o narrador Armindo Antônio Ranzolin, mais tarde seu chefe na Rádio Gaúcha, era colorado e, anos depois, descobriu que Ranzolin era gremista.

> **DEFINIÇÕES DE PAULO SANT'ANA** 
>
> **PARDAIS**
>
> "Sempre fui contra pardais. Já pela injustiça de que 90% das multas são contra motoristas que trafegam a 70 quilômetros por hora. É o império da fúria arrecadatória e da trampolinagem da propina."

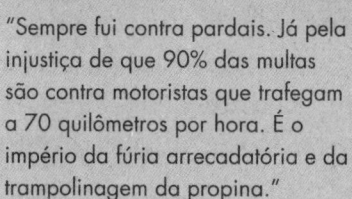

Sant'Ana defendia e defendeu sempre que os cronistas esportivos tinham por obrigação revelar para qual time torciam. "É necessário para acabar com a hipocrisia. Eu sempre me recusei a ser hipócrita", declarou em uma entrevista em 2012. Da mesma maneira, justificou-se dizendo que, apesar do gremismo, sempre se negou a ser chapa-branca, mantendo a postura crítica diante de qualquer um que estivesse no comando do clube. "O presidente Paulo Odone, num discurso durante um churrasco, comigo presente, disse o seguinte: 'Tu tens de ter a certeza, Sant'Ana, de que toda pessoa que se senta na cadeira do presidente do Grêmio te ama e te odeia'", contou. Hélio Dourado e Fábio Koff, segundo Carlos Bastos, que por quase três décadas foi conselheiro do Grêmio, foram os dois dirigentes a quem Sant'Ana mais respeitou.

"No Grêmio, o Sant'Ana muitas vezes incomodou os dirigentes, mas como o gremismo dele era tão explícito e tão legitimado pelo apoio que ele tinha da torcida, não era fácil enfrentá-lo porque ele era adorado", destaca Geraldo Corrêa. "Embora as críticas quase sempre fossem procedentes, o Sant'Ana fazia o estilo mordia e assoprava. Ele era exagerado nos dois extremos: no elogio e no ataque."

Assim, essa tamanha identificação com a RBS e com os espaços que ocupava impediu Sant'Ana de se aproximar da política clubística. "É impossível o crítico relacionar-se com o criticado. A relação passa a ser necessariamente de ódio", analisou em uma entrevista, em seguida explicando qual era o seu método: "Eu batia. Nos presidentes mais fracos, especialmente, eu batia mais. Com os mais fracos eu cometia *bullying*".

Sant'Ana justificava-se ainda colocando-se "historicamente como o maior crítico do Grêmio", como confirmou em entrevista concedida a Ruy Carlos Ostermann em 2009. "Em primeiro lugar, jornalismo é crítica. E, se eu criticar, eu ajudo mais do que se for paparicar e elogiar o Grêmio", disse. "A crítica tem um efeito muito maior do que o elogio", decretou. Esse comportamento tornaria impossível qualquer cargo em um clube. "Já me convidaram 500 vezes para entrar, para ser conselheiro. Mas eu não tenho vocação para ser cartola."

Carlos Bastos concorda com essa avaliação de Paulo Sant'Ana e acrescenta que o colunista não tinha o menor talento para a vida prática. Uma vez, lembra Bastos, em uma discussão na redação de *Zero Hora*, ele tentava convencer Sant'Ana de algum assunto que parecia ser óbvio. Bastos não recorda qual era o tema da discussão, mas seus argumentos eram tão fortes e convincentes que parecia impossível que Sant'Ana não se convencesse. Irritado e sem mais nenhuma capacidade de argumentação, Bastos desistiu, atacando: "Sant'Ana, tu tens um talento quase genial, mas a tua burrice é granítica". Bastos foi obrigado a ouvir a resposta que Sant'Ana rebateu na hora: "E tu, Bastos, tens uma inteligência brilhante, mas, garanto, não tens talento nenhum".

Apesar desses desentendimentos pontuais, Bastos e Sant'Ana foram amigos para sempre, pelo menos desde o início dos anos 70 até a morte de Sant'Ana. A amizade ficou ainda mais intensa na segunda metade da década de 70. Bastos recorda: "Foi um período difícil. Eu estava saindo de um casamento e a situação envolvia, além do casal, outras cinco crianças. Como eu andava muito solitário, Sant'Ana acabou se transformando no meu grande companheiro".

A amizade surgida na redação era reafirmada com maior força nas noites que eles dividiam juntos. Os encontros se davam quase sempre por volta das dez da noite em uma mesa do restaurante Copacabana. Bastos e Sant'Ana eram frequentes e, às vezes, ganhavam a companhia de José Antônio Ribeiro, o Gago, de Marcos Dvoskin e de Fernando Ernesto Corrêa. "Naquele tempo", conta Marcos, "nem era necessário combinar os encontros". "Nós já sabíamos que iríamos nos ver", diz Marcos, acrescentando que a única dúvida era qual seria o local escolhido. Quase sempre o primeiro tempo da noitada era entre massas, filés e bebidas; nesse último quesito, Sant'Ana nunca exagerava, ficando em uma caipirinha ou em poucos chopes.

Dali, aí geralmente só os dois novamente, eles seguiam para um circuito de bares e casas noturnas localizadas na Rua José do Patrocínio ou então na Avenida João Pessoa. O destino mais comum era o Vinha D'Alho. Restaurante e casa de *shows* localizado na João Pessoa, quase defronte ao Colégio Júlio de Castilhos, o Vinha D'Alho foi criado pelo advogado José Mauro Moraes Silla, o Zé Mauro, e se destacava mais pela programação musical do que pela comida. Em seus palcos, o local acolhia artistas como Lourdes Rodrigues, Cigano, Lucia Helena e Plauto Cruz. Com essa parceria, Sant'Ana sentia-se em casa, e as noites – perdoem-me o clichê – não tinham hora para acabar.

Nem sempre Bastos conseguia acompanhar o fôlego noturno inesgotável de Sant'Ana. Em uma das tantas vezes que saíram juntos, os dois foram parar no Restaurante Michel, na Avenida Getúlio Vargas. A animação de Sant'Ana com a música e com as conversas era tão grande que, quando os dois se deram conta, já era 8h30min da manhã do dia seguinte. "Nesse horário nem minha mulher, acostumada com as minhas noitadas, vai me perdoar", recordou Bastos a frase que teria ouvido de Sant'Ana quase meio século antes. Assim, de imediato – continua Bastos –, Sant'Ana lembrou-se do estratagema que havia usado meses antes.

Naquela ocasião, Sant'Ana se socorreu da ajuda de Getúlio, dublê de bilheteiro do Estádio Beira-Rio e violonista da noite. Getúlio concordou com o plano do cronista, que consistia em irem à casa dele, Sant'Ana, e, próximo ao quarto do casal, fazerem uma serenata para a mulher que ainda dormia. A ideia genial dera certo, e Ieda, a esposa de Sant'Ana, não apenas despertou bem-humorada, como serviu café aos convidados e perdoou os excessos do marido.

Porém, agora, Getúlio não estava à disposição. Ele tinha um outro compromisso naquela manhã e não poderia acompanhar Sant'Ana em seu plano. A solução encontrada por Sant'Ana, então, era mais exagerada.

Bastos lembra: "Ele me pegou e me disse: 'Vamos lá em casa. Não podes falar nada, fica mudo, e, se ela te perguntar algo, tu respondes com alguma obviedade'". Bastos não entendeu muito bem, mas resolveu obedecer às orientações do amigo. O plano deu certo, não houve nenhuma discussão entre o casal e Bastos permaneceu lá, no meio da sala do apartamento da família Sant'Ana, calado, impassível. Depois de uma curta ausência de Sant'Ana e de sua mulher, que se retiraram por alguns minutos para uma conversa a dois no quarto de casal, o anfitrião retornou e ordenou: "Bastos, preciso te levar em casa. Lá, quero conversar com teu irmão". Sem entender muito bem o que estava acontecendo, Bastos concordou, despediu-se da esposa de Sant'Ana e entrou no carro.

No caminho, Sant'Ana explicou. Havia contado à mulher que ele, Bastos, naquela noite, tentara suicídio e que só não obteve sucesso em seu tresloucado gesto por ter sido salvo por Sant'Ana. Assim, a partir daquele momento, Bastos era um suicida em potencial e, enquanto não tivesse a companhia do irmão, Sant'Ana era a única pessoa a quem ele deveria recorrer. O plano deu certo por uns tempos, e as tendências suicidas de Bastos renderam um alvará noturno para Sant'Ana por longas noitadas.

As lembranças de Fernanda, a filha mais velha do casal Paulo e Ieda, têm a ver com uma infância feliz. "Meu pai me levava às festas de amigos, serenatas... Cheguei a conhecer Cauby Peixoto, Alcione e Jamelão, que estiveram na nossa casa." Fernanda recorda também da imagem de seu pai, na piscina, brincando com outras crianças do condomínio. "Ele era um pai típico dos anos 70", conta Fernanda. "Dava a importância devida de um modo geral às crianças daquela época. Sem a grande valorização que se dá às crianças de hoje."

Já o pai ausente de casa quase todas as noites é uma das lembranças mais constantes de Jorge Sant'Ana. Nascido em outubro de 1970, menos de um ano antes de Paulo Sant'Ana entrar para o *Sala de Redação* e para a *Zero Hora*, Jorge conta que era raro ver o pai em casa. A memória mais antiga que Jorge tem do pai é a de Sant'Ana estar se arrumando para ir trabalhar em algum jogo do Grêmio. Jorge lembra, ainda, das frequentes ausências, quando o pai passava mais tempo na rua do que em casa.

Esse tempo fora quase gerou uma crise familiar e esportiva. "Minha mãe conta que, nos anos 70, como só dava Internacional, eu falei um dia em casa que, por causa dos meus amigos, eu seria colorado. Aí meu pai passou a me levar aos jogos."

Jorge prossegue contando: "Ficamos, então, mais próximos quando comecei a ir aos jogos com ele". Para pai e filho, uma data teve especial destaque. "Foi em 1977, quando o Grêmio voltou a ser campeão gaúcho, derrotando o Internacional com um gol do atacante André Catimba. Fomos a muitos dos jogos dessa temporada. Depois saíamos e íamos caminhando do Olímpico até a *Zero Hora*. E eu ficava na redação aguardando-o escrever a coluna." Desses anos, que se prolongaram até mais ou menos meados da década de 80, Jorge recorda ainda de alguns momentos de convívio com a família Sirotsky. "Via o Maurício, o Nelson e o Pedro no camarote do Estádio Olímpico, quando eu tinha 12, 13 anos."

Jorge revela alguns hábitos, algumas manias, que demonstram como Sant'Ana se comportava em um estádio, bem diferente da que foi relatada pelo amigo Carlos Bastos. "Ele gostava de ver o jogo atrás da meta que o Grêmio atacava. Assim, na metade do jogo, nós dois mudávamos de lugar." O filho tem ainda a imagem de um pai tranquilo, que não gritava, não enlouquecia. "Ele só enlouquecia depois, quando aparecia na TV." Com relação ao comportamento dos torcedores, Jorge tem na memória que o pai era muito assediado. "Ele gostava de ser reconhecido e, dependendo da abordagem, ele quase sempre respondia com humor. Apenas com os chatos e com os bêbados ele era grosseiro."

Porém, fora do estádio e longe dessa proximidade esportiva, Jorge lembra que o convívio familiar era quase inexistente. "Programa em família era no almoço de domingo, quando nós quatro íamos ao Korote, um restaurante próximo da Avenida Plínio Brasil Milano", conta. "Esse era o único programa em família." Fernanda concorda com essa memória gastronômica, porém acrescenta outros restaurantes frequentados pela família. "Comida era um assunto que nos unia. Restaurantes como Dom Pepe, Trattoria do Giovani, o do Hotel Plaza São Rafael, Convés e a cantina Capri, em São Leopoldo... me criei indo a esses lugares." Fernanda ainda acrescenta: "Ele me dava de presente o lombinho fatiado da Banca 43, do Mercado Público, e dizia: 'Como a Fernanda come com gosto!'. Ele também adorava nos apresentar, a mim e ao meu irmão, novas formas de preparo de sucos de frutas naturais".

Além dos restaurantes referidos por Fernanda, Ieda tem lembrança da vida noturna vivida ao lado de Sant'Ana. "Muitas vezes eu o acompanhava. Ele me ligava às 3 da manhã de onde estivesse, cantando ou em rodas de amigos, eu me arrumava e ia ao seu encontro. Conheci muitas pessoas interessantes e de ótimas conversas assim."

Nos dias de semana, segundo Jorge, Sant'Ana passava a maior parte do tempo na rua. "No final do casamento deles ocorria com frequência de a mãe estar nos arrumando para nos levar para a escola e ele chegando em casa."

Como a vida da família Sant'Ana estava nesse descompasso, a solução foi a separação do casal. "As brigas começaram a crescer, até que a mãe resolveu pedir a separação. Eu gostei da ideia, pois eu via que minha mãe era infeliz e as coisas não andavam certas." "Eu que pedi a separação. Ele não queria, mas acabou cedendo", admite Ieda.

Jorge não tem certeza sobre a data em que Sant'Ana e Ieda se separaram. Sant'Ana saiu de casa, e Ieda permaneceu, com os dois filhos, no apartamento que a família tinha no Bairro Cristal. "Aí sim que passei a ver meu pai com uma frequência mínima. Deixamos de ir a jogo e, muitas vezes, ele só me procurava se a mãe ligava e cobrava dele." Jorge conclui: "O pai não tinha tempo para a gente. E não era falta de tempo. Ele apenas não priorizava os filhos".

Curiosamente, Sant'Ana, depois de se separar de Ieda, buscou retomar antigos laços familiares. Ela lembra: "Ele sempre vinha me visitar. Convivemos bem. Passava os Natais e Réveillons com a gente. Sempre nos reuníamos junto com filhos e netos nas mais diversas ocasiões. Ele também se hospedava na minha casa de Garopaba".

Ieda também recorda a última vez em que Sant'Ana esteve na sua casa. "Ele me pediu para morar aqui de novo. Não aceitei. A convivência seria complicada", conta. "Lembro dele olhando cada peça do apartamento e dizendo: 'Seria muito bom voltar'."

Sant'Ana jamais abandonaria a vida noturna. Anos mais tarde, o psiquiatra Paulo Sergio Rosa Guedes, hoje com 83 anos e por mais de 30 anos um dos mais próximos amigos de Sant'Ana, passou a ser o parceiro mais assíduo desses jantares frequentes. "Se dependesse do Sant'Ana, eu teria que jantar com ele todas as noites", lembra Paulo Sergio. "Ele era muito absorvente, extremamente sensível e ficava chateado se eu não estivesse sempre à disposição, dedicando atenção a ele", acrescenta. "E, quando eu recusava, ele acusava o golpe: 'O que está acontecendo?', ele cobrava. E eu respondia: 'Eu tenho outros amigos, outras turmas'". Com Matias Kronfeld ocorria algo semelhante: "Certa vez, em uma noite, eu saí com ele às 9h e já eram 4h da madrugada e não havia jeito de ele me liberar. Eu não aguentava mais, pois tinha trabalho no dia seguinte".

Para Marcos Dvoskin, esse comportamento era a prova concreta da carência e da necessidade que Sant'Ana tinha de estar sempre acompanhado por alguém. "E, quase sempre, ele tinha muito ciúme dos amigos", analisa Marcos. "Ele exigia atenção e não gostava de dividir as amizades com ninguém. Queria exclusividade."

Nas sessões informais de psicanálise que realizava com Paulo Sergio, Sant'Ana, conta o psiquiatra, quase nunca cobrava respostas aos seus anseios. "Ele queria mesmo era ser ouvido, falar sobre o que o angustiava", conta. "Poucas vezes ele esperava de mim uma intervenção imediata. Mas, quando isso era necessário, eu dava esse aconselhamento."

Assim, os encontros entre os dois costumavam acontecer não na clínica, mas na rua; e com uma frequência impressionante. "Ele tinha uma necessidade vital de estar sempre acompanhado", explica Paulo Sergio. "Durante um período, ele me ligava tanto cobrando a minha presença que o Fernando Ernesto precisou aconselhá-lo: 'tens que nos dar um descanso'."

Consciente desse seu estilo de exigir demais dos amigos, Sant'Ana explicou-se em uma coluna de maio de 2011: "Fico eu querendo ser melhor acarinhado por determinadas pessoas que têm de dar atenção a um sem-número de pessoas mais importantes do que eu, seus filhos, seus parentes, suas mães, seu estudo, seu trabalho, enfim todos os encargos a que também me entrego e, justamente por isso, também dou menos atenção aos outros".

Com Paulo Sergio, o convívio ainda tinha um ingrediente a mais: o Grêmio. Sant'Ana e Paulo Sergio às vezes iam juntos aos jogos. "Mas era mais um pretexto para conversarmos do que para ver as partidas", revela Paulo Sergio.

Longe do estádio, um dos locais que os dois mais iam era em um bar chamado Oficina Etílica, na Cidade Baixa, "onde havia boa música e o cozinheiro preparava um carreteiro especial para nós". Mas, ao contrário do tempo do convívio com o Bastos, essas noitadas acabavam mais cedo, sem as esticadas. "Tenho certeza de que, quando saía comigo, à meia-noite o Sant'Ana já estava em casa."

O aspecto indomável de Sant'Ana na vida comum se repetia na vida profissional, e ele também era o terror dos editores. Esse foi o caso de sua proximidade com Nilson Souza. Jornalista oriundo da Caldas Júnior, Nilson saiu da empresa em 1984, com o fechamento do jornal *Folha da Tarde* em meio a uma crise. Lá, ele havia ocupado todos os cargos na editoria de Esportes. No ano seguinte ao de sua saída, Nilson passou uma curta temporada como correspondente da revista *Veja*. Mas, no final daquele mesmo ano de 1985, ele entrou para a *Zero Hora* pelas mãos do editor Eugênio Bortolon, que indicou seu nome a Lauro Schirmer e a Carlos Fehlberg.

No novo emprego, Nilson ficaria por um tempo como setorista da área de Justiça, mas logo assumiria a editoria que mais combinava com seu gosto: a de Esportes. Indicado por Emanuel Mattos, então o titular e que estava sendo promovido a secretário de Redação, Nilson passou a ter uma proximidade maior com Paulo Sant'Ana. Nunca mais se separariam.

À frente do Esporte, caberia a Nilson – entre outras tarefas – editar a coluna de Sant'Ana. Até então, os dois se conheciam muito pouco. Nilson já sabia da fama do colunista, que ele conhecia desde o tempo das participações como torcedor no *Conversa de Arquibancada*. Já na Caldas Júnior, Nilson acompanhou a distância o sucesso de Sant'Ana.

Nilson era o editor. Ao seu lado, como subeditor, uma lenda: Mauro Toralles, o Boró. Já então um nome reconhecido pelos colegas, embora ainda estivesse na primeira fase da sua imensa carreira no acompanhamento de assuntos ligados ao futebol, Boró era sinônimo de tranquilidade na condução de qualquer problema na editoria. Juntos, Nilson e ele jogavam por tabela.

A primeira batalha que Nilson enfrentaria com o indomável Sant'Ana nada tinha a ver com alguma questão editorial. "Foi o cigarro, óbvio", lembra Nilson.

O editor – já naquela época um defensor dos ambientes livres do fumo – entrou em atrito com seu colunista, que nunca admitiu ter sua atenção chamada por qualquer pessoa dentro dos limites da RBS por estar fumando. Sant'Ana garantia a todos ter autorização do próprio Nelson Sirotsky para fumar em qualquer ambiente.

Afora esse primeiro desencontro inicial, o convívio de Sant'Ana e Nilson foi pacífico por todo o período em que trabalharam juntos. Apenas uma vez, Nilson foi advertido por Lauro Schirmer por deixar passar um excesso de Sant'Ana. "Foi a minha maior vergonha profissional", lamenta. "Nem me lembro bem qual foi a razão, mas o Lauro ficou irritado e me mandou uma advertência por escrito me orientando a não mais permitir que o Sant'Ana em sua coluna se afastasse dos temas ligados ao futebol." O tema, recorda Nilson vagamente, talvez tivesse alguma ligação com a política. Sant'Ana parecia já estar ensaiando seus próximos passos.

Porém, em paralelo ao trabalho de Nilson e Sant'Ana na editoria de Esportes, a *Zero Hora*, naquele movimentado período da metade final da década de 80, sofreria um de seus maiores baques.

No dia 17 de dezembro de 1985, *Zero Hora* publicou a última coluna de Carlos Nobre, que morrera no dia anterior logo depois de ter escrito o texto.

Como era comum naqueles tempos politicamente incorretíssimos, a coluna derradeira de Carlos Nobre abria com a foto de uma exuberante morena em trajes mínimos, muito provavelmente participando de um desfile de Carnaval. A legenda nada explicava. Era apenas uma palavra: "Olé". Nas notas que completavam a página, o tema de destaque era a Copa que seria realizada em meados do ano seguinte no México, e uma delas dizia: "O Brasil foi adiado mais uma vez – para depois da Copa". Ao lado, um anúncio da Soberana dos Móveis, patrocinadora da página, pranteava a ausência do titular com o seguinte texto: "Adeus, Tio Nobre. Saco vai ser aguentar as horas difíceis sem uma piadinha sacana". E justificando a maior parte do anúncio ser tomada pelo branco, encerrava: "Vai ficar tudo assim, vazio".

Por pouco mais de dez anos, desde o dia 18 de agosto de 1975, quando publicou a sua primeira coluna no jornal, Nobre, um guaibense nascido em 1929, fez da penúltima página de *Zero Hora* um espaço de liberdade, anarquia e bom humor. Seu estilo debochado e escrachado fazia do seu espaço um dos mais lidos do jornal. Com pequenas notas, chistes, piadas, trocadilhos e fotos de mulheres nuas, Nobre chamaria a atenção e criaria a partir de então o hábito em muitos leitores de começar a leitura pelo fim do jornal.

Assim como Sant'Ana, Nobre era igualmente incontrolável, fiel a parâmetros e regras que só ele compreendia bem. Por ser amigo de Maurício Sirotsky desde os primórdios da Rádio Gaúcha, onde comandava a grande atração das terças-feiras, *Campeonato em Três Tempos*, Nobre se dava direito a algumas regalias. Às sextas-feiras, por exemplo, ele não aparecia para trabalhar, ou então aparecia pela manhã, saía para almoçar na Zona Sul e não voltava mais. Em determinados dias e horários, era mais fácil encontrá-lo na Churrascaria Pastoriza, em Ipanema, do que na redação. Insatisfeito, Fernando Ernesto, já acionista e exercendo uma das superintendências do grupo, pensou em dar um fim àquele comportamento. "Eu não achava aquilo certo, era uma irresponsabilidade que deveria ser freada. E eu queria tomar uma atitude."

Fernando Ernesto procurou Maurício, mas, quando iria começar a abordar o problema, este nem o deixou concluir: "Esse tipo de pessoa como o Nobre tem que estar na RBS e não pode ser cobrada, julgada, por outra medida que não seja a do talento. Não é possível cobrar horários, disciplina e outras responsabilidades de pessoas como o Nobre", recorda Fernando Ernesto a conversa que teve com Maurício. E acrescentou o que ouviu como conselho do dono da empresa: "Faz o seguinte, esquece o Nobre. Ele está na relação das pessoas que eu cuido. É problema meu. Esquece!". "E foi o que eu fiz. Quem se encarregava do Nobre era o Maurício. E foi assim até a morte do Nobre", contou.

Com Sant'Ana ocorreria o mesmo fenômeno. "Depois da morte do Carlos Nobre, eu até assumi alguns encargos, cuidando de questões do patrimônio e das contas. O Nobre era muito enrolado, desorganizado com relação à sua vida pessoal e financeira", recordou o vice-presidente, que repetiria o mesmo tratamento anos depois com o Paulo Sant'Ana. "A RBS pagava a clínica onde ele estava internado e diversas outras contas, mas eu era o gestor. Quem dividia comigo os cuidados com ele era o Nelson." "E, em alguns momentos, quem também o assistia era o Nelsinho Dvoskin, filho do Marcos", lembra Fernando Ernesto, lançando mais uma semelhança entre os dois cronistas: "No aspecto da genialidade e da esculhambação, o Sant'Ana foi o legítimo sucessor do Nobre".

Com o sucesso de Nobre, a penúltima página alcançou um novo patamar, transformando-se em um dos espaços mais valorizados – por que não dizer nobre? – do jornal.

Em breve, Sant'Ana estaria naquela página.

A morte de Carlos Nobre representaria um baque na RBS – talvez o maior sofrido pela empresa até então –, mas esse trauma perderia imensamente em alcance e em dimensão apenas três meses depois.

Em março de 1986, Maurício Sirotsky Sobrinho, o criador da RBS, morreu.

Apesar de recentemente ter saído curado de um tratamento de um câncer na parótida, Maurício acabou sendo vítima de um ataque cardíaco. Fernando Ernesto Corrêa recorda que Maurício e ele estavam juntos com outros executivos em uma reunião de fim de tarde no gabinete dele. Foi quando ele começou a se queixar de fortes dores torácicas. "Tá doendo, tá doendo muito", ele começou a dizer. Poderia ser um enfarte, mas o Maurício parecia calmo. Todos na reunião, a maioria integrantes da família, como filhos e genros, sugeriram que ele fosse ao hospital. Maurício concordou e saiu com os filhos Nelson e Pedro em direção ao Instituto de Cardiologia. Chegando lá, Maurício piorara. Já estava fraco, sem conseguir caminhar e sendo levado aos exames de cadeira de rodas, porém estava lúcido e falante. Seu único pedido foi que não cortassem a barba, que ele havia deixado crescer depois que fez o tratamento para combater o câncer e que havia deixado uma cicatriz. Durante todo o tempo, ele parecia bem-humorado.

Nada indicava que o desfecho seria trágico. Mas, conforme ia passando o tempo, tudo ia ficando mais complexo. Mais adiante, houve uma conversa entre os familiares sobre a possibilidade de se chamar o Adib Jatene, médico formado pela Universidade de São Paulo, conhecido e respeitado como um dos grandes cardiologistas do país e, mais tarde, ministro da Saúde, nos governos Collor e Fernando Henrique Cardoso. Resolveu-se, então, telefonar para o consultório dele em São Paulo, mas logo se descobriu que o médico estava em viagem pelo Japão. Na sequência, houve quem sugerisse o nome do filho de Jatene, também cirurgião cardíaco, mas a ideia foi abandonada: demoraria muito até que ele chegasse a Porto Alegre.

Assim, no meio dessas conversas, por volta da meia-noite, Maurício teve então uma parada cardíaca causada por um aneurisma dissecante da aorta e não resistiu.

Além da surpresa, o falecimento de Maurício deixou um vácuo imenso na RBS. Ninguém representava como ele a grandeza do grupo. Era o empresário arrojado que ao mesmo tempo encarnava a figura do colega acessível, simpático e admirado.

Para Paulo Sant'Ana, a morte de Maurício foi uma das maiores dores que ele poderia sofrer. Se Sant'Ana, em grande parte, foi inventado por ele próprio, Maurício Sirotsky teve uma participação decisiva na criação e na divulgação desse personagem.

No dia seguinte à morte do fundador da RBS, a coluna do dia 25 de março trazia o título "Adeus, seu Maurício" e dedicava ao empresário a nota final do texto. Com o subtítulo de "Enorme vazio", Sant'Ana começava dizendo: "À primeira hora da manhã de hoje, fomos tocados pela pior notícia. O grande comandante Maurício Sirotsky sucumbia no Hospital de Cardiologia". A seguir, Sant'Ana lamentava dizendo ser "quase impossível exprimir a importância de seu trabalho e sua vida em nossos trabalhos e nossas vidas". Ainda abalado pela surpresa dos acontecimentos, Sant'Ana contava estar escrevendo esse registro durante a madrugada e aconselhava que "à RBS cabe seguir seu exemplo: era vindo do povo e respeitava o povo, cumulando de atenções por todos os lugares que passava". Ao final, Sant'Ana fazia um desfecho mais pessoal, lembrando que conviveu "intimamente com ele" e classificando-o "como um gênio que deixaria um denso vulto de uma obra inimitável".

No dia seguinte, 26 de março, Paulo Sant'Ana foi ainda mais completo em seu perfil do empresário e dedicou os três tópicos de sua coluna a Maurício. No primeiro, o cronista reconhecia que gostaria que Carlos Nobre estivesse vivo para que "com mais talento" escrevesse sobre o "cara legal" que era o seu Maurício. Recordando um dos momentos que viveu ao lado do empresário, Sant'Ana lembrou o seu aniversário no ano anterior, em que ele comemorou convidando-o para comer uma anchova assada em sua casa.

Sant'Ana contava que quem assava o peixe era o Zé, seu amigo e proprietário do Van Gogh, bar que ficava na esquina da Avenida João Pessoa com a Rua da República. "Como sempre fazia, seu Maurício foi até a churrasqueira para conversar com o assador", descreveu Sant'Ana, e revelou: "seu Maurício bateu papo livre e longamente com o Zé e prometeu que um dia iria visitar o bar".

Sant'Ana também recordou ter participado de uma homenagem póstuma ao compositor Lupicínio Rodrigues e que – por vários motivos – a cerimônia se encaminhava para ser um fracasso: "Presentes, apenas Cerenita, a viúva de Lupicínio, Lupinho, seu filho, eu e mais cinco ou seis amigos e músicos. Meia dúzia de gatos pingados. Estávamos mortos de vergonha".

Porém, segundo Sant'Ana, o ambiente se modificou com a chegada inesperada de Maurício. Segundo o cronista, a viúva e o filho vibraram "como se tivesse aparecido uma multidão" e que "todos saíram de alma leve pela importância do visitante". E completava: "Era assim seu Maurício. Ele andava por toda a parte da cidade, abraçando a toda gente".

Por último, Sant'Ana comentava ainda o cortejo fúnebre do empresário, que, segundo ele, dava a impressão de que Maurício era conhecido de muitas delas e que "já havia encontrado todas aquelas pessoas em algum lugar durante a sua vida".

Em sua avaliação, Sant'Ana reforçava que, mais do que um patrão, Maurício Sirotsky era a sua maior referência: o pai que lhe dava carinho, atenção e reconhecimento. Ou seja, tudo que ele não havia ganhado do próprio pai.

Assim, como pai e filho, Sant'Ana e Maurício estiveram quase sempre lado a lado. A única exceção ocorreu em abril de 1978, quando o cronista deixou a TV Gaúcha e passou a integrar o elenco da rival, a TV Difusora, canal 10. Na época, não havia exclusividade entre as empresas, e Sant'Ana pôde "trair" a TV e a rádio sem abandonar a *Zero Hora*.

A saída de Sant'Ana foi comentada em todo o estado. Uma pequena nota no jornal *O Pioneiro*, de Caxias do Sul, por exemplo, explicava a mudança dizendo que "o *cast* da TV Difusora foi enriquecido com a contratação do irreverente comentarista Paulo Sant'Ana, defensor das cores do Grêmio". A nota ainda apresentava o novo contratado como um "cantor das noites de seresta e boêmia de Porto Alegre e ex-inspetor de Polícia" e indicava que Sant'Ana, no novo canal, assumiria pelo menos duas funções: um quadro em *Portovisão* (programa que competia em horário e em formato com o *Jornal do Almoço*) e uma participação no *Jogo Aberto*, debate esportivo que era apresentado no final da noite.

"Ele saiu por grana!", garante Nelson Sirotsky quase meio século depois. Nelson acredita que Sant'Ana recebeu uma boa oferta, não quis nem negociar com Maurício Sirotsky e pediu demissão da rádio e da TV.

Nelson se ampara em um fato ocorrido na mesma época para ter tanta certeza. "Houve um episódio semelhante", recorda o atual *publisher* da RBS. "Eu participara de uma negociação para trazer para a Rádio Gaúcha um nome importante da concorrência. Meu pai aprovou, sugeriu as condições e fez apenas uma ressalva: que eu não deixasse nenhuma brecha para que o convidado pudesse barganhar com o seu então patrão."

Nelson lembra que ele e o possível contratado almoçaram juntos em uma churrascaria na Avenida Protásio Alves, acertaram as bases do contrato e aí eles combinaram que dali iriam direto ao escritório da RBS para a assinatura do documento. "Foi então que ele me pediu para antes dar uma passada em casa", contou Nelson. O empresário concordou. "Entramos em um Dodge Dart amarelo que eu tinha e fomos. Ele desceu e demorou a voltar, uns 10, 15 minutos. Passaram-se 20 minutos e o possível contratado retornou dizendo que não iria aceitar a proposta. O que eu concluo? Que ele negociou com o patrão e que recebeu um aumento para ficar. Até hoje, ele não gosta que eu recorde essa história."

Assim, Nelson tem certeza de que Sant'Ana – que sabia bem da história – evitou que ocorresse o mesmo com ele. Ou seja, deduz Nelson, disseram algo a ele do tipo: "Se você falar sobre essa proposta, ela deixa de valer". Sant'Ana aceitou.

Por essa razão, Nelson na época foi radical e defendeu junto à diretoria que Sant'Ana fosse demitido da RBS e ficasse sem qualquer vínculo com a empresa. "Ele nos traiu", argumentava Nelson, "precisa se desligar de tudo". Os arroubos de Nelson foram contidos pelo pai, que o aconselhou, quase que profeticamente: "Deixa ele ficar no jornal. Ele vai voltar".

Maurício estava certo. Dois meses e meio depois do anúncio, tudo se alteraria. Agora uma outra notícia informava que Sant'Ana deixava a Difusora. A causa seria uma quebra de contrato: a emissora prometera ao comentarista que ele estaria na equipe que iria trabalhar para a Difusora na Copa da Argentina naquele ano, mas, na última hora, escalou em seu lugar o comentarista Larry Pinto de Faria – o mesmo que havia sido centroavante colorado e também colega de Sant'Ana na Câmara dos Vereadores.

Recuperando os fatos quase 50 anos depois, Nelson também acrescenta alguns outros motivos para o retorno: "Na Difusora, ele não estava repetindo o sucesso que teve conosco, não estava acontecendo. E se arrependeu. Além disso, ele deve ter sentido a falta dos amigos, como eu, o pai, o Fernando Ernesto, o Marcos...".

A Copa da Argentina, em 1978, seria um capítulo à parte na relação de Sant'Ana com a RBS. Para começar, a escala de montagem para o evento foi complicada. "Foi um desafio generalizado, já que quase tudo acabou sendo decidido em março, poucos meses antes do início do Mundial", destaca Marcos Dvoskin, indicado pela RBS para ser o comandante da equipe que iria à Argentina. "Como até o começo de abril nós ainda não tínhamos nenhuma definição sobre os direitos de transmissão, eu precisei viajar a Buenos Aires para negociar com o governo militar as concessões e os credenciamentos", conta Marcos, completando que, em paralelo, Nelson negociava outros detalhes com o governo brasileiro na capital federal.

Na memória de Marcos, aqueles foram dias complicados, mas que no final renderam um ótimo resultado pessoal e profissional. A RBS firmou sua marca, e o executivo recorda com saudade o ótimo convívio que teve com Paulo Sant'Ana, Osvaldo Rolla e Cid Pinheiro Cabral. "Passávamos horas conversando e rindo no saguão do hotel em que estávamos hospedados e nos restaurantes que frequentávamos. A capacidade de envolvimento desse trio deixava qualquer um animado."

O detalhe curioso com relação a Sant'Ana foi que ele, de volta à RBS, participou da cobertura daquela Copa sem ter sido credenciado. Entrava nos jogos com ingresso comum de torcedor.

E foi com um anúncio ocupando meia página da edição dominical de esportes de 18 de junho de 1978 que a rádio e a TV Gaúcha saudaram o retorno de Paulo Sant'Ana. O texto dizia: "A partir desta segunda-feira, o dinamismo, a polêmica, a malícia e a vibração de Paulo Sant'Ana voltam a ser destaque no *Jornal do Almoço*, no *Sala de Redação* e nas programações esportivas". E, ao final, comemorava: "É a volta de Sant'Ana com seu estilo vivo de falar em futebol. Bem ao gosto do torcedor gaúcho".

Outra versão explicava a saída da Difusora e o retorno à TV Gaúcha de maneira mais íntima e menos objetiva. Por aqueles dias, Sant'Ana, ainda vinculado à Difusora, caminhava pela Rua da Praia, arrependido com a troca que o deprimia. Foi quando ele, por acaso, encontrou-se com Maurício. Na rápida conversa, o dono da RBS contou que estava indo comprar um casaco de couro e sugeriu que Sant'Ana o acompanhasse. Já dentro da loja, Maurício propôs: "Escolhe o teu casaco também. E, se quiseres, aparece amanhã...".

Sant'Ana apareceu. Bateu na porta da sala de Maurício, abraçaram-se e ele pediu para voltar. Nunca mais saiu da RBS. "Sim", confirma Nelson, "a história do casaco também é verdade". Ele só não sabe se na negociação entre Sant'Ana e Maurício houve proposta de aumento salarial.

Anos depois, Sant'Ana faria uma nova referência a Maurício – essa ainda mais pessoal e carinhosa. No dia 15 de junho de 2009, quando, em uma festa realizada no Hotel Plaza São Rafael, o colunista comemorou seus 70 anos, Moisés Mendes recorda que, dias antes, na redação, Sant'Ana avisou a um grupo de amigos: "Uma pessoa estará na minha festa sem ser convidada. Uma pessoa que me amou muito e que eu amei. O Maurício estará na minha festa". Moisés Mendes concluiu seu relato contando que, a partir de então, Sant'Ana começou a chorar baixinho e foi consolado por quem estava ao redor.

Com o tempo, parte da admiração e da fidelidade que dedicava a Maurício e à empresa Sant'Ana transferiu para outros integrantes da família, especialmente Jayme, o irmão, e Nelson e Pedro, filhos de Maurício. De todos eles, Sant'Ana entrava na sala sem bater, a qualquer hora. Com a mesma sem-cerimônia, ele também aparecia nas casas deles sem precisar ser convidado.

Com Nelson, a relação, com o passar dos anos, foi se modificando. Se em um primeiro momento o filho de Maurício era uma espécie de irmão mais novo, logo após a morte do fundador da RBS Nelson passou a ser o novo "pai" de Sant'Ana.

A morte de Maurício Sirotsky também teve desdobramentos práticos e abriu dentro da empresa o debate sobre a sucessão na RBS. "O Sant'Ana participou desses episódios", lembra Nelson, que conta que o cronista, bem ao seu estilo, logo naqueles dias, chegou para Nelson e, de forma bem direta e objetiva, perguntou: "Quando é que tu vais assumir?".

A decisão da cúpula da RBS seria conhecida no dia 3 de abril de 1986, dez dias depois da morte do fundador. Em um encontro encabeçado pela viúva de Maurício, Ione Pacheco Sirotsky, a diretoria plena da empresa fez a apresentação da nova estrutura geral, com Jayme Sirotsky assumindo a presidência, tendo Fernando Ernesto Corrêa e Nelson como vice-presidentes.

Na nova ordem, Paulo Sant'Ana perderia um pouco da capacidade de circular pelo gabinete da presidência. "Com o meu tio Jayme, ele não tinha a mesma intimidade que tinha com o meu pai", atesta Nelson. "Assim, o Sant'Ana continuou frequentando o sexto andar (o andar em que ficavam os gabinetes da diretoria da RBS), mas indo muito mais às salas minha, do Fernando Ernesto e do Marcos Dvoskin", completa.

Como frisou Nelson, Jayme reconhece que nunca teve com Sant'Ana a mesma intimidade que o colunista tinha com seu irmão, Maurício, com seu sobrinho, Nelson, ou com seu sócio, Fernando Ernesto. Mas isso não significava qualquer espécie de limite. "Ele também entrava na minha sala na hora em que queria", conta Jayme. "Se eu estava com alguma visita, eu o apresentava. E, confesso, gostava daquela sem-cerimônia dele", diz Jayme. "Minha porta não tinha chave para ele."

"Ele entrava sem pedir licença às secretárias", diz ainda Marcos Dvoskin, outro nome da cúpula da RBS com quem Paulo Sant'Ana exercia uma total liberdade. "Ele entrava na minha sala a qualquer hora, quase sempre para conversar os mais variados assuntos."

Situação semelhante ocorria com Geraldo Corrêa. Filho de Fernando Ernesto e integrante do quadro da empresa desde 1982, Geraldo, pelos 30 anos seguintes, ocuparia quase todos os cargos da hierarquia da RBS, chegando a vice-presidente. "Como o Sant'Ana me conhecia desde a adolescência, pela amizade que ele já tinha com meu pai, era natural que a minha sala na RBS logo se transformasse em mais uma das que ele frequentava sem pedir licença, nem avisar antecipadamente. Ele simplesmente invadia." Para Geraldo, Sant'Ana foi um amigo de seu pai que com o tempo se transformou também em um grande amigo. "Ele me chamava de projeto de gênio, ressalvando que os gênios eram apenas outras duas pessoas: ele e meu pai."

Com o tempo, a amizade entre Sant'Ana e Geraldo foi se aprofundando a ponto de o cronista se aproximar do executivo para fazer desabafos pessoais e íntimos. Mais do que o gremismo, o principal vínculo entre os dois era o interesse pela RBS. Geraldo revela que Sant'Ana gostava de conversar sobre a empresa. "E, nesse aspecto, ele era 100% confiável e discreto."

Mas o principal motivo das visitas que Sant'Ana fazia à sua sala, admite Geraldo, era o fato de o cronista ir lá para comentar a própria coluna. "Ele ia basicamente atrás de um elogio", explica Geraldo. "Ele chegava se autoelogiando, lia a coluna, inteira ou algum trecho, e exigia um *feedback* imediato. Ou seja, ele queria o meu endosso", conta Geraldo, lembrando que, quando a opinião do executivo não batia com a dele, ele se irritava e ia embora. "Não existia intervalo entre o que o Sant'Ana pensava e o que ele falava. Era tudo imediato, sem reflexão."

Outro motivo das visitas de Sant'Ana a Geraldo era que ele fazia uma reclamação sistemática dos personagens do *Sala de Redação*. "Mas ele queria só desabafar, se queixar de alguém que não o elogiou suficientemente. Fazia parte do personagem esse rodízio de queixas."

Por fim, pontua o executivo, a terceira razão das idas de Sant'Ana ao seu gabinete tinha como objetivo tentar saber detalhes internos sobre a empresa. "Ele era sempre muito curioso e ia atrás tanto de informações estratégicas quanto de fofocas da empresa", lembra Geraldo. "E, como eu não dava, ele ficava louco. Saía reclamando e dizendo: 'Não sei porque ainda entro na tua sala'." O mesmo comportamento Sant'Ana tinha com Jayme Sirotsky, pessoa que por todos os motivos tinha um estilo completamente diferente do dele, a começar pela postura *low profile* de Jayme em total dessintonia com a conduta exagerada e desbragada de Sant'Ana, "um homem de erupções", na definição de Jayme.

De volta a 1986, entre e maio e junho daquele ano, a RBS se envolveria com um novo e grandioso projeto: a transmissão de mais uma Copa do Mundo, agora no México. Seguindo uma tradição já ocorrida em Copas anteriores, a RBS teria alguém da família desempenhando a função de coordenador-geral da equipe. Se, em 1974, Nelson havia sido escalado e, na Copa seguinte, havia sido a vez de Marcos Dvoskin, agora quem desempenharia a função seria Pedro Sirotsky. "Não apenas naquela, mas em copas anteriores e posteriores, eu convivi muito com o Sant'Ana", lembra. "Mas aquela teve um caráter muito especial que a tornou inesquecível."

Pedro faz referência à morte de seu pai, Maurício, ocorrida menos de três meses antes da abertura do evento. "Toda a empresa ainda estava traumatizada, e eu, em especial, estava muito abalado", conta, recordando que chegou ao México ainda se sentindo sem as melhores condições para comandar um trabalho tão complexo.

"Uma Copa sempre exige muito de quem trabalha. E quem trabalha com Paulo Sant'Ana é ainda mais exigido", salienta Pedro. "Administrar o ego do Sant'Ana já é uma tarefa ingrata em qualquer situação. E tudo se agrava quando a equipe está em um ambiente estranho como um outro país."

Mas, para surpresa de Pedro, quando a equipe chegou ao México, tudo se mostrou diferente. "Desde o primeiro dia da nossa chegada, o Sant'Ana se revelou muito solidário e até carinhoso", conta. "Claro que eu senti que essa atenção estava vinculada ao fato de o meu pai ter morrido poucos meses antes, e foi assim que eu tive a certeza de que o Sant'Ana era um verdadeiro amigo", diz

Ao final da Copa, Pedro sentia-se mais aliviado, até porque seu trabalho foi amenizado pelo personagem que ele temia que pudesse ser sua maior dor de cabeça. No último dia, ele sentia-se gratificado: "Durante todo o período, o Sant'Ana procurou não criar problemas – e todo mundo sabe como era difícil para ele não criar problemas".

Nelson só assumiria, de direito, a posição deixada pelo pai cinco anos depois, em maio de 1991. Em uma convenção da RBS realizada em Canela, Nelson, então com 38 anos, seria nomeado o novo presidente da RBS, com Jayme passando a ocupar o cargo de presidente do recém-criado Conselho de Administração.

Na mesma convenção, Pedro Sirotsky, que também seria promovido dentro da estrutura da empresa, lembra que teve em Sant'Ana o seu *ghost-writer*. "Estava previsto que eu deveria fazer um discurso, e o Sant'Ana me ajudou muito nessa tarefa." Ele conta que, pelo fato de os dois gostarem de música, Sant'Ana sugeriu que o final do texto se encerrasse com um trecho da canção *E Vamos à Luta*, de Luiz Gonzaga Jr., com a parte da letra que dava o seguinte recado: "Eu acredito é na rapaziada / Que segue em frente e segura o rojão / Eu ponho fé é na fé da moçada / Que não foge da fera e enfrenta o leão". "E, demonstrando total apoio a mim, Sant'Ana me exaltou como jovem executivo com a escolha do verso 'Eu vou à luta com essa juventude / Que não corre da raia a troco de nada'."

Assim, recorda Pedro, quando a convenção começou, cabia a cada um que deveria falar se apresentar dizendo seu nome completo e função. "Novamente, o Sant'Ana deu o seu toque particular e apresentou-se da seguinte maneira: 'Meu nome é Paulo Sant'Ana e minha função é treinador de vice-presidentes'."

Com a posse de Nelson, Sant'Ana voltou a ter livre acesso à presidência. Nelson assumiria não apenas o comando do grupo, como também ficaria encarregado de uma outra função herdada de Maurício: a de "pai" de Paulo Sant'Ana. "Aliás, o Nelson desempenhou esse papel por mais tempo do que o meu pai", ressalta Pedro Sirotsky.

O próprio cronista era o primeiro a reconhecer a paternidade: "Só há uma pessoa a quem obedeço. É como se eu fosse seu filho", para em seguida arrematar: "Algumas pessoas sabem algumas coisas de mim, e outras pensam que sabem muito. Mas só essa pessoa sabe tudo de mim". Geraldo Corrêa concorda em parte e faz uma pequena retificação: "O Sant'Ana respeitava duas pessoas e meia: o Nelson, o meu pai, o Fernando Ernesto e a mim, mas só em alguns momentos".

Tamanha dependência de Sant'Ana por Nelson era confessada e confirmada em constantes telefonemas do colunista para o empresário. Em texto publicado em *Zero Hora*, Moisés Mendes contou que era para Nelson que Sant'Ana telefonava quando tinha uma notícia boa ou quando algo o atormentava, ou apenas quando estava frágil e carente: "Nelson, por que tu não falas comigo há duas semanas?", chegou a dizer em uma das chamadas.

Nelson reconhece essa ascendência e também ilustra a dependência que Sant'Ana tinha com a RBS, embora, frise o empresário, o colunista soubesse se rebelar quando ele acreditava que a direção havia tomado uma decisão equivocada. "Como ele se considerava a pessoa mais importante da RBS, o maior entre os comunicadores, ele acreditava que ninguém deveria ser melhor remunerado do que ele", avalia Geraldo Corrêa. "Na cabeça dele, ELE era a empresa."

Nessa linha de raciocínio, Nelson conta que, quando a RBS criou o Plano de Participação dos Resultados (PPR), o modelo de remuneração era variável, levando em consideração os resultados obtidos tanto pelos funcionários quanto pela empresa. Nessa estratégia, os executivos tinham um modelo próprio, enquanto comunicadores e demais funcionários tinham outro, inferior e que não representava tantos ganhos. Além disso, os executivos também passaram a gozar do benefício antes dos demais funcionários. Sant'Ana foi o primeiro a flagrar o descompasso. "Tem uma baita injustiça aí, Nelson", alertou Sant'Ana. "No teu circo, o bilheteiro ganha mais do que o palhaço", arrematou.

Nelson confirma que até hoje – em outras situações de gestão empresarial – ele pensa na afirmação de Sant'Ana. E concorda: "Em muitos momentos o palhaço tem que ganhar mais do que o bilheteiro".

Geraldo Corrêa sustenta que a frase original de Paulo Sant'Ana falava em trapezista, não em palhaço. Sendo assim, é imensa a probabilidade de que Sant'Ana tenha tido essa iluminação gerencial a partir de uma crônica de Moisés Mendes, jornalista com quem também Sant'Ana passava horas em infindáveis conversas no fumódromo de *Zero Hora*.

Publicado em 25 de novembro de 2001 com o título "Os trapezistas, os leões e a Síndrome do Circo", o texto de Moisés ridicularizava o modismo das novas estratégias de gerenciamento empresarial surgidas no início dos anos 90. Para Moisés, a Síndrome do Circo nascia em um ambiente propício, "um circo feliz, com palhaços, trapezistas, leões, elefantes, maçãs do amor e pirulitos de mel". E era em um local como esse que ocorria uma transformação, quando "um dia o dono acorda e grita eureka. Fora iluminado por um *flash* de sabedoria!".

No texto de Moisés, a tese desenvolvida pelo dono do circo parecia ser simples, de fácil aplicação e, segundo ele, genial: "Se o trapezista também pegava no pesado e erguia o circo, estendia a lona e aprumava mastros, o peludo poderia ser trapezista (peludo, para quem não sabe, é o trabalhador braçal do circo, o homem do pau-pra-toda-obra)". Assim, "seria potencializado o espírito pega-no-pesado-e-faz-arte do circo e se economizaria com trapezistas, que faziam exibições de 15 minutos e custavam caro. O circo como negócio estaria salvo".

E assim foi feito, escrevia Moisés: "Dobrou-se o número de peludos e diminuiu-se a quantidade de trapezistas. Dos quatro, apenas um foi mantido, porque era preciso ensinar os novos colegas. Em um primeiro momento, todos ficaram felizes – até porque os trapezistas eram metidos mesmo. A exceção era o leão, que a tudo observava com desconfiança".

O autor do texto continua relatando que, por óbvio, a performance dos peludos não era igual à dos trapezistas, e isso poderia significar queda de qualidade. Mas ninguém se preocupava com o que estava acontecendo, exceto o leão, que "olhava tudo desconfiado e murmurava: os competentes peludos eram péssimos trapezistas".

A desconfiança do leão ficou ainda maior quando o domador também foi dispensado e outro peludo virou domador. Mas aí o público – que já tinha certeza de que tudo aquilo poderia ser qualquer coisa, menos um circo – começou a escassear, e o circo foi empobrecendo.

Assim, o melancólico final, relatado por Moisés, se dá da seguinte maneira: o leão devora o dono do circo. Preso e levado para interrogatório na delegacia – "em alguns circos o leão também fala", justifica-se Moisés –, o felino explicou o seu gesto: "Comi-o porque ele iria acabar com nosso negócio". E, quando o delegado pulava da cadeira, abria os braços e gritava "Eureka!", o leão saltou e também engoliu o delegado.

Mesmo que a revelação tenha sido formulada por Sant'Ana já no novo milênio, há muito tempo que ele se amparava nessa percepção cristalina que o texto do colega Moisés Mendes confirmava. Ou seja, se a alta cúpula da empresa atravessava momentos de transições, a redação – o ambiente onde Sant'Ana mais circulava – era a mais afetada pelas mudanças.

Para Sant'Ana, havia sido durante um desses períodos de ebulição – no final dos anos 80 – que começara a se desenhar a troca mais relevante da sua trajetória profissional, com ele passando a ocupar um posto que tanto almejava: o de titular de uma coluna de assuntos diversos na penúltima página de *Zero Hora*.

Com o vazio representado pela morte de Carlos Nobre e do espaço que ele ocupava na penúltima página, a direção da RBS precisou buscar uma solução instantânea. Assim, a antepenúltima e a penúltima páginas do jornal foram incorporadas à editoria de Esportes. A antepenúltima passou a ser ocupada por Sant'Ana e pela Bola Dividida, coluna de pequenas notas e informações esportivas. Já a penúltima página passou a abrigar as colunas de Hugo Amorim e de Lauro Quadros. O primeiro, assim como Sant'Ana, era um homem ligado profissionalmente à polícia civil, porém identificado clubisticamente com o Internacional, do qual foi ex-dirigente. A parte superior seria destinada à charge de Marco Aurélio.

Esse modelo seria mantido até dezembro de 1989. No mês que o Brasil decidiria quem seria seu primeiro presidente eleito democraticamente desde 1960, com Fernando Collor (PRN) derrotando Lula (PT), *Zero Hora* também sofreria alterações, com mudanças editoriais e um novo projeto gráfico. A editoria de Esportes perderia as duas páginas que havia ganhado três anos antes, e, assim, a antepenúltima seria ocupada pelo colunista Mendes Ribeiro e pela seção de cartas. E a penúltima, finalmente, seria dominada por Paulo Sant'Ana, dividindo o latifúndio impresso apenas com uma pequena coluna dedicada à previsão do tempo.

Apesar da demora na decisão editorial, Nelson reconheceu 35 anos depois que ele e os demais integrantes da cúpula da RBS – Jayme Sirotsky, Fernando Ernesto Corrêa e Marcos Dvoskin – estavam convencidos de que o Sant'Ana deveria ter uma coluna em que pudesse tratar de todos os assuntos e que essa coluna ocupasse o espaço da penúltima página de *Zero Hora*. "Entre nós sempre houve consenso, não havia nenhuma dúvida de que o titular deveria ser o Sant'Ana", garante Nelson.

Marcos Dvoskin – já então ocupando um cargo na superintendência na RBS – também confirma que, mesmo com a demora para que a decisão fosse tomada pela cúpula da empresa, já havia um entendimento de que Paulo Sant'Ana seria o nome escolhido para ocupar a penúltima página de *Zero Hora*. "Todos nós sabíamos que ele era o nome mais óbvio – a começar por ele mesmo", conta Marcos, lembrando a intensa campanha feita pelo próprio Sant'Ana junto a ele, a Nelson e a Fernando Ernesto.

Dessa maneira, no dia 20 de agosto de 1989, Sant'Ana se despedia das páginas da editoria de Esportes, seu lar por 18 anos. Com o título "Mudando de conversa", Sant'Ana anunciava sua transferência e alertava os leitores: "Não estranhe a edição de amanhã deste jornal".

"É com um toque nostálgico que deixo o Esporte", escreveu. "Vou para um espaço mais amplo, uma busca de liberdade, um local onde poderei alçar voos que já venho ensaiando há algum tempo", sinalizando o que o futuro profissional indicava a ele, deixando a porta aberta para sua primeira e mais constante paixão jornalística: "Evidentemente que também escreverei sobre esporte, afinal o futebol está enraizado no meu ser". E em seguida lembrou algumas das tristezas e das alegrias pelas quais passou: "Aqui sofri, como um espectro dantesco, oito anos de amassante superioridade do Inter sobre o Grêmio, humilhação que nem sei como consegui profissionalmente resistir. Mas aqui também cheguei à glória participativa de ver meu Grêmio arrabaldino tornar-se o maior clube terráqueo no imortal triunfo de Tóquio e do Renato estimulado pelos meus neurônios".

Aproximando-se do final do texto, Sant'Ana jactou-se de ter influenciado e/ou causado o surgimento de repórteres, editores e colunistas. "O Antônio Britto, hoje deputado federal, foi trazido pela minha mão, quando ainda era menininho, para ser repórter esportivo", afirmou. "O Ibsen Pinheiro, hoje deputado federal, foi contratado para ser colunista com a finalidade de contrabalançar a força emergente da minha coluna gremista", acrescentou, para logo em seguida emendar: "Com a saída dele, o monstro sagrado Cid Pinheiro Cabral substituiu-o como pena vermelha a equilibrar a rivalidade". E finalizou dizendo que "também foi pela minha mão que o Hugo Amorim veio escrever aqui" antes de agradecer a oportunidade que recebeu de Mendes Ribeiro e José Antônio Ribeiro, os dois editores de Esporte que abriram seus espaços para que ele escrevesse.

Ao encerrar, Sant'Ana, demonstrando emoção, explicava: "Então eu saio do Esporte com uma ponta de remorso e de saudade". E comparava: "Como uma filha que casa, dominada por um valor mais atraente, mas que nunca deixará de coexistir com seu lar materno. E convicta de que o casamento dará certo, até mesmo porque morará numa casa da mesma rua, apoiada pelo afeto da família original". E convidava o leitor: "Vem comigo".

De maneira surpreendente, Sant'Ana faria sua estreia no novo espaço – onde teria total liberdade para abordar qualquer assunto – falando de... futebol.

Tratando sobre um jogo do Grêmio contra o Flamengo realizado na véspera, Sant'Ana pouco se deteve ao resultado e dedicou um grande espaço da primeira coluna a um personagem que despertava sua atenção: Assis. A jovem revelação das categorias de base gremista era, aos 17 anos, saudada por Sant'Ana como "um dos maiores jogadores brasileiros de todos os tempos", e, como se previsse futuros imbróglios, o colunista profetizava que ele só sairia do time "como Renato e Valdo, malditamente, em troca de milhões de dólares".

Roberto de Assis Moreira não confirmaria as melhores previsões de Sant'Ana. Teve, sim, algum protagonismo naquele Grêmio do final dos anos 80, mas – como o colunista adivinhara – seria negociado com um time europeu, no caso o Sion, da Suíça, onde viveria grande parte da sua carreira. No seu futuro profissional, o jogador teria posteriores passagens apagadas pelo Vasco, pelo Fluminense e pelo Corinthians.

Assis ganharia grande destaque depois de largar o futebol e se transformar em empresário do irmão caçula, Ronaldinho, também revelado pelo Grêmio. Na nova função, ele foi decisivo na transferência do irmão para o Paris Saint-Germain, com Ronaldinho assinando um pré-contrato às escondidas e sem o aval do Grêmio. Por esse episódio – e alguns outros episódios posteriores, que serão logo abordados –, Sant'Ana nunca perdoou a família.

Mas voltando a 1989, quando Sant'Ana mudou de página e o Grêmio viveu uma boa fase, o então presidente tricolor Paulo Odone Ribeiro lembra como foi o seu convívio com Paulo Sant'Ana naquele período.

Gaúcho de Porto Alegre, o advogado Paulo Odone Araújo Ribeiro entrou para o Grêmio como conselheiro em 1969, e suas primeiras funções no clube estiveram ligadas ao Departamento Jurídico. Dali, passou para a vice-presidência de futebol e foi eleito presidente em janeiro de 1987, o primeiro dos seus cinco mandatos. Foi ainda vereador em Porto Alegre e deputado estadual, também por cinco mandatos.

Paulo Odone recorda que a relação que Paulo Sant'Ana tinha com quase todos os dirigentes gremistas era bipolar, sempre envolvendo amor e ódio, quase que em iguais medidas. "Se ele gostava daquilo que o dirigente havia feito, ele apoiava, dizia que estava certo", explica. "Se ele não gostava, ficava enfurecido e passava a atacá-los em seus espaços no rádio, na TV e no jornal." Para o ex-presidente gremista, a convivência com o comentarista nunca foi muito fácil. "Era preciso aguentá-lo com toda sua espontaneidade, mas também com a capacidade que ele tinha de explodir a qualquer momento."

Paulo Odone cita dois exemplos dessa bipolaridade extrema. A primeira pelo lado bom: ele conseguia como ninguém incendiar a massa gremista. As opiniões de Sant'Ana encontravam eco na torcida e, assim, tudo o que ele falava era facilmente assimilado, da mesma maneira que ele sabia pegar o sentimento da torcida e traduzi-lo em forma de comentário.

Para o exemplo negativo desse tipo de comportamento, Paulo Odone lembra de um momento específico. "Em 1989", na segunda passagem do dirigente pela presidência do Grêmio, "Sant'Ana estava insatisfeito com os resultados e classificou a equipe como um 'time vagabundo'", conta. "Em que pese uma declaração como essa amplifique o que determinados focos da torcida pensam, junto aos jogadores, a boleirada, uma manifestação dessas gera revolta", completa. "Aí é preciso administrar o vestiário para que o ambiente não fique contaminado", ensina.

Mas aí, em setembro daquele ano, o Grêmio conquistou sua primeira Copa do Brasil, derrotando o Sport Recife no Estádio Olímpico por 2 a 1, com gols de Assis e Cuca. "Sant'Ana mudou completamente", conta Paulo Odone, que lembra que recebeu um telefonema do cronista sugerindo que os dois dessem uma volta olímpica no estádio para comemorar o título. "Só duas pessoas no Rio Grande do Sul podem dar essa volta olímpica: eu e tu. Somos os únicos incriticáveis", definiu Sant'Ana. O presidente recusou o convite. Na mesma época, os dois participaram de um programa esportivo e a apresentadora cobrou no ar de Sant'Ana o fato de ter classificado a equipe como "time vagabundo" e agora estar ali ao lado do presidente, comemorando. Sant'Ana, lembra Paulo Odone, escapou pela tangente dizendo que havia usado o termo "vagabundo" para mexer com o orgulho da direção, para que eles reagissem.

Menos de uma década depois, em maio de 1998, Paulo Odone, então deputado estadual, propôs na Assembleia Legislativa uma homenagem pelos 34 anos de *Zero Hora*. Em seu discurso, o ex-presidente destacou, entre tantas, a figura de Paulo Sant'Ana, classificando-o como "um homem muito talentoso, por todos reconhecido". Paulo Odone prosseguiu em sua fala reconhecendo Sant'Ana como o "gremista declarado, fanático, e que escrevia a coluna futebolística provavelmente mais lida de todos os jornais". Antes de concluir, o ex-presidente tricolor mais uma vez destacou como se dava esse convívio, por vezes tão conturbado: "Ele causava aquela relação maravilhosa de paixão, de ódio e de amor do torcedor pelo seu clube, por sua direção". E concluía: "Muitas e muitas vezes a sua posição talentosa, bonita e apaixonada era terrível para nós enquanto presidente e instituição".

———

Nas suas crônicas, Paulo Sant'Ana falava de tudo – problemas da cidade, política nacional, polêmicas antigas ou pontuais, saudade da mãe e dos amigos, sabores da infância –, e em todos os aspectos ele era autorreferente. O autor Paulo Sant'Ana tinha no personagem Paulo Sant'Ana sua maior inspiração.

Assim como tudo que Sant'Ana dizia na televisão era no improviso e ao vivo – "Se eu tiver que me emocionar, me emociono na hora. Se usasse o *teleprompter*, me emocionaria no momento em que estivesse escrevendo, poupando os telespectadores, depois, do meu emocionalismo" –, com a coluna ocorria o mesmo fenômeno. "Os meus mais memoráveis comentários foram quando fiz rir ou fiz chorar", reconhecia o cronista, lembrando que certa vez ele escreveu um texto, num domingo de Dia das Mães, em que contava a história de ter perdido a mãe com apenas 2 anos de idade. "Ela faleceu de pneumonia e eu e meu irmão de um ano de idade ficamos órfãos." Ao final, Sant'Ana arrematou: "Quando escrevi que tudo que fazia na vida visava à oportunidade ansiada de um dia poder reencontrar-me com minha mãe e conhecê-la numa outra e futura vida, o Rio Grande chorou comigo naquele dia".

No Dia das Mães de 1991, um domingo, 12 de maio, Sant'Ana admitiu em sua crônica que aquela data era muito dolorosa para ele. "Esta felicidade que consiste em ter mãe ou pelo menos possuir uma lembrança nítida e encantadora é muito mais valorizada por mim do que pelas pessoas que a desfrutam." Sant'Ana ainda contaria no texto que uma de suas maiores dores era não ter nenhuma recordação da mãe, "qualquer gesto ou palavra que me tenha dirigido". Era, na definição dele, um vazio irrecorrível, que se agravava ainda mais pelas fotografias desbotadas que ele e alguns outros poucos parentes possuíam. "Elas não me dizem absolutamente nada, quando eu sei que minha mãe, se tivesse existido, me significaria tudo."

E o final da crônica era ainda mais impactante. "Às vezes eu penso que os meus caminhos pela vida são apenas vagas, indecisas e aflitas perambulações para encontrá-la."

Exato um ano depois, no Dia das Mães de 1992, Sant'Ana retomaria o tema que tanto o afligia. "Eu chorei, pela primeira vez na minha vida, quando minha vida cambaleou: minha adorável tia Manoelita, que me criava desde que minha mãe morreu, quando eu tinha apenas dois anos, seis anos depois me revelou que não era minha mãe, era minha tia."

A pouca memória que Sant'Ana tinha a respeito da mãe ganhou um aditivo especial em junho de 2000, conforme relato feito pelo próprio cronista no texto do dia 21. Sant'Ana escreve: "Foi eu dizer que não conheci minha mãe, que faleceu quando eu tinha dois anos de idade, que me telefonou uma senhora chamada Arminda, com 75 anos de idade". Ele prossegue: "Ela conheceu minha mãe, segundo me disse ontem. Tinha então 13 anos menos que minha mãe, mas encontrou-se com ela várias vezes, pois tinham uma madrinha comum, que dava atenção devotada a elas".

Sant'Ana estava claramente emocionado com as lembranças e ficou ainda mais abalado quando Dona Arminda assegurou que a mãe dele "colecionava e decorava sonetos e que ela vivia cantarolando as valsas, as modinhas e as serenatas da época, em 1935, quatro anos antes de eu ter nascido".

Ainda impressionado, Sant'Ana confessava aos leitores ser impossível "calcular a comoção que se apoderou de mim ao ouvir pelo telefone as canções cantadas por minha mãe na voz ainda afinada de Dona Arminda".

Para ele, essa revelação era a prova concreta da sua capacidade de manter intactos e decorados cerca de 180 sonetos de Olavo Bilac, Augusto dos Anjos e Guilherme de Almeida. "E podem então os meus leitores calcular a minha perplexidade em só agora descobrir a origem da minha façanha de saber cantar mais de 2 mil músicas do cancioneiro nacional", exagerava. "Dona Arminda me arrancou lágrimas quando me disse que cansou de ver minha mãe passear pelas ruas do Menino Deus comigo sentado no carrinho de bebê que ela empurrava."

Sant'Ana confessa desconfiar de que seu pai pouco lhe contava sobre sua mãe pelo fato de já estar casado com sua madrasta e assim não permitir que quaisquer recordações do primeiro casamento abalassem a sua reconstrução conjugal e familiar. "Mas Dona Arminda me contou bastante e não sabe a felicidade que me proporcionou ao conhecer um pouco quase bastante de minha mãe, que se afastou de mim bem antes que eu tivesse raciocínio."

Uma das últimas vezes que Sant'Ana abordaria o tema materno seria na crônica "A mãe que não temos", publicada em novembro de 2013.

O gancho para a memória foi a ida de Sant'Ana ao velório da mãe de um colega, o radialista Cléber Grabauska. Sant'Ana começava se explicando: "Sempre que posso, compareço ao enterro de mães de meus amigos ou colegas. É uma forma de reparar o fato de que eu não pude comparecer ao enterro de minha mãe, Nair Neves Sant'Ana, pois eu tinha apenas dois anos de idade".

No texto, Sant'Ana volta a lamentar o fato de não ter ideia de como era a própria mãe e de como essa ausência fez com que ele vivesse uma eterna agonia de nunca ter conversado com ela, "de ter sabido de suas aflições e prazeres".

Como sempre, as crônicas de Sant'Ana sobre esse assunto traziam alta carga de emotividade. "Não guardo nenhuma lembrança de minha mãe. Não sei como era sua voz e não me lembro dos beijos que ela certamente me dava."

Ao final, suplicando aos deuses, Sant'Ana encerrava o texto implorando que "se existe céu, como creem os crentes, é lá que me encontrarei contigo ao lado do Senhor" e exultava com a possibilidade dessa proximidade nunca alcançada: "E que festa a do nosso reencontro, minha mãe querida, que festa! Os céus retumbarão quando me revires!".

Um relato mais escancarado sobre suas relações familiares Paulo Sant'Ana faria na coluna de 25 de abril de 1994. Sant'Ana escreveu que algumas das pessoas que ele mais amava duvidavam que ele sentisse por elas algo assim tão forte e indestrutível. A explicação, o próprio cronista dava: "não os visito ou não lhes dou a atenção correspondente a tão imensa e imorredoura estima".

Sant'Ana também confessou ser desatencioso, admitindo que "O que me falta é aquele método sentimental de ir ao encontro dos meus melhores afetos".

Deixando de lado as lembranças mais genéricas, Sant'Ana – ainda no mesmo texto – resolveu lembrar de como pouco contato tinha com os dois filhos do seu primeiro casamento, com Ieda, já então adultos. O primeiro a ser citado foi Jorge, então com 23 anos. Para reparar sua pouca atenção, Sant'Ana contou que, dois dias antes, havia ido ao cinema com o filho e a noiva dele, Gigi. "Depois fomos comer pizza na Nilo Peçanha, reduto mais agitado e puro da juventude porto-alegrense." Sant'Ana parecia tão à vontade em seu relato sobre o passeio feito ao lado do casal, que revelou que – por brincadeira – sugeriu que o filho e a noiva fossem no banco de trás do carro, com ele dirigindo à frente. "Centenas de jovens ficaram abismados comigo travestido de motorista de luxo de um mimado parzinho de namorador. Até aplausos recebi da garotada", narrou.

Sobre a filha, Fernanda, então com 25 anos e já mãe de Gabriel, neto mais velho de Sant'Ana, o cronista também se penitenciou pela pouca atenção, justificando a sua atitude pelo fato de ela morar em Pelotas. Mas ele reconheceu que deveria "percorrer estes 250 quilômetros, no mínimo, de 15 em 15 dias". "É verdade que não tenho tempo para visitar os meus amores, mas tempo a gente sempre arranja."

Se os dois filhos ocuparam a primeira metade da coluna de Paulo Sant'Ana, a segunda metade foi toda ela dedicada à madrasta, Zica. À época, ainda viva, "Zica mora aqui no Partenon, tem 75 anos, ficou viúva de meu pai há 15 anos – e eu só fui visitá-la uma vez". No texto, Sant'Ana lembrou o convívio com Zica, as comidas que ela preparava para ele, e encerrou a crônica prometendo: "Eu juro que esta semana vou aí te dar um beijo de desafogo dessa saudade abrasada". E concluiu: "Que vão às favas os meus deveres. Meu único dever é com meu coração".

Um relato mais completo sobre quem fazia parte de sua família, em especial as mulheres que o cercaram, o próprio Sant'Ana resumiria quase 20 anos depois, na coluna "Mulheres", publicada no dia 8 de março de 2013: "Nada mais apropriado que, sendo esta sexta-feira o Dia Internacional da Mulher, eu arrole nesta coluna todas as mulheres que foram nesta vida significantes para mim", escreveu o colunista. "A começar por minha mãe, que morreu quando eu tinha apenas dois anos de idade, daí que carrego um estigma terrível: não me lembro da figura da minha mãe. Mas em breve não há dúvida de que me encontrarei com ela, no céu, lugar merecido, é certo, por minha mãe."

A seguir, Sant'Ana elencava o aparecimento de duas tias, irmãs de seu pai, Nila e Lita. "Foram elas que embalaram o meu destino", declara. Quando seu pai se casou novamente, foi a vez da madrasta, Dona Zica, "a minha primeira cozinheira, que lavava minha roupa e engraxava os meus sapatos com aqueles cuidados de uma verdadeira mãe".

Na sequência, Sant'Ana destacou "minha ex-mulher, Ieda", com quem teve "dois filhos mimosos, entre eles uma mulher importante em minha vida, minha filha Fernanda. Ieda foi também importantíssima em minha vida". Por fim, Sant'Ana registrou a "segunda e atual mulher, creio que última: Inajara". No texto, ele reconhece que a ela "coube o papel mais espinhoso: cuida da minha velhice, administra as minhas manias, vela os meus desmazelos e serve, nas noites e nas madrugadas, de minha enfermeira". E destaca: "Com ela, tive e tenho uma filha, Ana Paula, filhinha querida do papai".

O relacionamento com Inajara nunca impediu Sant'Ana de manter uma vida independente. "Ele vivia muito na rua, chegava sempre tarde". Sobre as festas, por exemplo, na casa de Nelson Sirotsky, Sant'Ana ia com frequência. "Eu era convidada, mas quase nunca ia. Não me sentia à vontade." Tamanha liberdade dava total permissão a Sant'Ana para assediar (e de ser assediado por) outras mulheres. "Ele sempre foi muito mulherengo. Ele aprontava muito e, muitas vezes, eu peguei ele aprontando", recorda Inajara, garantindo que nunca ficou passiva. "Quando eu via que estava acontecendo algo errado, eu partia para cima, me botava nas mulheres. E avisava ele: 'Contigo, eu me acerto em casa, mas elas, se eu deixar que escapem, eu não pego mais'."

Porém, apesar desse prontuário de Sant'Ana, a relação entre os dois se mantinha. "Nunca falamos em separação. Ele não tocava nesse assunto, eu também não. Ele dizia que uma separação era sempre traumática." Inajara recorda a única exceção: "Certa vez, ficamos separados. Durou oito dias. Eu saí e fui para um outro apartamento, no Menino Deus. Aí ele foi me buscar e eu disse: 'Eu vou voltar para ti, mas é por causa da minha filha'".

Para se preservar, Inajara jamais costumava ler a coluna do marido. "Eu nunca lia. Não queria me incomodar. Só lia quando alguém me ligava e dizia 'Olha o que teu marido escreveu'."

Da mesma forma que buscava emocionar e ser amparado, Sant'Ana muitas vezes demonstrava uma racionalidade, como escreveu na coluna "Vergonha no coração", de 2 de julho de 2007: "Eu tenho um amigo que é a favor da pena de morte, a favor do aborto, a favor da cota racial, a favor dos carroceiros, a favor da liberação das drogas, a favor do desarmamento". E, admitindo sua ignorância, suas inseguranças, o cronista escreve: "Não sei como é que ele consegue ter opinião firme sobre esses seis assuntos. Qualquer pessoa normal terá dúvidas sobre esses impasses dialéticos". Ao final, Sant'Ana encerra sua análise abrindo seu coração: "Eu vou lhe dizer com toda a sinceridade: me divido em todos. Sou a favor da pena de morte, mas Pablo, que vive dentro de mim e é uma espécie de meu alter ego, é contra. Em última e apressada análise, em todas essas polêmicas, a luta que se trava é entre a razão e o sentimento, entre o cérebro e o coração. A razão nos impele para um lado, o coração nos puxa para o outro".

Essa é mais uma demonstração de como, para Sant'Ana, a coluna era um organismo vivo que ia se formando e se constituindo ao longo das 24 horas que separavam uma da outra. Mesmo distante, Sant'Ana estava com os radares permanentemente ligados. "Ele ficava horas na minha sala e até dormia no sofá em meio a reuniões", lembra o ex-diretor de Redação, Ricardo Stefanelli. "Nenhum colega parecia estranhar a cena, independente da pauta a ser tratada, até porque seu ouvido era discreto, e sua audição, seletiva", acrescenta. "Cansei de chegar na minha sala e ter que entrar sem fazer barulho para não acordar o Sant'Ana, que estava dormindo no sofá", diz Pedro Sirotsky.

Um depoimento semelhante e ainda mais completo é dado por Fernando Ernesto Corrêa, que – em uma das reformas dos gabinetes do andar da diretoria – solicitou a compra de um sofá especial para sua sala apenas para que Sant'Ana fizesse a sesta depois dos almoços.

A situação era invariável. Sant'Ana, logo que acabava o *Sala de Redação*, saía do programa e ia almoçar no restaurante dos executivos, no sétimo andar do prédio anexo ao das redações de *Zero Hora* e da Rádio Gaúcha. Lá, Sant'Ana, invariavelmente, chegava com um assunto pronto para comentar com a diretoria: como havia sido a sua performance no programa.

Pedro Sirotsky conta que esses almoços eram inesquecíveis. Embora, pelo horário, já fosse o momento em que os executivos estavam deixando o restaurante, valia, ainda segundo Pedro, ampliar o almoço apenas para acompanhar a performance de Sant'Ana. "Primeiro porque ele ia ao bufê e se servia de tudo, não tinha critério: massa, carne, peixe, arroz, feijão. Ele não era seletivo em nada." Depois, complementa Pedro, ele começava a brilhar com seus comentários e opiniões. "Aquilo sim era uma verdadeira sobremesa para todos nós. Ele dava um *show*."

Após a refeição, ele se dirigia ao gabinete de Fernando Ernesto, um andar abaixo, acomodava-se no espaçoso sofá de couro de quatro lugares e dormia. Do mesmo modo que Stefanelli narrou, Fernando Ernesto acrescenta que nada abalava o sono de Sant'Ana, tampouco a presença dele causava estranhamento nos visitantes. "Eu recebia pessoas de dentro e de fora da RBS, empresários e políticos, por exemplo, e todos se reuniam comigo com o Sant'Ana descansando no fundo da sala", conta.

Essas sestas eram inspiradoras, o que permite supor que algumas colunas nasciam de seus sonhos. "Às vezes, ele acordava e saía da sala rumo ao computador. Acabara de ter uma ideia", recorda Fernando Ernesto. "O Sant'Ana só descansava a cabeça quando 'Achava o ponto'. Só assim ele sossegava", completa Stefanelli, que, como resultado dessa súbita inspiração, precisava esvaziar o cinzeiro que Sant'Ana, às pressas, abandonava.

Além de Fernando Ernesto, Sant'Ana também consultava Marcos sobre determinados aspectos da coluna: temas que deveriam ser explorados, fatos que mereciam ser ressaltados. Esse convívio se dava pautado pela amizade. Marcos reconhece que era muito mais procurado por ser amigo do que por ser um dos patrões.

Marcos acrescenta ainda que Sant'Ana tratava a própria coluna como um gol. "Ele via cada texto como uma oportunidade única, o momento em que ele podia se destacar e, ao mesmo tempo, ajudar outras pessoas." Por isso, opina Marcos, embora não parecesse, Sant'Ana era muito aplicado, estudando bastante os assuntos que abordava e se esforçando para passar para o texto a experiência que ele havia tido. "Esse comportamento era bem distante, não combinava com a figura irreverente e amalucada que ele quase sempre encarnava."

Por fim, nessas andanças pelo andar da diretoria, Sant'Ana também pescava algo para a coluna na sala de Jayme Sirotsky. "Muitas vezes eu sentia que ele estava me testando com a sua conversa", confirma Jayme. "Ele buscava alguns ganchos para a coluna. Quando não conseguia, ele não perdia a viagem e me convidava a cantar ou a recitar um verso. Isso nos unia: o gosto por conhecer e recitar poesia."

No dia 20 de julho de 2013, Paulo Sant'Ana abriu a sua coluna com a seguinte nota: "Comecei assim, anteontem, meu discurso, por ocasião do aniversário de Fernando Ernesto Corrêa, o fundador da confraria: 'Amigos, depois de tomar estas cervejas vou para casa. E lá serei recebido com beijos, carinhos e toda a sorte de atenções por minha mulher. O que significa isso? Significa só uma coisa: que errei de casa'. Gargalhada geral com a piada que iniciou o meu discurso".

Além do carinho que nutria por Fernando Ernesto, seu amigo desde que entrou para a RBS, Sant'Ana era um alucinado por confrarias. E essa confraria, no caso, surgiu por inspiração do Paulo Sant'Ana, confirma Fernando Ernesto. "Foi uma forma que eu arranjei para combater a extrema solidão que ele sentia." O acionista do Grupo RBS explica: "O Sant'Ana, apesar de viver cercado por admiradores – mais de um milhão de leitores, ouvintes e telespectadores que o veneravam –, era uma pessoa muito solitária e, por isso mesmo, carente de relações pessoais".

Fernando Ernesto prossegue: "como era um peripatético, não parava em lugar algum, nem em casa. Sentia necessidade de ter sempre pessoas com ele, com quem pudesse conversar e caminhar ao redor". Para o amigo, a solidão de Paulo Sant'Ana – "e aí me atrevo a fazer uma análise", diz ele – vinha de uma infância muito sofrida, com um pai violento. E conclui: "Assim, o Sant'Ana sempre me procurou, viu em mim um amigo, um companheiro, e insistia para que fizéssemos almoços e jantares".

Para Fernando Ernesto, a ideia se consolidou em determinado momento, quando ele reparou que Sant'Ana estava muito próximo também do Paulo Sergio Guedes, que, "por coincidência, tinha a mim e a ele como pacientes". Desse núcleo, que aí se soma o Marco Antônio Campos – ex-integrante do departamento jurídico da RBS, onde trabalhou entre 1982 e 2000, e também outro que havia sido paciente do Paulo Sergio –, surgiu o embrião da confraria. Dessa maneira, esse grupo passou a se encontrar periodicamente, em média uma vez por mês, para almoços ou jantares. Isso foi há mais ou menos 25 anos.

A Confraria do Fernando Ernesto – com local variável e sem data fixa – era formada pelos seguintes integrantes: Afonso Motta (ex-diretor da RBS, deputado federal), André Difini Leite (advogado), Bebeto Oliveira (advogado e proprietário do restaurante Fazenda Barba Negra), Carlos Otaviano Brenner de Moraes (advogado), Cláudio Brito (promotor aposentado, radialista), Claudio Ryff Moreira (empresário), Ernani Back (administrador de empresas), Frederico Guariglia (advogado), José Barrionuevo (jornalista), José Dubin (empresário), Leco Costa (corretor de imóveis), Lipe Becker (advogado e empresário), Luiz Carlos Lopes Madeira (advogado), Márcio Pinheiro (jornalista), Marco Antônio Campos (advogado), Marcos Dvoskin (ex-diretor da RBS, empresário), Paulo Costa (advogado), Paulo Odone (advogado, ex-presidente do Grêmio), Paulo Sergio Rosa Guedes (psicanalista), Paulo Prates (médico cardiologista), Paulo Tonet Camargo (advogado e vice-presidente institucional do Grupo Globo), Valdir Loeff (publicitário) e Werner Becker (advogado), bem como pelos os falecidos Ibsen Pinheiro (ex-presidente da Câmara dos Deputados), Paulo Sant'Ana (comunicador e colunista da RBS) e Teori Zavaschi (ministro do Supremo Tribunal Federal). Devido à pandemia, o último encontro foi realizado em novembro de 2019.

Outra confraria da qual Sant'Ana se aproximou foi a Confraria da Caveira Preta, que era formada quase que exclusivamente por jornalistas, como Jones Lopes da Silva, David Coimbra, Wianey Carlet, Flávio Dutra, Ademir Fontoura, o Ximba, e Emanuel Mattos.

Uma curiosidade com relação a essa confraria foi o reencontro de Sant'Ana com Flávio Dutra. Chefe da editoria de Esportes na Rádio Gaúcha, Flávio, do convívio diário com Sant'Ana, soube pelo cronista que os dois haviam se conhecido quase duas décadas antes. Os pais de ambos – Dastro, de Flávio, e Cyrillo, de Sant'Ana – foram contemporâneos na Brigada Militar. Entusiasmado com a lembrança, Sant'Ana recordou que conhecera os Dutra. Foi quando, no início da década de 50, Dastro convidou o colega para um almoço na casa da família. Cyrillo e o adolescente Paulo Sant'Ana foram recebidos pelo casal e pelos oito filhos. Mas, antes que a macarronada fosse servida, houve um momento que ficou gravado na memória de Sant'Ana, como ele mesmo confessou a Flávio naqueles dias. Ele ficou impressionado com o fato de que a família rezava antes das refeições. "E todos sabiam a reza. Aquilo me marcou muito", contaria Sant'Ana.

Flávio Dutra conta ainda que, entre os inúmeros traços da personalidade de Sant'Ana, estava o fato de que ele costumava ir muito a velórios e, quase sempre, demonstrava interesse em participar da condução do caixão funerário. Essa foi uma das causas para que Sant'Ana pedisse – "Quase implorasse", destaca Flávio – para fazer parte da Confraria da Caveira Preta.

A confraria se destacava por um detalhe mórbido: ao início de cada ano, eles elaboravam uma lista em que tentavam adivinhar, em voto secreto, quem iria morrer naquele ano. Cada confrade tinha direito a 10 votos e quem acertasse o maior número de vítimas não pagava o jantar de fim de ano. Valia incluir desafetos, gente pela bola sete e personalidades em geral. Os indicados não podiam ser repetidos nas diferentes listas e havia uma única regra: não podiam ser votados nomes da própria confraria. Esse teria sido o principal motivo para Sant'Ana exigir seu ingresso no grupo. De tanto ter sido incluído em listas anteriores, Sant'Ana rogou participar da confraria e ganhar imunidade. Aceito pelos confrades, ele chegou a participar do jantar de fundação, mas logo se afastou. Só retornou, tempos depois, quando ficou sabendo que seu nome voltara a figurar nas listas. Aí voltou a frequentá-la.

Sant'Ana costumava dividir com amigos e leitores a dificuldade que tinha para escrever uma coluna, contando que geralmente começava a pensar no que iria escrever por volta das duas da tarde, depois do almoço, mas sabia que quase sempre a coluna só ia sair depois das sete, oito da noite. "É uma agonia eu achar assunto para a minha coluna", confessava, para logo em seguida lamentar. "Não sou como o Moacyr Scliar, que escreve uma coluna em dez minutos, e sobre qualquer assunto."

Sant'Ana também dizia não saber de onde vinha a inspiração, tratando isso como se fosse algo mediúnico. Gostava de invocar um samba de João Nogueira e de Paulo César Pinheiro, *Poder da Criação*, que falava em "uma luz que chega de repente, com a rapidez de uma estrela cadente acende a mente e o coração". Ainda assim, logo depois concluía, usando outro verso do mesmo samba: "Chega a nos angustiar".

Em suas divagações, Sant'Ana ainda contava que, quando alcançava a inspiração e tinha a sacada de uma grande coluna, sentia-se "incendiando de prazer" e ficava "ébrio de gozo". O colunista gostava muito de se comparar aos colegas, lembrando que Luis Fernando Verissimo, em determinado momento da carreira, pediu uma trégua e passou a escrever menos, apenas duas vezes por semana. O mesmo ocorria com Millôr Fernandes, que escrevia ainda menos, apenas uma vez por semana.

Mesmo com esses exemplos, Sant'Ana não pensava em diminuir o ritmo, nem mesmo em temporadas de descanso. Ele gostava de contar na própria coluna que eventuais férias ele tirava apenas dos meios eletrônicos, o rádio e a televisão. Da coluna, não, pois ela era feita, segundo sua definição, com tal amor e dedicação que não admitia qualquer espécie de separação, e dizia ainda que à coluna ele se entregava sem sentir fastio, com a serenidade dos crentes, para quem a fé era interminável.

Anos depois, confessou: "Um dia tirei férias e decidi não escrever as colunas", contou na entrevista concedida a Ruy Carlos Ostermann. "Aí botaram o David para escrever no meu lugar, um interino priápico", falou, definindo o seu substituto. "Voltei das férias, o tirei da minha cadeira e comecei a escrever nas férias mesmo."

Além do caráter confessional, Sant'Ana tinha ainda uma capacidade de saber o que era notícia e de sentir o clima das ruas. "Sua sensibilidade era um fundamental radar daquela redação, pois ele soube como ninguém estar sempre alinhado ao sentimento do público, mesmo discordando dele em inúmeras vezes e sendo politicamente incorreto em outras", analisa Ricardo Stefanelli. "Era alguém que sem nenhuma espécie de planejamento prévio sabia falar o que as pessoas queriam ouvir", arremata Cláudio Brito. "Sant'Ana não era uma pessoa que se preocupasse com qualquer cuidado com relação ao politicamente correto", conta o médico J. J. Camargo, que chegou a comentar sobre esse comportamento com o cronista e dele ouviu: "Nada dá mais ênfase à história do que ser politicamente incorreto".

"O Sant'Ana não era apenas uma pessoa, era um pacote", dimensiona Antônio Britto, acrescentando que, nessa onda atual de lembrar do João do Rio, seria possível traçar um paralelo do cronista carioca com Sant'Ana. "Ele trazia para as colunas algo que o jornalismo vem perdendo: uma 'voz das ruas', mediada obviamente pelas coisas que ele imaginava ou supunha serem importantes."

Britto vai além, garantindo que quem quisesse usufruir da incrível percepção que Sant'Ana tinha do que era assunto nas ruas de Porto Alegre ou na torcida do Grêmio precisava conviver também com as fantasias, os exageros e os medos dele. Para o jornalista e ex-governador, era preciso saber bem com qual régua o cronista deveria ser medido: "Ele tinha um dom muito especial, muito próprio, de transformar em assunto o que ele pensava ou achava de qualquer fato ou personagem", aponta Britto. E diz: "Aprendi desde cedo que o Sant'Ana não tinha interlocutores, mas plateia", arremata Antônio Britto.

Um exemplo dessa capacidade de ouvir a voz das ruas Sant'Ana exercitou em junho de 2013, quando as manifestações populares se espalharam pelo Brasil, com uma pauta que extrapolou a questão do transporte coletivo. Nesse período, Sant'Ana publicou uma série de colunas sobre o tema e, no dia 17 daquele mês, escreveu: "Há no ar uma revolta que antes era surda e agora se esparrama pelas ruas corajosamente, enfrentando ora os excessos policiais de violência, ora justificadas intervenções das polícias contra atos de vandalismo".

No texto que escreveu em *Zero Hora* como obituário de Sant'Ana, Moisés Mendes também destacou o olhar aguçado para os temas do cotidiano que o cronista tinha e de como esse olhar, essa percepção, o aproximava dos mais variados leitores. "Ele recebia cartas, atendia telefonemas com os mais estranhos pedidos. Como o da mulher que o procurou no fumódromo do jornal e perguntou: 'Posso falar com você aqui?'. 'Sim, aqui é o meu escritório', disse ele. E a mulher passou a explicar que há anos brigava por uma indenização por causa de um implante de silicone malsucedido." Sant'Ana prometeu ajudá-la, destacou Moisés.

Sant'Ana também fazia atendimentos a distância, como o caso de um comerciante que, em janeiro de 2008, ligou para a redação, falou com a telefonista e explicou que queria apertar a mão de Sant'Ana antes de uma angioplastia, no Instituto de Cardiologia. Informado sobre o pedido, Sant'Ana retornou a ligação e, explicando que não poderia ir ao hospital, acalmou o homem cantando ao telefone: "O senhor quer saber como será sua cirurgia? Escute então: 'A cigana leu o meu destino / E vai chegando o amanhecer / E o realejo diz que eu serei feliz'".

Como se transformou em um fenômeno de mídia valorizando o mundo concreto dos leitores e as emoções características da vida cotidiana, Sant'Ana escancarou uma fragilidade da prática jornalística brasileira em geral: o privilégio dado às fontes oficiais em detrimento do contato direto com a vida coletiva. A repercussão do estilo de Sant'Ana confirma que quase sempre o público (tanto de jornal quanto de rádio e de televisão) deseja uma abordagem mais aberta e plural, que privilegie o cotidiano externo e dedique menos espaço ao que ocorre dentro das redações.

Tamanha identificação com seu público fazia com que Sant'Ana vivesse em constante aflição. "A cada dia sucumbo mais um pouco diante dos meus problemas somados aos problemas dos que me enxergam como um messias moderno, um despachante das dores, um mágico dos desvalidos, um farol dos esperançados. E eu nada posso fazer. A não ser sofrer e sofrer", escreveu ele na coluna do dia 14 de agosto de 1999. "E incrivelmente ainda dizem que ainda não sabem por que ando deprimido. Mas e essa montanha de apelos que jamais serão atendidos nas cartas que recebo?", concluía o colunista admitindo sua impotência. O mesmo tema seria revisitado sete anos depois, em novembro de 2006, quando Sant'Ana de novo revelou sua incapacidade de ser mais útil a quem o procurava: "Para piorar ainda mais o meu equilíbrio emocional e intelectivo, chegam às centenas e-mails dando conta das dificuldades financeira e de saúde das pessoas. Eu temo que assim eu possa vir a desfalecer de tanta desilusão e desespero por me considerar absolutamente – e tecnicamente – incapaz, não de solucionar, mas de ajudar tanta gente e resolver as suas dramáticas encrencas existenciais".

Em outros aspectos, menos solidários, Sant'Ana abordava outros temas. Como a gula, por exemplo, era um dos pecados capitais que ele mais exercitava, Sant'Ana relatava em sua coluna os gostos e sabores dos quais sentia falta. Gostava de contar que era capaz de atravessar a cidade para comer qualquer coisa – um bolinho, uma massa, uma empada, um pastel, que considerava especiais. "Sou tão reacionário às mudanças, que até hoje, depois de 50 anos da implantação, não me conformo com a troca na cozinha brasileira da banha pelo azeite. Nunca mais comi comida tão deliciosa como a que minha madrasta fazia com banha", escreveu ele em dezembro de 2007.

Quando esses delírios gastronômicos eram revelados em seus textos, quase sempre a resposta era instantânea. Dezenas de leitores lhe passavam receitas e dicas de onde era possível encontrar esses prazeres. Alguns até enviavam os próprios produtos: doces, pães, queijos, frutas, carnes. Certa vez, Sant'Ana recebeu uma cuca – aquele bolo caseiro, de origem alemã, quase sempre coberto por alguma geleia de frutas –, colocou o presente no porta-malas do carro e esqueceu de retirá-lo ao chegar em casa. Resultado: formou-se um formigueiro no automóvel.

Quase tão preocupado com o tema de suas crônicas, Sant'Ana também ficava aflito com o alcance que elas teriam. "Eu não posso me repetir dizendo o que todo mundo diz", confessou. Um temor que o afligia era a ânsia que tinha por ter cada vez mais popularidade e audiência, querer mais leitores e ouvintes. "Eu não me contento em ser lido por poucas pessoas, em ser ouvido por poucas pessoas. Eu quero ser lido por todos. Este é o meu lema", disse em entrevista aos jornalistas Marco Antonio Schuster e Julio Ribeiro, ambos da *Revista Press,* no início de 2006. E só se tranquilizava quando usava a si próprio como referência e dizia estar realizado por ter escrito mais de 16 mil colunas.

Márcio Pinheiro | PAULO SANT'ANA | 118

CAPÍTULO 7
PAIXÃO E ÓDIO NOS GRAMADOS GREMISTAS

Foto: Damião Ribas, Agência RBS.

Campeões: o delírio de Sant'Ana com o ídolo, Renato.

Paulo Sant'Ana foi uma das primeiras pessoas a perceber a dimensão de Renato Portaluppi.

Nascido em Guaporé, em setembro de 1962, Renato mudou-se ainda criança com sua família para Bento Gonçalves. Na nova cidade, já adolescente, trabalhou como auxiliar de padeiro e entregador em uma fábrica de móveis. Foi como jogador das peladas da empresa de móveis que Renato chamou a atenção dos colegas e entrou nas categorias de base do Esportivo. Aos 16 anos, ele fez sua estreia pelo clube de Bento Gonçalves.

Curiosamente, o adversário era o Grêmio, que naquela ocasião venceu a partida por 3 a 0. A impressão causada pelo jogador foi boa, e já no ano seguinte – por sugestão de Valdir Espinosa – Renato foi contratado pelo tricolor ainda em idade de jogar pelas categorias de base.

Sant'Ana soube, então, que um novo jogador vinha chamando a atenção nos treinos e começou a acompanhar os jogos preliminares. Fez mais. Passou a convocar os torcedores para que fizessem o mesmo: chegassem mais cedo ao estádio e presenciassem o surgimento de uma nova estrela. "Mesmo antes de ser jogador do Grêmio, eu gostava do estilo de se comunicar do Paulo Sant'Ana", recupera Renato mais de 40 anos depois. "Mas aí, quando ele começou a fazer barulho e a me apoiar, eu passei a gostar ainda mais dele", completa.

Renato lembra que a campanha organizada por Sant'Ana começou a dar certo quase que de maneira instantânea. Porém, o novo jogador só faria seu primeiro gol como profissional em julho de 1982, na vitória de 1 a 0 sobre o Novo Hamburgo, em partida do Campeonato Gaúcho.

Seria o primeiro de muitos.

A partir de então, a pressão de Sant'Ana para que Renato tivesse um lugar no time passou a ser tão intensa que até afetou a estrutura interna do Grêmio: incomodou vários dirigentes e causou a queda do treinador Ênio Andrade, o responsável pelo primeiro título nacional do clube.

"Devo muito ao Sant'Ana", reconhece Renato. "Ele sempre me apoiou, fez pressão para que eu jogasse", recorda. Hoje, Renato se mostra mais compreensivo e garante que, passados tantos anos, ele agora consegue entender melhor a pressão que Ênio Andrade sofria na época: o treinador precisava colocar o jovem jogador no time ao mesmo tempo que sentia necessidade de preservar Tarciso, outro atleta importante para o clube e idolatrado pela torcida. "Tarciso foi decisivo para o Grêmio e fundamental na minha carreira", diz Renato.

A solução para esse impasse só foi encontrada quando Ênio Andrade foi demitido e Valdir Espinosa assumiu como treinador. A partir desse momento, o novo técnico mudou a posição de Tarciso – passou-o para o lado esquerdo – e confirmou Renato como titular da ponta-direita tricolor.

Daí em diante, com Renato como titular, ele e Sant'Ana ficaram muito próximos. Renato não tem de cabeça quando foi formalmente apresentado a Sant'Ana, mas lembra com clareza que nesse período chegou a fazer umas duas ou três visitas à redação de Zero Hora. As visitas rendiam conversas e as conversas rendiam novas colunas. "Pelo menos umas três vezes por semana, eu era o personagem, ele escrevia sobre mim", calcula Renato.

A amizade se aprofundaria a partir da disputa da Libertadores da América de 1983. O Grêmio conquistaria o título, no dia 29 de julho, mas, de maneira impressionante, Renato não seria personagem na coluna escrita no dia seguinte. O único jogador daquele time a ser lembrado pelo colunista seria o zagueiro e capitão Hugo De León. Renato aparece apenas em uma foto secundária na mesma página – a principal destaca o meia Tita – e nem sequer é identificado na legenda.

Ainda assim, a coluna flagraria um Sant'Ana em êxtase. Com o título "Grêmio, meu bem querer", Sant'Ana começava o texto já de forma delirante. "Parece um sonho, Grêmio. Tu te sagraste, ontem, campeão da América", escreveu como se enviasse uma carta aberta ao seu clube do coração. "Terminou naquela apoteose de ontem no Olímpico, que ainda se alastra hoje por todo o Rio Grande do Sul. Que vitória, Grêmio", prosseguiu.

Logo em seguida, o colunista começou a enumerar agradecimentos. Jogadores, treinadores, dirigentes e funcionários: todos eram merecedores da gratidão de Sant'Ana, inclusive figuras do passado, como os ex--jogadores Juarez e Airton, além de ex-presidentes, ex-vice-presidentes e ex-dirigentes.

Já vislumbrando o que poderia acontecer poucos meses depois, Sant'Ana saudava: "A América agora é tua, Grêmio. E o mundo, a Terra, todo o planeta se oferece para ti em Tóquio, em dezembro". Para logo adiante, ainda mais eufórico, completar: "Se fores campeão mundial, Grêmio, eu já disse: bordaremos na tua camiseta o globo terrestre, abaixo dele a frase célebre de Iuri Gagárin, quando viu lá de fora do nosso planeta a imensa esfera em que habitamos: 'A Terra é azul'".

Ao final, também novamente como no texto anterior em homenagem à conquista do campeonato brasileiro, Sant'Ana voltou a cometer um poema, "versos que voltei a fazer depois de vinte anos":

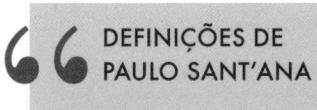

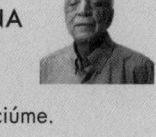

> **DEFINIÇÕES DE PAULO SANT'ANA**
>
> **AMOR**
>
> "O coração não sente ciúme. O coração só ama. Quem sente ciúme é o cérebro. Por isso se diz que o ciúme é coisa da cabeça da gente."

"*Grêmio, meu bem querer*
Paixão do meu coração
Grêmio, ato de fé
Estado de espírito
Grêmio, meu chimarrão
Nos 200 anos de nascimento de Simon Bolívar
Eu sorvo inteira a tua glória
Teu imenso pala tricolor
Aquece e envolve agora
Toda a América que Colombo mantinha até ontem descoberta"

Sant'Ana voltaria à carga emotiva com toda força dois dias depois. Agora, a coluna se inspirava no poeta russo Vladimir Maiakóvski, não creditado como inspirador, e Sant'Ana a intitulava "Sou todo coração". Logo na abertura, ele confessava: "Eu noto por mim e vejo nos outros: os gremistas estão tocados, eletrizados, hipnotizados com o título". E comparava: "Parecem aqueles adeptos da seita Moon, depois de serem submetidos a todas aquelas baterias de lavagens cerebrais".

Elencando o assédio que passou a sofrer dos mais variados tipos de torcedores gremistas – mulheres, crianças, "motoristas de táxi que me mostram bandeirinhas" –, Sant'Ana seguia em seu texto relatando o estado de alegria que havia tomado conta da torcida. Na crônica, ele, inclusive, não se esqueceu de lembrar da dor causada pelo tradicional rival, garantindo que a conquista da América livrava o Grêmio "de um fardo, de uma carga pesadíssima" e que tamanha desgraça ("os três campeonatos nacionais do Internacional") só ocorreu porque os dirigentes gremistas se recusaram "a aceitar a minha sugestão de comprar Dario".

Menos reminiscente e rancoroso, Sant'Ana, logo a seguir, olhava para o futuro e voltava o foco para aquele que seria seu personagem preferido durante anos: "Enquanto o Grêmio tiver Renato será um grande clube de futebol", sentenciou. A todos que lhe perguntavam durante aqueles dias o que seria do Grêmio, Sant'Ana respondia: "Com Renato jogando, tudo pode acontecer".

Ao final da crônica, Sant'Ana voltava a ficar ainda mais delirante e exigia: "É preciso que se acresça, imediatamente, um artigo ao Estatuto do Grêmio: é proibido vender Renato". Ameaçador, o colunista pregava: "O presidente que vender o passe de Renato terá que ser considerado, por mandamento também do Estatuto e realização de Assembleia Geral, traidor do Grêmio". E defendia: "A torcida gremista procederá ao salgamento do terreno da casa em que morar o presidente traidor".

Ao final do texto, Sant'Ana decretava: "Renato é para o Grêmio o que Carajás significa para o Brasil".

Ainda com relação ao jogo final contra o Peñarol, Renato recorda que a situação mais simbólica ocorrida naquele dia foi o aviso que recebeu, já no vestiário, poucas horas antes do início da partida. "O Sant'Ana pedia que eu fosse para a pista com ele", conta Renato. "Garantia que nós dois iríamos incendiar a torcida." Mostrando-se – do alto dos seus 20 anos – mais maduro e equilibrado do que o cronista, Renato respondeu que não aceitaria o convite, argumentando que isso poderia incendiar, sim, mas o adversário.

Passada essa conquista, Renato conta lembrar bem do convívio com Paulo Sant'Ana no Japão. Naqueles dias, o cronista falava com todos, misturando o lado jornalístico com o lado de torcedor. "Isso, em um caso como o do Sant'Ana, nunca atrapalha", constata Renato. "Todos sabíamos que ele era engajado e queria o nosso bem. Raramente ele criticava alguém."

O ápice da euforia de Sant'Ana como torcedor gremista ocorreria no dia 11 de dezembro de 1983, quando houve o confronto entre o Grêmio, campeão da Taça Libertadores da América, e o Hamburgo, equipe alemã que conquistara a Liga dos Campeões da UEFA. Em uma decisão marcada por um jogo único, em partida realizada no Estádio Nacional de Tóquio, no Japão, o time gaúcho bateu os europeus, com dois gols de Renato Portaluppi, e alcançou o maior título da história do clube. "O mundo se dobra perante o Grêmio", escreveu Sant'Ana. Para, logo em seguida, completar: "Todas as raças, todos os credos, todas as nações invejam agora o novo e vigoroso campeão mundial de clubes".

Com nitidez, Renato lembra daquele dia: "Ao final do jogo, ele já estava em campo, o que atualmente seria impossível". E acrescenta: "Quando o juiz apitou, nos encontramos e dei um abraço forte nele. Imagina um gesto desses para o ego dele?".

No dia seguinte, na edição de *Zero Hora*, Sant'Ana, para comemorar, aparecia em uma foto posando diante de um pagode japonês, com os braços para cima em sinal de vitória e vestindo uma jaqueta com o distintivo do Grêmio. Com a imagem, ele repetia na coluna da edição extra de *Zero Hora* publicada naquele dia 11 o título da coluna da Libertadores da América: "Sou todo coração. Glória insuperável". E o texto se abria com o cronista decretando: "A Terra é azul". Sant'Ana, então, encerrava esse parágrafo inicial prevendo: "Milhares de gerações de gaúchos irão relembrar com orgulho a façanha fantástica do clube das três cores".

Na sequência, Sant'Ana recordou que "ainda menino, com cinco anos, meu pai me levou ao primeiro jogo do Grêmio" e que "naquele dia brotava em mim um fanatismo talvez maior do que os dos crentes de seitas radicais". Mais adiante, Sant'Ana dava um pulo na narrativa e contava como teve uma influência decisiva na conquista daquele título: "Eu estava aqui. Eu vi o que vocês viram pela televisão e ouvi muito nos corredores do hotel, nos treinamentos do Grêmio em Tóquio, e influí, pressionei e modifiquei, com minha retórica, algumas coisas que já estavam assentadas". Para ao final garantir: "Fui respeitado pelos dirigentes e pelo treinador do Grêmio. E respeitei-os".

Sant'Ana prosseguia: "Alô, gremistas, nós somos campeões do mundo", para, logo adiante, arriscar-se a fazer uma previsão: "Nós pertencemos a outra galáxia". E concluir: "Nós vamos decidir o título de Campeão do Universo com um time de Marte, semifinais com Vênus, classificatória com Mercúrio".

Renato, ignorado no texto do dia da conquista, seria merecedor de todas as homenagens na coluna do dia seguinte, a começar pelo título, "Renato, meu herói", e que começava da seguinte maneira: "Ainda tenho na boca o sabor da cal do gramado do Estádio Nacional de Tóquio, que beijei desesperadamente agradecido depois que o Grêmio se tornou campeão mundial". Seu personagem preferido já seria exaltado logo no parágrafo seguinte, quando Sant'Ana classificou Renato como "o melhor jogador gaúcho de todos os tempos, melhor do que Garrincha".

Mas a lua de mel entre Sant'Ana e Renato sofreria um abalo. Em 1987, Renato – afrontando a pregação que Sant'Ana havia feito anos antes de que ele jamais deveria ser negociado – se transferiu para o Flamengo. A amizade entre os dois esfriaria, ficaria em segundo plano e seria mantida apenas em raros telefonemas. Renato lembra de nunca ter sido visitado em casa por Sant'Ana e de apenas uma vez ter ido ao apartamento dele, quando o cronista se recuperava de uma cirurgia.

Quatro anos depois, o Grêmio de Paulo Sant'Ana voltaria a se encontrar com o ídolo Renato; agora em campos opostos. O tricolor gaúcho fazia naquele ano de 1991 uma das piores campanhas da sua história. No total, a equipe disputou 19 jogos, com apenas três vitórias, seis empates e dez derrotas. Fábio Koff, outro grande ídolo gremista, então presidente do Conselho Deliberativo do clube, pedia reação ao time, mas nada adiantava. "Tem que se reverter esta situação sob pena dos adversários perderem o respeito pelo Grêmio", dizia o dirigente, como se adivinhasse o que iria ocorrer logo adiante.

E assim, no dia 19 de maio de 1991, o Grêmio foi ao Estádio Caio Martins, no Rio de Janeiro, para a partida decisiva contra o Botafogo.

A equipe carioca tinha em seu plantel dois dos maiores símbolos da fase gremista de vitórias: Renato e De León. O primeiro, lesionado, não enfrentou seu clube. O segundo, porém, entrou em campo. Resultado: Botafogo derrotou o Grêmio por 3 a 1 e decretou o primeiro rebaixamento da história da equipe gaúcha.

Poucos dias depois desse rebaixamento, um Paulo Sant'Ana entre desolado e virulento abria sua coluna para tratar de um segundo infortúnio gremista em tão poucos dias – a derrota para o Criciúma na decisão da Copa do Brasil daquele ano – e escrevia: "Nunca vi um time tão ruim decidindo um título. Nem no regional, quanto mais de tamanho brasileiro". E espantava-se: "Confesso ter quase desmaiado de pavor e raiva quando vi Sidmar, Chiquinho, João Marcelo e Vilson fazendo cera no primeiro tempo. Isso é o símbolo da desordem".

Revoltado, Sant'Ana, o terror dos dirigentes, sabia para quem deveria apontar o dedo e definir como sendo o culpado de tamanha tragédia. "Conheço Rafael Bandeira dos Santos", escreveu, referindo-se ao presidente. "É um gremista dedicado, de grandes serviços prestados ao Grêmio." E usando uma metáfora a partir de um tema que conhecia tão bem, os jogos de azar, Sant'Ana comparava: "A banca do futebol é como a roleta: ela paga e recebe. Desta vez ela não pagou. E há total responsabilidade do simpático e fervoroso gremista Rafael Bandeira nesta que é a maior vergonha e humilhação da história do clube". E pedia:

"Conheço a grande pessoa e enorme gremista que é o Rafael Bandeira, penso que ele teria que renunciar hoje à presidência. Não é possível fazer uma revolução com o comando da mesma pessoa que liderou o caos".

Anos mais tarde, ao ser perguntado em uma entrevista feita por Ruy Carlos Ostermann como classificava o seu gremismo, Sant'Ana explicou que quem é gremista sabe que o momento de maior emoção não foi o título conquistado em Tóquio, foi a Batalha dos Aflitos, quando o Grêmio derrotou o Náutico em Recife e garantiu o seu retorno à primeira divisão do campeonato brasileiro. Quem concorda com Sant'Ana é Nelson Sirotsky, que também considera essa como a maior partida já presenciada pelos gremistas, em especial pela carga dramática. "Quantos campeões do mundo existem? Ficou vulgar, qualquer um é", avaliava Sant'Ana. "Agora quantos igualaram aquela façanha do Grêmio?", perguntava para em seguida contar qual foi sua reação depois da partida: "Eu fiquei 40 minutos estendido no chão da RBS TV, inerte, inerme, estupefato com aquela façanha. Não mexia um músculo da face, dos braços, nem do corpo". Ainda na mesma entrevista, Sant'Ana confirmaria que, sem dúvida, "o pior abatimento, arrasamento" pelo qual passou foi as duas vezes que o Grêmio caiu para a segunda divisão.

Ainda em 1991, poucos meses depois de o Grêmio ter sido rebaixado pela primeira vez, Renato retornaria ao clube. Foi uma temporada curta, apenas três meses, resultado de uma negociação de empréstimo do clube gaúcho com o Botafogo, no qual Renato então jogava. Nesse período, Renato e Sant'Ana nem se viram ao vivo. Os poucos contatos foram por telefone.

A proximidade mais intensa seria retomada em 2010, na primeira vez que Renato assumiu como técnico do Grêmio. Os dois voltaram a se falar com maior frequência e, conta Renato, o momento era outro. "Estávamos mais tranquilos, mais experientes", reconhece. "A única coisa que nunca mudou foi o fato de ele continuar me dando força, me apoiando, embora agora fosse mais crítico."

Renato e Paulo Sant'Ana se encontrariam ao vivo pela última vez diante das câmeras em novembro de 2010, quando o treinador aceitou um convite para participar do *Jornal do Almoço*.

Fazia três meses que Renato estava de volta a Porto Alegre, desde agosto, quando aceitou o convite do presidente Fábio Koff para assumir como técnico do Grêmio. Com o Grêmio em má situação, brigando para sair da zona de rebaixamento, Renato, aos 47 anos, chegava com grande estardalhaço, sendo recebido por dezenas de pessoas que foram ao Aeroporto Salgado Filho e garantindo logo depois, na entrevista coletiva, que voltava ao Olímpico como técnico, e não como ídolo.

Noventa dias depois, quando o programa foi ao ar, tudo já estava mais tranquilo. O Grêmio vivia uma melhor fase, e Renato foi recepcionado com sorrisos e brincadeiras por Paulo Sant'Ana, Cristina Ranzolin e pelo narrador Paulo Brito.

Renato entrou no estúdio, cumprimentou a todos e beijou a testa de Paulo Sant'Ana. Entusiasmado, Sant'Ana pediu para trocar de lugar com Brito, para que pudesse ficar ao lado de Renato, e emendou a primeira pergunta, querendo saber se o salário de Renato era mesmo de 400 mil reais. O técnico desconversou. "Deixa pra lá", disse. E brincou, rebatendo: "Você deve ganhar o mesmo aqui". Sant'Ana respondeu: "Não chega a dez por cento".

Logo adiante, Sant'Ana quis saber o que Renato estava carregando, e o treinador mostrou. Era uma camiseta do Grêmio, com o número 7 às costas e a seguinte dedicatória: "Ao grande amigo Paulo Sant'Ana, simplesmente obrigado por tudo".

Sant'Ana aproveitou o presente para lembrar que nunca um cronista elogiou tanto e lutou tanto por um jogador. "Se o Renato lutasse por mim o que eu lutei por ele, eu estaria na BBC de Londres!", garantiu. Ao final da entrevista, Sant'Ana voltou a brincar com Renato sobre a questão salarial: "A casa do teu cachorro é maior do que o meu apartamento!".

Essa primeira temporada de Renato no comando técnico gremista duraria menos de um ano, de agosto de 2010 a julho de 2011. "Foram poucas conversas, quase sempre ao telefone", diz Renato. Perguntado se Sant'Ana, como fazia antigamente com outros treinadores, o pressionava, sugeria nomes ou pedia jogadores, Renato responde o seguinte: "Ele dava alguns palpites normais, nada excepcional, até porque tínhamos uma linha de pensamento muito parecida".

Depois da sua saída, Renato seria substituído por Julinho Camargo, Celso Roth, Caio Júnior e Vanderlei Luxemburgo, até retornar dois anos depois, em julho de 2013, para uma temporada ainda mais curta, apenas cinco meses.

Tudo mudaria em 2016. Renato, em setembro, voltaria para a sua terceira e mais vitoriosa passagem pelo tricolor. Três meses depois de chegar, ele conquistaria a Copa do Brasil. Nesse período, Sant'Ana já estava afastado de quase tudo. Pouco teria registro dessa vitória e nem tomaria conhecimento de um título maior, a Libertadores da América, conquistada em novembro do ano seguinte.

Sant'Ana morrera quatro meses antes.

Renato recorda que, um ano depois, em 2018, ele embarcou em um avião para uma viagem entre Porto Alegre e São Paulo. Logo no início do trajeto, ele começou a conversar com a mulher que estava ao seu lado. Lá pelas tantas, ela perguntou: "Você sabe quem eu sou?". Renato disse que não sabia. Então, ela se apresentou: "Estou emocionada de estar falando contigo. Sou Fernanda, filha do Paulo Sant'Ana. E ele gostava muito de ti. Te amava".

Renato ficou comovido com o encontro e hoje relembra: "Sinto saudades dele. Ele fazia um grande bem ao futebol", explica. "Mas eram outros tempos: não temos mais cronistas como ele, nem jogadores como eu", compara. Para Renato, o que os unia era a capacidade de agitar, de movimentar os jogos por dias a fio.

Ao ser questionado sobre como seria Sant'Ana nos dias de hoje, com canais de YouTube e redes sociais, Renato responde o seguinte: "Ele iria explodir. Teria milhares de seguidores".

Como ambos eram da noite, seria natural que se cruzassem em algum lugar. Nunca aconteceu. Renato era mais da balada, Sant'Ana, da seresta,

Renato, das boates, Sant'Ana, das quadras das escolas de samba, Renato, das pistas, Sant'Ana, dos palcos. Eram turmas e perfis muito diferentes. Sant'Ana chamava Renato para que fosse vê-lo cantar. O jogador respondia evasivamente: "Sant'Ana, outro dia, outro dia...".

Sant'Ana também insistia para que Renato fosse com ele aos ensaios e aos desfiles das escolas de samba. "Isso não era comigo, era espalhafatoso demais", despistava Renato. Sant'Ana forçava e lançava mão de um argumento que lhe parecia definitivo, mas que nunca deu certo. "Vamos juntos, Renato. Me acompanha", convidava. "Se eu chegar lá contigo, eu vou me dar bem para caralho!", implorava. Renato nunca aceitou.

———

Se sabia ser generoso e reivindicar espaço e reconhecimento a jovens atletas que mereciam atenção, como os que haviam participado da Batalha dos Aflitos, ou ainda em especial com seu ídolo-maior, Renato, Paulo Sant'Ana, quando implicava com determinada figura, sabia ainda ser cruel e maldoso.

Como foi com o goleiro Marcelo Grohe, por exemplo.

Esse talvez tenha sido um caso em que a implicância surgiu por tabela. Nelson Sirotsky recorda: "Como tínhamos uma identidade tricolor muito forte, e em muitos aspectos concordávamos nas nossas avaliações sobre determinados jogadores, era comum que comentássemos quem era bom ou quem era ruim, quem deveria ficar ou quem deveria sair do time". Em muitos casos, a coluna de Sant'Ana servia como porta-voz dessas insatisfações, com as eventuais restrições de Nelson sendo mantidas em sigilo e com Sant'Ana assumindo total responsabilidade pelas críticas.

No episódio Marcelo Grohe, Nelson se destacava como um dos mais ácidos críticos do jogador, e a opinião era igualmente compartilhada por outros gremistas da cúpula da RBS, como Fernando Ernesto. "Eu o considerava um dos piores goleiros da história recente do Grêmio", admite Nelson. "Ele não defendia nem as bolas defensáveis", completa o empresário, invocando aquela máxima do futebol de que o bom goleiro precisa defender todas as bolas defensáveis e algumas das indefensáveis. "Quem me conhece sabia dessa restrição", reconhece Nelson, admitindo ter defendido tal tese em conversas informais, inclusive com jornalistas e com outros conselheiros do Grêmio, como ele. "Mas aí o Sant'Ana, influenciado por mim e sem qualquer espécie de pedido, escreveu uma coluna que transcendia profundamente qualquer limite do bom senso."

Nelson, que quase sempre conseguia se antecipar ao problema, dessa vez acabou sendo driblado por Sant'Ana. "O Nelson sabia que o Sant'Ana quando pegava no pé de um jogador, o cara estava liquidado", analisa Pedro Sirotsky. "Assim como quando ele endeusava determinado jogador, o cara sabia que por um bom tempo estava com a sua estabilidade garantida", completa. "O Sant'Ana exigia alta manutenção, e o Nelson fazia muito bem esse acompanhamento", reconhece.

O primeiro ataque de Sant'Ana a Grohe, ainda de maneira tímida, ocorreu em abril de 2008, quando o Grêmio foi eliminado da Copa do Brasil pelo Atlético Goianiense na cobrança de pênaltis. O então presidente Paulo Odone, questionado pelo comentarista sobre a atuação do goleiro, amenizou o problema e explicou que não se pode avaliar os jogadores apenas por um mau desempenho: "Não se pode queimar as pessoas. O Marcelo falhou no primeiro gol, mas a zaga falhou também mais do que ele. O Marcelo teve duas grandes atuações, salvou o Grêmio lá em Goiás. Jogador que começa novo como goleiro, paga o preço".

Porém, com Victor se consolidando como titular durante aquele período, Marcelo teria pouca relevância pelos próximos quatro anos e sequer seria lembrado por Sant'Ana.

Tudo mudaria em agosto de 2012, aí com um Sant'Ana revelando-se impiedoso. No dia 16 daquele mês, ele abriu o texto de uma coluna, intitulada "Calem-se", da seguinte maneira: "Estou chegando do estádio exatamente às 21h40min. Chego entre desolado e revoltado. Desolado porque perder para a Portuguesa, que nunca ganhou de ninguém neste campeonato e veio a ganhar do Grêmio em pleno Olímpico, é um desastre. Desolado. Estou chegando ao meu trabalho, recém vindo do estádio, revoltado. Minha revolta se localiza no fato de que há 20 dias adverti ao Grêmio e à opinião pública que não podíamos enfrentar um campeonato brasileiro inteiro com Marcelo Grohe de goleiro".

A restrição de Sant'Ana ao jogador não havia surgido do nada. Dois meses antes, no final de junho, quando o goleiro Victor foi vendido para o Atlético Mineiro, Sant'Ana discutiu com os colegas do *Sala de Redação* argumentando que Grohe não tinha grandeza suficiente para se manter como o titular da meta tricolor.

Amparando-se no seu conhecimento ("Essa minha observação foi fruto de minha experiência de 55 anos em futebol e também fruto, modéstia à parte, do meu equipamento neuronial, que observou solitariamente na imprensa gaúcha que Grohe é um goleiro inferior") e na sua audácia ("além de minha coragem, que não é fácil fazer tal aposta pública de vaticínio e analítica. Tem de ter cabelo no peito), Sant'Ana elevava o tom da crítica ao goleiro ao mesmo tempo que fustigava os colegas do programa de rádio: "Eu quero fazer um apelo a todos os jornalistas esportivos que defenderam Marcelo Grohe nos últimos 20 dias, principalmente dirigido a três participantes do *Sala de Redação*, primacialmente ao Cacalo, grande gremista, que apostou comigo que o Grohe era grande goleiro. Pois bem, quando Cacalo elogiou erradamente Marcelo Grohe no jogo do Morumbi, pedi a Cacalo que me desse três meses para provar que Marcelo Grohe não é goleiro para a estatura do Grêmio. Pois incrivelmente não foram necessários três meses, em apenas três dias, ontem, eu provei que Marcelo Grohe não é da profissão. Ontem, ele falhou nos dois gols da Portuguesa que tiraram do Grêmio, quero crer que não definitivamente, a chance do G4". E, logo na sequência, Sant'Ana batia forte no jogador e nos comentaristas: "E o nosso goleiro, defendido arduamente pelos picaretas da opinião, não segurou a bola e nem a mandou para escanteio, ele simplesmente passou a bola para o atacante da Portuguesa marcar o gol da vitória. Frangaço subjetivo. Ou melhor, objetivíssimo".

Daí até o final do texto, Sant'Ana distribuiria porradas para todos os lados. "Façam o favor daqui por diante de não opinar sobre futebol se essa opinião me contrariar", ameaçava aos comentaristas que não concordavam com ele. "Calem-se para não virem a ser humilhados", completava, antes de voltar a ofender o goleiro. "Marcelo Grohe foi o responsável primeiro e único pela derrota ontem."

No encerramento da coluna, Sant'Ana, ao seu estilo, ainda fazia um autoelogio, citando um antigo bordão muito usado por Lauro Quadros: "Calem-se e espelhem-se num cronista certamente velho mas tacitamente talentoso, que conhece rengo sentado e cego dormindo". E concluía com uma ameaça: "E finalmente: estarei hoje, ainda que doente, no *Sala de Redação*". "Vai sair faísca, embora o tradicional bom caráter do Cacalo", dizia, livrando de seu ódio o comentarista e ex-dirigente gremista.

No mesmo período em que atacava Marcelo Grohe e duelava com os colegas do *Sala de Redação*, Sant'Ana fez um apelo ao amigo Guerrinha.

"Vou ter que contar contigo", pediu Sant'Ana, dando a entender que gostaria que Guerrinha se juntasse a ele nos ataques a Grohe. "Mas eu sou colorado", esquivou-se Guerrinha. "Se eu criticar ele vai ser ainda pior", justificou-se. "Tu não vais criticar", ensinou Sant'Ana. "Tu vais é tocar flauta e dizer que como colorado é muito melhor enfrentar o Grêmio com o Grohe como goleiro." Guerrinha entendeu, mas não aceitou a proposta.

Mas a imensa polêmica e o estrago já estavam instalados.

Como milhares de leitores, Nelson Sirotsky leu a coluna na manhã daquela mesma quinta-feira e de imediato ligou para Sant'Ana para dar uma bronca, Sant'Ana, segundo Nelson, havia ultrapassado qualquer limite. Como a repercussão em vez de diminuir cresceu pelas próximas 24 horas, na sexta-feira, Nelson ligou novamente. Sant'Ana estava na fronteira, em Rivera, jogando em um cassino. Nelson elevou o tom da bronca: "fizeste uma cagada", e completou com um conselho. "Precisamos conversar para corrigir esse assunto."

A decisão tomada na sexta era importante, mas não exigia instantaneidade. Ainda que os celulares do Nelson e de outras pessoas importantes da RBS não parassem de tocar por causa das reclamações de leitores, muitos deles ligados ao Grêmio, o empresário sabia que a solução poderia esperar até segunda-feira.

Porém, Sant'Ana não aguentaria a angústia de um fim de semana completo sob pressão. Às 6h da manhã de domingo, Nelson é acordado por um chamado vindo da guarita de segurança da sua casa. "Seu Nelson", avisava o guarda, "Seu Paulo Sant'Ana está estacionado aqui e quer entrar para falar com o senhor". "Disse", prosseguiu o funcionário, "que ele saiu do cassino e veio dirigindo para cá. O que eu devo fazer?". Nelson tranquilizou o guarda, pediu que ele também acalmasse Sant'Ana e prometeu que em um horário mais civilizado, ali por volta das 9h, Nelson o receberia e os dois tomariam café juntos. O guarda não conseguiu serenar o colunista e retornou ao patrão. "Ele avisou que não vai embora. Vai ficar dormindo aqui na frente, dentro do carro."

Às 9h, Nelson liberou o acesso e permitiu que Sant'Ana entrasse.

O texto publicado no dia seguinte, a segunda-feira, 20 de agosto, em nada lembrava o Paulo Sant'Ana agressivo e virulento de quatro dias antes. Com o título de "O perfume do sândalo", o cronista abria a coluna fazendo o alerta de que estava escrevendo antes do jogo realizado no dia anterior no Estádio Olímpico e avisava o motivo: "Os leitores vão em seguida saber por quê. Vou só me referir à minha coluna da última quinta-feira".

Mostrando-se sensato e equilibrado, Sant'Ana confessava ter meditado sobre a enxurrada de *e-mails* que recebeu. Contava que teve o apoio de muitos pelas críticas que fez a Marcelo Grohe, porém ressalvava que outros tantos o acusavam de ter sido desumano com o goleiro.

Foi nesse aspecto que Sant'Ana declarou se fixar naquela coluna. Em primeiro lugar, ele próprio admitiu ter escrito o texto sob violenta emoção e, por isso, ter se excedido e "por alguma forma danificado a personalidade do criticado". Aí então, Sant'Ana fazia uma autocrítica, garantindo que um bom jornalista precisa sempre ter o cuidado de não danificar jamais a dignidade de uma pessoa que ele critica.

Logo adiante, Sant'Ana se dirigia diretamente a Marcelo Grohe, reconhecendo o goleiro como uma pessoa articulada e com a consciência de ser um homem público muito visado pela condição profissional que ocupa: a de goleiro titular absoluto do Grêmio.

No parágrafo seguinte, o colunista voltava a falar de si próprio e se mostrava ainda mais sereno, bem diferente do personagem que encarnara na semana anterior: "E tenho de ter humildade para analisar o choque que houve na opinião pública com aquela minha coluna. E, na imperiosa humildade, sou obrigado a admitir que eu possa ter me excedido".

Era, sem sombra de dúvida, um pedido de desculpas, ainda que a palavra não tenha sido usada nenhuma vez. Sant'Ana mantinha a crítica ("Não é sobre a opinião que tenho e não vou deixar de ter, a menos que Marcelo Grohe se torne ainda um grande goleiro"), porém reconhecia ter misturado aspectos profissionais com pessoais. Aí sim, a palavra mágica era citada: "Peço desculpas a Grohe. Ele sabe que sou gremista ferrenho e os ferrenhos podem muitas vezes se exceder".

O pedido de desculpas veio acompanhado de uma reflexão em que Sant'Ana reconhecia não ter sido essa a primeira vez que tal polêmica tenha acontecido com ele nos 41 anos em que ele ocupava aquele espaço. Foi então que, fazendo referência ao título do texto, Sant'Ana deu sua justificativa final: "Se feri, sem intenção, com aço frio a dignidade profissional de Marcelo Grohe, quero fazer com esta coluna, talvez pretensiosamente, o que a árvore sândalo fez com o machado que a derrubou, perfumando-o".

"E vamos para outra", encerrou.

"Acompanhei essa polêmica com relativa distância", diz Geraldo Corrêa, à época conselheiro do clube e atualmente um dos vice-presidentes do Conselho de Administração no triênio 2023/2025. "Mas, independentemente do mérito, Sant'Ana errou na forma, na intensidade, na adjetivação. Ele foi desrespeitoso e inadequado."

No dia seguinte, com as críticas a Marcelo Grohe devidamente aliviadas, Sant'Ana aproveitou um trecho da coluna para fustigar duas pessoas com quem vinha tendo desentendimentos no *Sala de Redação*. "O Cacalo estava, esses dias, trombudo comigo pelo que escrevi sobre os elogios que ele faz ao Marcelo Grohe", escreveu, para logo adiante também buscar as pazes com o ex-dirigente gremista, querendo saber o motivo de Cacalo estar zangado com ele. Cacalo, segundo Sant'Ana, respondeu: "Ter sido 'vítima' de minha coluna". Sant'Ana então tranquilizou o amigo e, ao seu jeito, cutucou outro colega: "Esclareci ao Cacalo que era melhor ser vítima da minha coluna do que ser herói na de David Coimbra".

Na verdade, mesmo que tenha dito "vamos para outra", Sant'Ana não foi. Na medida do possível, o problema, pelos dias seguintes, foi sendo contornado, com Sant'Ana arrefecendo as críticas ao goleiro e – para a sorte dos dois – com Marcelo Grohe também passando a ter alguns bons momentos em 2012.

No final da semana, como se fizesse uma espécie de desagravo, *Zero Hora* dedicou a Marcelo Grohe, na edição de 27 de agosto, uma reportagem em que colocava o goleiro como um dos grandes personagens do Gre-Nal realizado no dia anterior. Vencido pelo Grêmio por 1 a 0, o clássico ficou marcado, segundo o jornal, pelo apoio que Marcelo Grohe recebeu de seus colegas ao final da partida. Ouvido pela Rádio Gaúcha, o goleiro evitou polemizar. Disse admirar o colunista desde quando ele, Grohe, era criança, e completou falando que jamais pensou em responder às críticas: "Longe disso. Tenho que trabalhar para melhorar a cada dia".

Se Grohe havia superado o episódio, Sant'Ana parecia não ter esquecido. Pouco mais de um mês depois, no dia 2 de outubro de 2012, o cronista fez questão de demonstrar que seu bom trânsito com a massa não havia sido afetado: "Mesmo depois das minhas críticas ao goleiro Marcelo Grohe e das duas grandes defesas que ele fez contra o Barcelona de Guayaquil, tive recepção festiva e entusiasmada da torcida gremista no setor de camarotes no jogo de domingo contra o Santos". E concluiu: "A torcida gremista não depende de minhas opiniões para gostar de mim: depende só do meu amor pelo Grêmio".

Ainda em 2012, no final do ano, o Grêmio passou por momentos agitados e foi talvez aí a última vez que Sant'Ana teve uma atuação mais ativa na sua relação com o clube, seus dirigentes e sua torcida.

No final daquele ano, estava prevista a inauguração da Arena. Depois de quase 60 anos, o Grêmio deixaria sua tradicional sede, o Estádio Olímpico, e se mudaria para um novo lar. Paulo Odone foi o presidente que viabilizou e coordenou a mudança, mas em outubro daquele ano, ao buscar a reeleição, foi derrotado por Fábio Koff.

Durante toda a campanha, deflagrada em 4 de setembro, Fábio Koff usou contra Paulo Odone a falta de títulos na última década e contou com o apoio de antigos ídolos de seus times campeões, como Mazaropi, Hugo De Léon e Renato Gaúcho.

No dia 21 de outubro, Fábio Koff, com 7.696 dos votos, ou 57,5%, foi eleito para o biênio 2013-2014 e seria o primeiro presidente nos primeiros anos do novo estádio do clube gaúcho. Em seu discurso, Koff propôs a conciliação e prometeu que a partir daquele momento iria "morar" na Arena. A afirmação era uma resposta aos que o acusavam de não ter participado ativamente da construção do novo estádio.

Menos de 20 dias depois da eleição, Paulo Sant'Ana falaria sobre os dois adversários na eleição gremista na coluna "Os brilhantes e os aplicados", publicada no dia 8 de novembro. No texto, o cronista começava dizendo que conhecia "muita gente brilhante e muito mais gente aplicada" e explicava que "quase sempre o sujeito se torna aplicado por não ser brilhante: o brilhante muito mais pensa do que faz, já o aplicado mais faz do que tem a capacidade de pensar".

Assim, definindo um e outro, "o aplicado realiza uma verdadeira mão de obra para chegar ao sucesso, já o brilhante despende menos suor para ter êxito", Sant'Ana segue comparando os dois tipos até concluir: "O brilhante tem solução pronta para quase tudo, já o aplicado tem de entregar-se muito ao trabalho para chegar a uma solução. Ah, eu ia me esquecendo: nunca vi um brilhante aplicado".

A seguir, sem fazer qualquer relação direta, Sant'Ana coloca o Grêmio como tema da coluna: "Cheguei a pensar que Fábio Koff estava demorando muito para contratar Vanderlei Luxemburgo com a finalidade de encontrar um pretexto para não se acertar com ele".

A angústia do cronista tinha a ver com a manutenção ou não do treinador, nome que havia sido contratado pelo presidente anterior, Paulo Odone, e que até então não fora confirmado pelo novo presidente, Fábio Koff, e diagnosticou o que considerava ser o problema: "Deus queira que o Fábio Koff não tenha calculado que terá ciúme de Luxemburgo, se ele for seu treinador. A pior coisa é quando o presidente do clube começa a disputar beleza com o treinador, foi o que me parece que aconteceu com o Paulo Odone, que sentia ciúme do Renato Portaluppi".

Ao final, bem ao seu estilo, Sant'Ana verbalizava o que considerava ser a opinião da massa tricolor: "Se o Koff não contratar o Luxemburgo, será uma catástrofe: já sairá queimado com a torcida de cara".

O fato é que – pressionado ou não por Sant'Ana – Koff confirmou a permanência de Vanderlei Luxemburgo.

Em 2 de dezembro, o Grêmio despediu-se do Olímpico em um Gre-Nal que acabou em 0 a 0 e com cinco expulsões. Menos de uma semana depois, no dia 8, a Arena seria oficialmente inaugurada em uma partida em que o Grêmio derrotou o Hamburgo por 2 a 1. Por problemas posteriores em seu novo estádio, o Olímpico continuou a receber jogos até o início de 2013. A última partida oficial ocorreu no dia 17 de fevereiro, contra o Veranópolis, pela rodada final da Taça Piratini, primeiro turno do Campeonato Gaúcho, quando ocorreu a vitória gremista por 1 a 0, com gol de Werley.

Pouco mais de 40 dias depois desse jogo final, Paulo Sant'Ana voltou a se manifestar sobre a Arena e, na coluna de 28 de março de 2013, escreveu: "Num ponto, o ex-presidente do Grêmio Paulo Odone tem razão: a imagem da Arena do Grêmio vem sendo desgastada com certas atitudes e opiniões que são lançadas no debate". Mostrando-se insatisfeito, Sant'Ana dizia não gostar "desse maniqueísmo instalado entre nós: de um lado, os que dizem que a Arena foi um péssimo negócio para o Grêmio; do outro, os que dizem que foi um ótimo negócio". E apelava: "Mau ou bom negócio, o negócio é levá-lo em frente porque já está feito, realizado, definitivo".

Deixando de lado o estádio e passando para o futebol, Paulo Sant'Ana voltaria à carga cinco meses depois. Na coluna "Vou abrir consultoria", do dia 19 de agosto, o cronista chamava para si a responsabilidade por duas contratações: "Quando o presidente do Grêmio, Fábio Koff, decidiu atender às duas indicações deste colunista, mandando contratar os jogadores Barcos e Dida, naquele momento estava se decidindo a sorte do Grêmio neste campeonato brasileiro".

Sant'Ana se jactava de ter sido decisivo para o clube e que isso havia ocorrido pelo fato de que Fábio Koff, com "extrema sensibilidade", pôde "avaliar a importância da minha indicação". "Koff viu que eu não estava brincando, eu queria dotar o Grêmio de dois jogadores imprescindíveis para a estrutura de um time", escreveu autoelogiando-se.

Seguindo na sua linha de autocongratulação, Sant'Ana lembrou ter sido "contrariado, ofendido" e que, a partir de então, explicando o título do texto, ele garantia: "Se eu me dedicasse a fundar uma assessoria de indicação de jogadores para clubes de futebol, em poucos anos estaria bilionário".

O delírio da auto-homenagem se completava com Sant'Ana relembrando um fato da década de 70: "Quando indiquei Dario para o Grêmio, escrevendo somente o nome DARIO em minha coluna, de cima a baixo, centenas de vezes, não sendo atendido pelo Grêmio, o Inter de Ballvé indo então em busca do jogador, prestem atenção, mudou-se a história do futebol gaúcho, Dario foi vital para o tricampeonato brasileiro do Inter, além do octacampeonato gaúcho".

A conclusão, óbvio, era a mais exagerada possível: "Então, eu tenho tradição e cabedal para indicar jogadores".

Passados seis meses do último ataque, Paulo Sant'Ana, no início de abril de 2013, deixaria a curta trégua de lado e voltaria a atacar o goleiro Marcelo Grohe. Classificando o gol que o arqueiro sofreu no jogo contra o Cruzeiro como "um frango colossal" e somando a um outro gol que ele havia tomado no dia anterior como uma bola "que poderia ter sido defendida facilmente", Sant'Ana voltou a se autoelogiar escrevendo que não sabia mais do que os outros para classificar jogadores de futebol pelo fato de ser mais inteligente, mas sim por ser mais velho.

Demonstrando de novo que não havia guardado na geladeira a polêmica em que se envolveu, Sant'Ana tratou o assunto de maneira quente e vingativa: "O que eu recebi de desaforos por escrever que Marcelo Grohe não era goleiro para o Grêmio não está no gibi". Foi então que o cronista aproveitou para se vingar dos detratores reafirmando que seus conceitos são comprovados pelos fatos.

Sant'Ana dizia não se zangar pelas restrições que sofria dos torcedores que discordavam dele: "A maioria esmagadora dos torcedores me dá razão". A artilharia do comentarista era apontada para os colegas, "gente que ganha salários para opinar e opina desastradamente". Ou, como ele mesmo definiu: "Tantos jornalistas se quebraram lamentavelmente sobre Marcelo Grohe e agora devem estar com vergonha do que disseram".

E, assim, mais de um ano depois dos primeiros ataques contra Marcelo Grohe, os fatos iriam dar razão a Sant'Ana. Naquela ocasião, em outubro de 2013, Dida, o novo goleiro contratado pelo Grêmio, seria o herói de uma partida contra o Corinthians, em que defendeu três pênaltis e garantiu a passagem da equipe para as semifinais da Copa do Brasil. "Dida, Dida, Dida foi o título de minha coluna de ontem, enviado às pressas da minha casa para a redação", comemorava o cronista no dia seguinte.

A autossuficiência de Sant'Ana havia alcançado níveis tão elevados que agora ele não perdoava nem os leitores que ousassem criticá-lo. "Vejam o que me escreveu o leitor Márcio Alves: 'Boa noite, Sant'Ana covarde. Vai defender teu goleirinho (Dida) frangueiro amanhã? Medíocre, tu e tuas opiniões e quem acredita em ti. Quatro falhas primordiais do teu goleiro. Me responde um e-mail, por favor, responde, covarde. Te escondes atrás de um microfone'." Provocado, Sant'Ana não deixou o leitor sem resposta: "Senhor Márcio Alves, conforme seu pedido, estou lhe respondendo. E daqui por diante vá chatear outro".

Sant'Ana admitia compreender como natural a postura dos leitores que o criticavam e diagnosticava que isso ocorria por uma razão simples: eles são amadores e chutadores de opinião. "Eu tenho a responsabilidade de editar esta coluna". E finalizava ainda mais agressivo: "É um prevalecimento meu querer cotejar minha opinião com esses neófitos. Mas como eles enchem o saco!".

Uma nova reviravolta ocorreria no início de 2014. O Grêmio optou por não continuar com Dida. O goleiro, então, assinou contrato com o Internacional. Grohe – depois de amargar o banco por anos e ter sido reserva de Galatto, Saja, Victor e Dida – era o novo titular da meta gremista.

Surpreso com a decisão da direção, Marcelo Grohe contou em entrevista à *Zero Hora*, em abril de 2014, ter sido comunicado pela imprensa durante as férias que seria o novo titular da meta tricolor. Perguntado pelo repórter se tinha "algum recado para o Paulo Sant'Ana", um crítico de seu futebol, o goleiro evitou a polêmica: "Nada, nada. Respeito a opinião dele. Não se pode agradar a todo mundo".

Menos de dez dias depois, Sant'Ana daria início a novos ataques contra Marcelo Grohe. Ainda de cabeça inchada pela goleada (4 a 1) sofrida no Gre-Nal, Sant'Ana parabenizava o Internacional e explicava a tragédia gremista. "Notem bem, porque esse detalhe precioso e decisivo que vou citar a seguir passa despercebido à amassante maioria das pessoas", alertava. "Acontece que, com Dida, o Grêmio não perdeu nenhum Gre-Nal. E sentem-se em suas cadeiras: sem Dida, em apenas os dois últimos Gre-Nais, o Grêmio levou seis gols". A conclusão era óbvia: "Evidentemente que todos notam que o Grêmio levou dois gols ontem por falta de goleiro".

Sant'Ana culpava ainda Marcelo Grohe por ser o responsável direto por dois gols colorados e só aliviava a crítica quando se apegava à ironia. "Mas Marcelo Grohe não é culpado. Culpada é a diretoria do Grêmio que dispensou Dida, o invicto em Gre-Nais, permitindo que ele fosse para o Internacional". E encerrou: "Pobre deste Grêmio desgovernado".

Sant'Ana manteria suas características bipolares, agora elogiando o goleiro, na partida ocorrida em agosto de 2014, quando o Grêmio venceu o Corinthians por 2 a 1. "Que a primeiras palavras da minha coluna sejam dirigidas em homenagem a Marcelo Grohe, figura exponencial da vitória gremista com duas defesas espetaculares no segundo tempo". Elogio maior viria dois meses depois, em outubro, quando Marcelo Grohe foi convocado para a seleção brasileira para os jogos amistosos contra Argentina e Japão. Um Sant'Ana inconsolável iria lamentar a ausência do jogador: "É merecido o chamado de Marcelo Grohe, mas o Grêmio se verá desfalcado de seu goleiro titular".

Porém, o círculo vicioso de críticas e afagos chegaria ao final no dia 17 de maio de 2015. Logo após o Grêmio enfrentar a Ponte Preta, vencendo a partida até os 94 minutos, o time cedeu o empate ao adversário. "Quando foi chutada ao gol do Grêmio uma bola fácil de ser defendida, o que fez o goleiro Marcelo Grohe? Em vez de mandar a bola pela linha de fundo, largou-a nos pés do avante contrário, que marcou o gol."

Não satisfeito em apontar a falha do goleiro, Sant'Ana aproveitou para novamente atacar os que o criticavam. "Gozado, não vejo ninguém salientando na imprensa essa falha primária do goleiro do Grêmio. O goleiro Marcelo Grohe falhou lamentavelmente no lance, bem como eu sempre previ que ele é falho." E, reclamando da postura desses críticos, Sant'Ana colocava-se como vítima. "Quando o Marcelo Grohe faz boas defesas, todos salientam. Quando falha, boca de siri. É desigual e eu perco assim minha discussão pelo gesto antiético do silêncio da parte contrária."

Foi a última vez que Marcelo Grohe teria seu nome citado em um texto de Paulo Sant'Ana.

Pelos próximos anos, a carreira do goleiro entraria em ascensão. Grohe firmara-se como titular indiscutível da meta tricolor e se transformara em um dos maiores ídolos dos tempos recentes.

A consagração maior ocorreria em 2017, quando conquistou com o Grêmio a terceira taça da Libertadores da América. Grohe seria decisivo em muitos jogos, em especial em uma das partidas da semifinal, quando fez uma defesa milagrosa nos pés do atacante do Barcelona de Guayaquil. Talvez, a partir desse momento, ele tenha finalmente conquistado o coração de Sant'Ana.

Dias depois, quando o Grêmio venceu o Lanús na final, na Argentina, Nelson e Grohe se cruzaram em uma das escadas rolantes do aeroporto de Ezeiza. O empresário se aproximou e se apresentou ao goleiro. Grohe disse que sabia quem era Nelson e os dois se abraçaram, comemorando o título.

Se Renato foi o símbolo da idolatria por parte de Paulo Sant'Ana e Marcelo Grohe o exemplo maior do combate dele a um atleta gremista, haveria, entre os dois, um período de tempo em que a ascensão de um único jogador iria conseguir unir as duas pontas do comportamento do cronista e levar ao extremo toda a bipolaridade existente em Paulo Sant'Ana, do amor ao ódio. Esse personagem foi Ronaldinho Gaúcho.

Nascido em Porto Alegre em março de 1980, Ronaldo de Assis Moreira começou a jogar na escola de futebol infantil do Grêmio, aos 7 anos, em 1987. Foi o mesmo ano em que seu irmão, o meia Assis, começou a se destacar no time principal do clube e a receber os primeiros elogios por parte de Sant'Ana. O pai de Assis, João Moreira, trabalhava como guardador de carros no Estádio Olímpico e, por diversas vezes, Sant'Ana e Nelson Sirotsky cruzaram com ele e dele ouviram que o filho menor era ainda melhor jogador. João não veria seu vaticínio se confirmar. Ele morreu em 1988 ao cair na piscina da casa que a família havia ganhado do Grêmio em uma das renovações de contrato. A partir de então, Assis, o filho mais velho, assumiu o comando da família.

Desde pequeno, Ronaldinho demonstrava habilidade com a bola e, logo cedo, passou a ser apontado como uma possível revelação. As previsões se confirmaram e, em 1997, Ronaldinho ganhou o título Sub-17 jogando pelo Grêmio e, já no ano seguinte, foi lançado na equipe profissional.

Assim, Paulo Sant'Ana, tão logo o novo ano se abria, no dia 28 de janeiro de 1999, escreveria a primeira das 99 (????!!!!!) colunas que teriam alguém da família Assis Moreira como personagem.

Profético, Sant'Ana reproduzia a conversa de um jornalista com o jogador e assinalava: "Ouvi ontem uma incrível entrevista do repórter Alexandre Praetzel, da Rádio Gaúcha, com o jogador Ronaldinho do Grêmio, recém-chegado do campeonato Sub-20 da Argentina, onde foi considerado o maior valor brasileiro". Na sequência, Sant'Ana repetia a pergunta: "Repórter – Como é, Ronaldinho, os jornais argentinos só falavam em você todos os dias. Você deve estar se transferindo para outro clube? Ronaldinho – Não, eu só quero agora me apresentar e jogar no Grêmio". Assim, seguindo por mais três perguntas na mesma linha de raciocínio, o repórter insistia em forçar o tema de uma possível transferência do atleta para o exterior, o que levou Sant'Ana a comentar: "Impressionante a resistência do jogador ao repórter. Fica pelo menos discutível a capacidade jornalística de criar cenários e tentar influir nos jogadores sobre o seu relacionamento com os clubes com quem mantêm contratos". Sem saber, Sant'Ana estava adivinhando o que estava por vir.

Mas ainda assim, menos de dois meses depois dessa coluna, Sant'Ana estaria vivendo um êxtase ainda maior. Foi assim que ele escreveu na sua coluna do dia 19 de março: "Que suspeita de craque reside nesse Ronaldinho do Grêmio!".

Em um crescendo, a euforia ficaria cada vez maior e se confirmaria em maio de 1999, em outro trecho da coluna: "As pessoas se esqueciam da violência, da recessão e do desemprego e os espíritos se mostravam radiantes com o ressurgimento de um craque de futebol no Olímpico: Ronaldinho". No mesmo texto, Sant'Ana mostrava-se ainda mais vibrante pelo fato de sua opinião sobre o jogador ser compartilhada por outros colegas de redação: "O Falcão, pelo telefone, exultava: 'Há três anos defendo Ronaldinho'. O Wianey Carlet não cabia em si pela realização nos pés de Ronaldinho de todos os seus presságios". Delirante, Sant'Ana projetava: "Não se duvide que ele possa ser no século 21 o que Pelé foi na centúria que se acaba".

A euforia do cronista, iniciada em janeiro, parecia que não ia acabar pelos próximos meses. Em junho, ele vibraria ainda mais com o chapéu que Ronaldinho aplicou em Dunga em um Gre-Nal pelo Gauchão. Porém, já em julho, Sant'Ana passou a ser assombrado pelo seu maior pesadelo. Em uma caminhada pela Rua da Praia, Sant'Ana registrou: "Mais de 20 torcedores me imploraram: 'Diz pro presidente Guerreiro, pelo amor de Deus, Sant'Ana, que ele não pode vender o Ronaldinho!'". Confiante, o colunista, inclusive, aconselhava o dirigente com uma fórmula mágica: "Quero dizer ao senhor que já tenho em mente o plano financeiro para manter Ronaldinho por mais quatro anos no Grêmio".

Contudo, enquanto bolava a sua estratégia, Sant'Ana já tinha consciência do assédio que o clube vinha sofrendo, inclusive com – segundo os dirigentes – a chegada de uma proposta concreta de US$ 27 milhões pelo jogador. Mas, ainda assim, Sant'Ana acreditava piamente na intenção do jogador e de sua família em permanecer no Olímpico. "O nosso grande aliado nesta luta é o próprio Ronaldinho, que já declarou que joga até de graça no Grêmio e que seu maior sonho é ser campeão mundial de clubes pelo tricolor", escreveu o colunista.

Sant'Ana via Ronaldinho como um menino ingênuo, com hábitos simples e com total identificação com o Grêmio e com Porto Alegre, como comprova o texto "O garoto messiânico", de 26 de julho de 1999, em que Sant'Ana classifica o jogador "como a mais faiscante joia do garimpo", que "não desliga o seu futuro do Grêmio" e que, "na sua espontaneidade, só quer continuar a comer os seus lanches no McDonald's, morar na zona sul de Porto Alegre e ir a Tóquio com o clube que o concebeu". Para Sant'Ana, na concretização de seu sonho, só havia um obstáculo: a seleção brasileira. Seria o escrete a única força capaz de mexer com a cabeça de Ronaldinho e fazer com que ele se deslumbrasse com os milhões que viriam do exterior.

O sinal de alerta se acendeu em definitivo pouco mais de um ano da primeira coluna em que Sant'Ana exaltava Ronaldinho. Em fevereiro de 2000, com a crônica "Dinheiro e lei espúrios", Sant'Ana mostrava que "Um manto de tristeza, desilusão e terror cobre esta notícia de que o Leeds United da Inglaterra ofereceu US$ 80 milhões pelo passe de Ronaldinho". Mas o cronista insistia em ser otimista e, três dias depois, decretava que o presidente do Grêmio, José Alberto Guerreiro, havia lhe dito a frase Ronaldinho "não será vendido". Sant'Ana, embriagado pela paixão futebolística e pelo gremismo, escreveria em 10 de abril que "Ronaldinho ama o futebol e ama o Grêmio" e que "disso ninguém tem mais dúvida. E nunca vai haver nem houve no Grêmio amor mais correspondido pela torcida".

Os laços entre Sant'Ana e a família Assis Moreira começariam a se romper em 15 de janeiro de 2001 com a publicação da coluna que tinha o título de "O Grêmio não aceita esmola". O cronista escreveu: "Duvido que de sã consciência o Ronaldinho, sua mãe, dona Miguelina, e até a irmã do jogador, Deise, concordem com a atitude absolutamente fria e exclusivamente negocial que o Assis, procurador de seu irmão, está tendo com o Grêmio".

Invocando a história afetiva que envolvia o clube com a família, Sant'Ana escolhia o seu vilão, Assis, a quem classificava como alguém "que agora se apresenta gelidamente diante da direção gremista, sem disposição para o diálogo". No texto, Sant'Ana ainda recordava o pai de Assis e de Ronaldinho, lembrando que com ele criou laços de amizade e que, por isso, sabia bem do carinho que ele demonstrava pelo clube e pela forma paternal como seus filhos eram tratados pelos dirigentes gremistas.

Amparado nessa realidade, Sant'Ana considerava um absurdo o fato de Assis chegar ao Grêmio, custodiado por um advogado, e declarar que, pela Lei Pelé, Ronaldinho teria o passe livre agora no fim do seu contrato. Ao final, Sant'Ana elevava a crítica e ameaçava: "Se Assis quer engrossar, então que o Grêmio também engrosse".

Sant'Ana se revoltava com a condição que Assis queria impor, a de que Ronaldinho jogasse no Grêmio por mais seis meses e, ao término desse prazo, fosse embora para a Europa, com o passe livre, deixando o Grêmio a ver navios depois da fortuna que o clube gastou para formá-lo. Indignado, Sant'Ana defendia que o Grêmio não poderia permitir isso. Seria "uma infâmia, um ultraje, uma humilhação a que o Grêmio não pode se submeter. Nunca. Melhor é ir pro pau e morrer com dignidade, não aceitando a esmola e o pega-ratão dos seis meses. Nunca!".

Para o cronista, estava bem claro quem era o vilão. "Quem manda é o Assis. E a decepção que estou tendo com ele é de doer." Três dias depois, na coluna de 18 de janeiro de 2001, intitulada "Idiota paixão", o colunista partia para o ataque: "O Assis pode fazer do seu irmão o que bem quiser, nota-se claramente que é dono dele", e deixava de maneira imprecisa o comportamento dúbio do jogador. "Ronaldinho não tem vontade, quem assumiu a vontade de Ronaldinho foi o Assis." Para Sant'Ana, o rompimento havia sido irreversível: "Ronaldinho que vá jogar estes seis meses onde ele quiser, mas não no Grêmio".

Uma semana depois, a polêmica se mantinha e Sant'Ana se mostrava ainda mais arrasado. "Anteontem foi uma daquelas noites de trevas no Estádio Olímpico. Assistir-se à torcida do Grêmio vaiar um gol belíssimo de Ronaldinho, que impedia a derrota contra o Figueirense, foi um dos fatos mais constrangedores que já se viu em futebol." Sant'Ana diagnosticava que o "torcedor vaia o gol de Ronaldinho porque sabe que aquele gol é falso, em breve ele não mais existirá".

Como sua decepção aumentava a cada minuto, Sant'Ana não passou a poupar nem os próprios colegas. "É inacreditável o que Paulo Roberto Falcão escreveu ontem em sua coluna de *Zero Hora*: 'Se o Grêmio tivesse direito de receber apenas o que investiu na sua formação (na de Ronaldinho), seu passe certamente custaria muito menos do que realmente vale'", registrou Sant'Ana na coluna de 2 de fevereiro. "Para quem sabe ler, está ali escrito que o Falcão nega ao Grêmio até mesmo o direito de ser indenizado pelo que investiu na formação do Ronaldinho."

A revolta do cronista se ampliava à medida que ele ia recuperando fatos passados, dizendo que quem escrevia aquilo era "um hoje cronista que depôs certa vez que queria treinar no Internacional, ainda garoto, e não tinha dinheiro para pagar a passagem de ônibus para vir de Canoas". E, elevando o tom, Sant'Ana apontava: "Por seu mérito (dele, Falcão), depois que começou a treinar no Internacional, não lhe faltaram mais passagem de ônibus nem outros recursos, até que fez pequena fortuna no clube colorado e uma fortuna muito maior depois que se transferiu para o Roma". Inspirado em sua denúncia, Sant'Ana ainda diria ter "dúvidas sobre que jogadores seriam Falcão e Ronaldinho se o Inter e o Grêmio não os tivessem acolhido", e concluía: "Foi uma lástima o que escreveu o Falcão. Tão grande, que se tornou impossível, pela dor que sofro, silenciar".

O capítulo final desse primeiro sofrimento de Sant'Ana com relação a Ronaldinho e sua família ocorreria no dia 16 de fevereiro de 2001: "Terminou ontem a relação de núpcias entre o Grêmio e Ronaldinho, que durou 10 anos". Comparando o término ao fim de um casamento, Sant'Ana ainda arranjou espaço para a imagem melancólica final: "A cena patética da dona Miguelina, instruída pelo advogado, se escondendo da funcionária do Grêmio que por vários dias buscava colher a assinatura da ciência da proposta que o Grêmio fazia ao jogador, para mantê-lo, foi o símbolo do epílogo de constrangimento arrasador".

Agora era oficial, Ronaldinho deixara o Grêmio e assinara com o Paris Saint German. "Tudo que eu quero na vida é que, nestes seis meses que faltam para Ronaldinho estrear no PSG, ele jogue pelo Internacional. Assim eu ficarei finalmente licenciado para odiá-lo", escreveu Sant'Ana.

Mais de três anos e meio depois de sua conturbada saída do Grêmio, Ronaldinho voltaria a frequentar a coluna de Paulo Sant'Ana. Na crônica de 15 de outubro de 2004, ele escreveria: "Leio estarrecido que Ronaldinho Gaúcho declarou que sonha terminar sua carreira no Grêmio". E, entre o indignado e revoltado, perguntava: "Terminar sua carreira no Olímpico? Mas como? Se ele nem começou sua carreira no Grêmio, interrompeu-a abruptamente, não dando chance sequer para que o clube que o descobriu e formou tivesse uma recompensa justa pela sua saída?". Apoplético, Sant'Ana encerrava o assunto: "Isso não é sonho, é um pesadelo. O Grêmio não é um asilo de velhice".

Uma nova referência ao jogador ocorreria apenas dois meses depois, mais uma vez com Sant'Ana exibindo toda a sua raiva: "A Fifa elegeu ontem Ronaldinho o maior jogador de futebol do mundo, exatamente no fim do ano em que o Grêmio foi rebaixado para a segunda divisão". Sant'Ana explicava o motivo da sua revolta: "Embora não pareça, os dois acontecimentos têm estreita e direta relação. O Grêmio passou a ser um clube com prestígio abalado e imagem enfraquecida quando perdeu sem qualquer recompensa ou satisfação o maior jogador gaúcho de todos os tempos para um grupo de piratas que o carregou para Paris".

Uma trégua de dois anos se daria até que, em setembro de 2006, Sant'Ana novamente se visse envolvido em uma polêmica com a família

Assis Moreira. A razão agora seria um novo integrante do clã: "A capacidade de zombaria e mofa do Assis Moreira, irmão de Ronaldinho, sobre a torcida gremista está excedendo todos os limites", escreveu. "A página 39 de *Zero Hora* de ontem desta vez doeu pela segunda vez: aparecia numa foto dona Miguelina, mãe de Ronaldinho, caminhando alegre pelo pátio do Beira-Rio, onde fora levar seu neto, Diego Moreira, de 12 anos, filho de Assis, para jogar no Internacional, saído diretamente da escolinha do Grêmio para o time de infantis do rival histórico." Porém, apesar de mais uma decepção, Sant'Ana encontrou um motivo de alegria na apresentação: "Um repórter resolveu perguntar ao garoto por quem ele torcerá na decisão do mundial de clubes. Resposta pronta do menino vestido com a camiseta do Internacional: 'Torcerei pelo Barcelona, por causa do meu tio'".

Com esse trecho, Sant'Ana comemorava não apenas a saia-justa dos colorados, como também via se confirmar a imagem que ele tinha dos Assis Moreira. "Primeiro o interesse da família, o clube que se lixe!"

Ronaldinho e sua família voltariam a assombrar os gremistas pouco antes do Natal de 2010. Foi quando surgiu a notícia de que o Grêmio estaria negociando a volta do jogador. "Penso, penso, reflito sobre esta hipótese da volta de Ronaldinho ao Grêmio e me fixo em uma só frase minha: 'Seria uma loucura!'."

Pouco mais de duas semanas depois, Sant'Ana teria a resposta à questão que a si mesmo formulou. No dia 4 de janeiro de 2011, o cronista avaliou: "O que eu pensei quando deixei de escrever para não atrapalhar a volta de Ronaldinho é que o Assis, com remorso pela forma ingrata e insidiosa com que levou embora seu irmão para a Europa, queria recompensar o Grêmio daquela grande ofensa, trazendo Ronaldinho de volta para o Olímpico. Mas não é isso o que está acontecendo".

Sant'Ana não iria se enganar uma segunda vez. Segundo ele, agora Assis voltava a se aproveitar novamente do Grêmio para vender mais caro Ronaldinho para o Flamengo.

A repetição do comportamento de Assis com o clube que tanto vínculo tinha com ele e com sua família permitiu que Sant'Ana, na coluna do dia 10 de janeiro de 2011, desenhasse um perfil psicológico do empresário do jogador. "A atitude de Assis Moreira com o Grêmio não pertence ao padrão humano", começava o colunista. "A atitude dele contém um ódio que deve remontar ao tempo em que seu pai era zelador de carros no Estádio Olímpico." Assim, Sant'Ana detectava: "O ato agora dúplice de Assis é intrigante, inexplicável sob o ponto de vista do comportamento normal e esperado dos humanos".

A vingança final de Sant'Ana com a família que tanta decepção e tristeza lhe causou voltaria a ser tema de uma coluna, agora tendo como gancho uma antiga gravação da Rádio Gaúcha que reproduzia uma entrevista de Ronaldinho em que ele declarava que jogaria no tricolor gaúcho até de graça. "Isto é uma safadeza dele", escreveu Sant'Ana, recordando que o jogador teve oportunidade de atuar no Grêmio ganhando um ótimo salário e abandonou o clube, industriado por seu irmão Assis, deixando o Grêmio sem ganhar um tostão sequer com sua transferência.

Anos depois, prosseguia Sant'Ana, quando Ronaldinho voltou ao Brasil, já milionário, teve outra oportunidade de retornar ao clube, mas preferiu assinar com o Flamengo. "E eu, assim, sou obrigado a ouvir uma declaração mentirosa dessas dada pelo jogador", exclamava Sant'Ana. "Não tem volta", dizia, para logo em seguida ameaçar: "Enquanto Ronaldinho existir, se ele voltar a viver no Rio Grande do Sul, vai receber por onde for, nas ruas gaúchas, o desprezo e o nojo dos gremistas".

Era o dia 16 de setembro de 2013. A última das colunas escrita por Sant'Ana que teve alguém da família Assis Moreira como personagem.

Afora as reclamações que recebeu em casos específicos – o de Marcelo Grohe talvez tenha sido o de maior alcance –, Nelson não lembra de ter sofrido pressões relevantes de dirigentes gremistas ou colorados que tenham se sentido atingidos por algum comentário de Sant'Ana.

Marcos Dvoskin lembra apenas que ocorriam muitas reclamações do tipo fogo-amigo. Ou seja, em períodos eleitorais para a escolha de presidentes gremistas, não era incomum que muitos dirigentes pedissem audiência à direção da RBS, pois se mostravam insatisfeitos com alguma atitude ou fala do Sant'Ana.

Um dos poucos casos de queixas, entre os mais específicos, que Nelson tem registro nada tem a ver com o futebol; foi o que envolveu a Fiat. Sant'Ana, em uma coluna, contou que foi obrigado a entrar em um táxi em que o carro era um Uno e a viagem foi um sofrimento. Naquele dia, Nelson recebeu pressões tanto de executivos da montadora quanto de pessoas de dentro da RBS, em especial as ligadas à área comercial, que temiam perder anúncios. Geraldo Corrêa é ainda mais específico em seu relato sobre o mesmo episódio: "No dia em que a coluna foi publicada, eu fui acordado, às 6h30min, por um telefonema de um executivo da Fiat", conta Geraldo. "Como eu ainda não havia lido a coluna, enquanto ele falava, eu fui lendo. Mas aí eu precisei me controlar para não rir, pois, enquanto o executivo contestava e reclamava, eu procurava me manter sério. Eu estava gostando muito do texto."

Nelson reconhece que sofria muita pressão com relação ao desequilíbrio de tratamento dado entre Grêmio e Internacional por causa do Sant'Ana. "Ele desequilibrava pela popularidade, pelos espaços que ele ocupava e pelo fato de por muitos anos ele ter sido uma das caras mais conhecidas do Rio Grande do Sul", reconhece o *publisher* da RBS. "Mas aí era impossível resolver esse problema. Só se surgisse um Sant'Ana colorado."

Márcio Pinheiro | PAULO SANT'ANA | 148

CAPÍTULO 8
ENTRE UM CIGARRO E OUTRO

Duas paixões de Sant'Ana: o cigarro e a música de Lupicinio Rodrigues.

Foto: Shigueru Nagassawa, Agência RBS.

O fumo era um tema recorrente nas colunas de Paulo Sant'Ana e era também uma de suas maiores obsessões. Sant'Ana e o cigarro eram indissociáveis.

Apesar de ter se tornado um fumante relativamente tardio – segundo seu próprio relato, ele só começou a fumar regularmente depois dos 30 anos –, Sant'Ana de maneira rápida recuperou o tempo perdido. Não se tem registro de alguém que se lembre de um Sant'Ana não fumante, tampouco se sabe de qualquer espécie de pausa ou de tentativa de parar de fumar que ele tenha feito em mais de 40 anos de vício.

Com o passar dos anos, o fumo, garantia Sant'Ana, havia se incorporado à sua personalidade. "Quando eu chegava em Buenos Aires, na Confeitaria Richmond, ou nos cafés das esquinas, a primeira coisa que o garçom fazia era me trazer o cinzeiro. Depois é que ele vinha com a cordialidade do 'bom dia' e do 'boa tarde'", contou em conversa com Ruy Carlos Ostermann. Dizia ter descoberto um fato fenomenal que se dava com ele: era tanto mais delicioso o cigarro que ele fumava quanto mais rigorosamente fosse proibido fumar no lugar em que estivesse. E revelava um desejo proibido: ainda iria fumar um cigarro dentro de uma igreja. E realizou: "Em Montevidéu, eu fumei dentro da igreja e dentro do elevador. Hoje não se pode fumar nem no cassino sequer", confessou a Ruy.

"Sant'Ana era o sujeito mais não empático que eu conheci com relação ao cigarro", compara Nelson Sirotsky. "Ele não respeitava nada", confirma o empresário, contando que Sant'Ana fumava muito, sim, na sua sala. "Na minha casa, eu pedia que ele fosse fumar numa varanda." "Na minha sala, ele também fumava", conta Marcos Dvoskin, ex-vice-presidente da RBS, que foi fumante por anos, mas há muito tempo abandonou o cigarro.

O médico José de Jesus Peixoto Camargo, mais conhecido como J. J. Camargo, colunista de *Zero Hora* e pioneiro em transplante de pulmão no Brasil, recordou, em um texto publicado em fevereiro de 2024, ter fracassado na tentativa de fazer Sant'Ana abandonar o fumo: "Fui para Paulo Sant'Ana um dos muitos médicos que fracassaram na tentativa de fazê-lo abandonar o fumo, mas guardo dele a melhor das lembranças pelo jeito carinhoso com que cuidava dos amigos, que sabíamos serem muitos, mas não exatamente quantos".

"Sant'Ana mandava e desmandava na gente. Ele mandava em todo mundo e não recebia ordens de ninguém", conta o médico Matias

Kronfeld ao admitir igualmente ter fracassado nas tentativas de fazer Sant'Ana largar o cigarro.

Porém, Kronfeld conseguiu ao menos arrancar de Sant'Ana um compromisso por escrito, como ficou registrado na crônica de 26 de novembro de 2012: "Como todos já souberam por mim, tenho uma tontura incapacitante que me tirou a alegria de viver. E o médico Matias Kronfeld arrisca dizer que minha tontura, para a qual não encontrei ainda diagnóstico, se deve ao cigarro", reconhecia. "Preciso deixar de fumar. Meus pulmões devem estar atingindo o limite de sua resistência ao enfisema. Quero deixar de fumar. Estou seriamente empenhado a deixar de fumar a partir do dia de hoje", completava.

No entanto, já no parágrafo seguinte, Sant'Ana revelava sua possível incapacidade para a tarefa: "Não acredito que tenha sucesso essa minha terceira tentativa em deixar de fumar. Não creio porque esse vício está por demais arraigado ao meu físico e à minha personalidade". O cronista inclusive invocava forças supremas para fazer valer a sua vontade: "Mas vou tentar, afinal, Deus não mandou ninguém vencer, mandou tentar".

Justificando-se previamente, Sant'Ana explicava o que certamente causaria o malogro da sua tentativa: "O problema todo reside em que considero uma delícia incomparável fumar, com certeza o maior prazer que desfruto". E encerrava a coluna deixando claro que a intenção de parar não se confirmaria: "Neste instante em que escrevo esta coluna e assumo o compromisso de parar de fumar a partir de hoje, não por casualidade estou fumando um cigarro, como que a me despedir desse deleite que desfruto há cerca de 50 anos".

Outro médico, Paulo Sergio Guedes, conta mais detalhes dessa obsessão: "O Sant'Ana esquecia que o cigarro estava aceso e acendia outro. Quando ele ia me visitar, minha mulher reclamava: 'Viu? Sujou o tapete'. Eu respondia: 'Ah, esse é o preço pela ótima companhia do Sant'Ana'".

Era assim também durante as consultas médicas. Nesses encontros, Sant'Ana sempre dava um jeito de exercitar seu humor exagerado e autorreferente. Certa vez, após ler um texto de Camargo sobre doação de órgãos, ele quis saber se também podia ser um doador. O médico disse que sim, acrescentando que eram muitas as possibilidades de doação. Aí, conta Camargo, "com a cara mais debochada, ele me pediu: 'Quando a medicina estiver tão avançada que consiga transplantar o cérebro, me avise, porque eu adoraria transformar em gênio uma pessoa comum!'".

Com relação ao combate ao fumo, Camargo reafirma que, mesmo que todo mundo soubesse que Sant'Ana era o mais improvável candidato a parar de fumar do planeta, o cronista insistia em se mostrar aberto à ideia e constantemente perguntava a Camargo se havia alguma novidade para quem pretendesse parar de fumar.

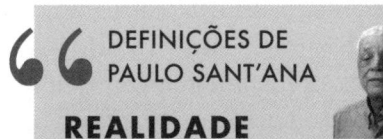

> **DEFINIÇÕES DE PAULO SANT'ANA**
> **REALIDADE**
> "Eu já disse que não tem nenhuma importância a realidade. O que importa é a leitura que cada pessoa faz da realidade."

Em uma das vezes, o médico respondeu que, sim, havia algo que podia ser feito e que garantia que, em três dias, o fumante poderia esquecer o cigarro. Incrédulo, Sant'Ana rebateu: "Você tá gozando com a minha cara". Camargo então devolveu, deixando claro para que não houvesse nenhuma dúvida: "E tem gente que não acredita que a nicotina deixe a pessoa mais perspicaz".

A consulta daquele dia se encerrou muito rapidamente.

Dias depois, Sant'Ana voltou com o mesmo tema, provocando o médico: "Camargo, você não cansa de ficar repetindo o quanto o cigarro faz mal, mesmo que o sujeito não tenha intenção de parar? De onde você tira esta paciência?". Novamente calmo e tranquilo, Camargo argumentou: "Do exemplo do psiquiatra, que faz o possível para convencer os deprimidos de que a vida é boa e, mesmo assim, eles continuam se matando".

Depois desse diálogo, Sant'Ana ficou ainda mais emburrado, e o intervalo entre uma consulta e outra aumentou.

Por fim, em uma última tentativa, na investigação de uma lesão pulmonar, Camargo solicitou que Sant'Ana passasse por uma broncoscopia, um exame ambulatorial que se faz sob sedação. Sant'Ana concordou, mas, quando ele viu o anestesista se aproximando com uma seringa, desesperou-se: "Eu não faço nada sem sedação". O anestesista tentou tranquilizá-lo: "Mas é justamente isso que estou fazendo!". Aí Sant'Ana ficou mais desesperado: "O senhor não está entendendo: eu não posso nem ver uma agulha!".

Se os médicos não conseguiam domar Sant'Ana, tampouco os hospitais tinham sucesso nessa tarefa. "Nos hospitais, o cinzeiro chegava antes ao quarto dele do que o soro", exagera Guerrinha. Uma situação semelhante foi presenciada por Fernando Ernesto Corrêa, que uma vez foi visitar o amigo no quarto do hospital Mãe de Deus. Quando estavam lá, conversando, os dois foram visitados pela freira que preside a instituição. Ela chegara para dizer que recebera reclamações de enfermeiras e de outros pacientes e aproveitou para reiterar que a proibição continuava vigorando. Sant'Ana – testemunha Fernando Ernesto – ouviu tudo demonstrando atenção, balançou a cabeça para cima e para baixo, sinalizando ter compreendido o recado, mas, antes que a freira concluísse sua fala, fez questão de acender outro cigarro na frente dela. Desistindo de qualquer negociação, ela, derrotada, deixou o ambiente.

Outro que recorda ter vivido uma história com Sant'Ana com relação ao fumo é Flávio Dutra. Ele lembra que, no tempo em que era permitido fumar nas redações, era comum que se formassem rodinhas onde se reuniam os fumantes. Certa vez, durante um período de férias, Flávio conseguiu abandonar o cigarro e, na volta à redação, comentou com Sant'Ana que estava orgulhoso da sua conquista. Sant'Ana reagiu furioso e indignado: "Tu não amas o cigarro. Tu és um traidor dos fumantes, sujeito inconfiável!".

Anos depois, outro episódio teria novamente o cigarro como tema central. Flávio dirigia o programa *Bate Bola*, na TVCOM. A atração ia ao ar nos domingos à noite, e um dia, depois de um Gre-Nal, Sant'Ana surgiu no estúdio. Flávio o colocou no ar imediatamente, sem se dar conta de que ele estava com seu inseparável cigarro entre os dedos. "Foi uma enxurrada de telefonemas de protestos", conta Flávio, lembrando que nenhum dos protestos tinha relação com o resultado do jogo, mas, sim, com o fato de Sant'Ana estar fumando ao vivo. "Mas não houve jeito de tirar ele do ar, muito menos de exigir que ele deixasse o cigarro de lado enquanto participava do programa."

O mesmo desprezo que dedicou a Flávio Dutra por ele ter deixado de fumar, Sant'Ana também dedicou aos colegas Liberato Vieira da Cunha e Mendes Ribeiro. "O Liberato escreve aqui na mesma sala que eu e tinha a mesma compulsão minha pelo cigarro, quase batendo minha marca diária de quatro maços", escreveu Sant'Ana em uma coluna. Ao saber que o amigo havia deixado o fumo, Sant'Ana atacou: "O Liberato, o Mendes Ribeiro e os outros milhares que largaram do cigarro não gostavam dele. Vou mais adiante: odiavam o cigarro".

Ainda no mesmo texto, Sant'Ana fazia uma exagerada comparação: "Quem gosta de uma mulher que lhe dá prazer e lhe proporciona o encanto da vida só a larga se for um idiota". Na conclusão, ele reafirmava seu compromisso de nunca deixar de fumar: "O cigarro suaviza meus momentos de baixo astral ou sublima meus instantes de grande felicidade". E questionava: "Como deixar do cigarro?".

Sant'Ana fumava constantemente: conversando, bebendo, escrevendo, dirigindo e até comendo. "As pessoas não acreditam, mas eu fumo tomando banho de chuveiro. Vou trocando o sabonete e o cigarro de mão", vangloriava-se. Fumava até em locais proibidos, como os estúdios da Rádio Gaúcha e da RBS TV. Era um defensor do tabagismo e fazia dessa defesa uma espécie de resistência. Considerava-se, como fumante, um perseguido, um discriminado. "Fomos transformados numa escória social", indignava-se. Não respeitava ninguém. Entrava no elevador fumando na presença de crianças ou de mulheres grávidas.

Certa vez, entrou fumando na sala de um executivo da empresa. Alertado pelo diretor de que naquela sala ele não poderia fumar, Sant'Ana invocou novamente a licença que havia recebido do presidente Nelson Sirotsky de fumar em qualquer ambiente da RBS, até mesmo na sala do Nelson. O diretor insistiu garantindo que ali Sant'Ana estava diante de uma exceção, pois aquela sala era "dele", gerente. Ao que Sant'Ana acabou com a discussão com um argumento definitivo: na RBS todas as salas são do Nelson.

Nelson confirma a história e inclusive dá o nome de quem seria o executivo: Pedro Parente, ex-ministro do governo Fernando Henrique e que, em fevereiro de 2003, mudara-se para Porto Alegre para assumir como vice-presidente da RBS. "Como piada, a história é boa, mas nesse caso o Sant'Ana teve que se adaptar. Ele não fumou na sala do Pedro Parente", revela Nelson.

Outro vice-presidente da RBS, Geraldo Corrêa, conseguiu impor limites: "Na minha sala, o Sant'Ana até fumava, mas eu decretava: apenas UM cigarro". E Geraldo garante: "Ele obedecia à cota determinada e se sujeitava a ficar no local sempre com a janela aberta, fosse inverno ou verão". Quem também tentava impor regras era Jayme Sirotsky. Mas quase sempre ele ficava frustrado pelo fato de essas determinações serem desrespeitadas por Sant'Ana. "Como eu nunca fumei, na minha sala não tinha cinzeiros", explica Jayme. "Aí o Sant'Ana aparecia por lá e, passados uns dez minutos, ele se queixava: 'Tenha paciência, Jayme, mas eu vou fumar'. E aí ele usava as xícaras de cafezinho como cinzeiro".

Mais grave e com maiores desdobramentos seria a discussão envolvendo Sant'Ana e o gerente da Rádio Gaúcha, Flávio Alcaraz Gomes.

Nome histórico do rádio gaúcho, Flávio vivia naquele período da década de 80 uma tentativa de reconstrução de sua vida.

Em 1976, conhecido e poderoso por estar à frente do comando da Rádio Guaíba, Flávio se envolveu em uma discussão na frente de sua casa e que resultou na morte de uma estudante. Flávio, alegando ter tentado dar um tiro para chamar a atenção, atingiu a cabeça da moça, que teve morte imediata. Julgado e condenado, Flávio cumpriu quatro anos de detenção em regime fechado.

Da prisão, Flávio saiu para retomar suas atividades, agora não mais na Caldas Júnior – empresa com a qual tinha inclusive vínculo familiar –, mas na RBS, atendendo a um convite de Fernando Ernesto Corrêa e de Maurício Sirotsky. "Eu tinha uma posição sobre a contratação do Flávio diferente da que o meu pai tinha", confessa Nelson Sirotsky. "Eu não admirava o Flávio. A vinda dele para a RBS me incomodou, pois eu acreditava que ele não se encaixava no nosso modelo. E não era só eu que pensava assim: o meu tio Jayme também não simpatizava com aquela contratação."

Mesmo com essas restrições de parte da cúpula da RBS, Flávio foi contratado e, na nova fase, além da gerência da emissora, assumiu também um programa matutino que levava seu nome. Em determinado dia, Sant'Ana, que fazia seu comentário quase sempre por telefone, decidiu comparecer ao estúdio.

A novidade então era o fato de Flávio ter baixado uma regra de certa maneira responsável e até avançada para a época: era proibido fumar nos estúdios. Sant'Ana, obviamente, nem tomou conhecimento da orientação. Chegou para fazer seu comentário, posicionou-se próximo a Flávio e acendeu um cigarro. Incomodado, Flávio tirou-o das mãos de Sant'Ana e o apagou. O cronista não desistiu e acendeu mais um. E novamente teve o cigarro apagado pelo apresentador. Na terceira tentativa, quando Flávio tentou apagar o novo cigarro aceso, Sant'Ana deu um tapa na mão do radialista e – desaforo maior – apagou o cigarro no braço de Flávio.

O apresentador se revoltou, saiu do estúdio e de imediato pediu demissão. A direção da RBS precisou de várias reuniões para contornar o problema e manter Flávio na empresa. "Quem participou diretamente dessa negociação foi o meu irmão, Pedro. Eu pouco me envolvi", explica Nelson. "Se eu fosse olhar friamente, era o caso de demitir quem se envolvesse na briga", recorda Pedro. "Porém, o caso ganhava em dimensão por envolver duas estrelas da casa, e a minha intenção foi a de pacificar e preservar o ambiente de trabalho."

Hoje, Pedro até se diverte com a repercussão que a polêmica – depois de tantos anos – ainda mantém. "Já até vieram me contar novas versões", ri Pedro ao lembrar. "Em uma delas, a testemunha me garantiu que a briga por causa do cigarro foi entre o Sant'Ana e o Mendes Ribeiro e que ocorreu no estúdio da RBS TV."

Com o crescimento da conscientização e das campanhas de erradicação do fumo, Sant'Ana foi ficando cercado. Em primeiro lugar, perdeu parceiros. Uma exceção era Inajara. Em casa, o casal fumava muito – ele, em média, três maços por dia, ela, "apenas" um. Porém, externamente, pouquíssimos eram os que ainda fumavam, logo não havia mais pessoas que se dispusessem a dividir com ele seu prazer maior. As leis também passaram a coibir cada vez mais o fumo em locais fechados.

Como forma de exemplificar o seu pensamento, Sant'Ana gostava de contar do absurdo da situação que viveu em Turim, na Itália. Ele entrou em uma tabacaria para comprar cigarros. Compra feita, ele quis acender o cigarro ali mesmo, no que foi proibido pelo dono da loja. Indignado, Sant'Ana reclamou e comparou a situação com o fato de que chegaria a ver o dia em que seria proibido transar em motéis.

Dessa maneira, restava a ele e aos poucos fumantes um local reservado em quase todos os lugares de circulação pública: pequenas ilhas chamadas de fumódromos.

Na RBS, esse espaço pequeno e insalubre estava localizado em uma confluência das escadarias entre as redações de *Zero Hora* e da Rádio Gaúcha. Ali, esse local acabou se transformando no último refúgio do cronista.

E nem esse refúgio resistiu aos novos tempos. A última trincheira de Sant'Ana em sua defesa do fumo foi dinamitada na manhã do dia 2 de dezembro de 2014, quando a direção da RBS emitiu uma comunicação interna a todos os funcionários com os seguintes dizeres: "Caro colaborador: em cumprimento à Lei 12.546, que entra em vigor nesta quarta-feira, 3, e proíbe fumar em locais fechados, públicos e privados, de todo o país, informamos o fechamento do fumódromo localizado no 3º andar do prédio da *Zero Hora*".

O baque para Sant'Ana seria ainda mais violento, pois o documento prosseguia: "Reforçando nosso compromisso em cumprir a legislação, também não será mais permitido fumar em qualquer espaço dentro das dependências da empresa, bem como em frente às portarias (Erico Verissimo, Ipiranga ou Serviços)".

Assim, o fumódromo – não por acaso batizado com o nome de Paulo Sant'Ana e inaugurado com direito inclusive a foto do homenageado acompanhado da seguinte frase extraída de uma coluna sua, de 5 de fevereiro de 2010: "É uma tolice fumar. Mas o homem vive imerso em tolices" – deixava efetivamente de existir. A única brecha que a empresa a partir de então acenava para os fumantes finalizava o comunicado: "O Grupo RBS disponibiliza um espaço adequado aos colaboradores fumantes na Rua Zero Hora, ao lado da portaria de Serviços".

O ato de fumar, classificado pelo próprio Sant'Ana como tolice, teria também alguns aspectos inusitados, que seriam lembrados em diversas colunas.

Em maio de 1994, morreu em Porto Alegre o poeta Mario Quintana. Admirador de poesia, Sant'Ana foi ao velório. Já era quatro horas da madrugada e o salão onde o corpo estava sendo velado esvaziara. Foi quando deu em Sant'Ana uma nova e incontrolável vontade de fumar. O gesto não seria apenas natural para ele, como serviria como uma espécie de homenagem póstuma a Quintana, também um fumante inveterado.

Sem saber como proceder – já que pelo horário não seria possível encontrar um local aberto para comprar cigarros –, Sant'Ana reparou que, durante o dia inteiro, pessoas que lá passaram para dar o último adeus ao poeta depositavam cigarros à beira do caixão onde estava o corpo. Sant'Ana pensou: "Olha, eu vou roubar um cigarro do cadáver". Assim, ele se aproximou, catou uns oito cigarros, colocou no bolso do casaco e saiu para fumar. Depois ele contaria: "Eu pensei que o Quintana ia chegar no céu e ia dizer: 'Puxa, o sacana do Sant'Ana me tirou todos os Charm e só deixou os Hollywood'".

Quando muitos que o conheciam, preocupados com sua saúde ou apenas por curiosidade, perguntavam o porquê de ele não parar fumar, Sant'Ana primeiro debochava: "Parar de fumar? Tentei ontem de novo (*risos*)", e depois se justificava: "São 48 anos de cigarro. Não acho certo fumar, mas considero um prazer inexcedível".

Como cigarro e bebida quase sempre estão relacionados, Sant'Ana também criou fama de bêbado. "Álcool eu não bebo; só cerveja, nos churrascos. Acho que adquiri essa fama pelo meu jeito de falar no *Jornal do Almoço*, gesticulando e entortando o pescoço. Deviam pensar: 'Esse cara bebe'. Todo mundo jura que eu bebo. Fiquei com fama de gambá sem ser gambá", admitiu em uma entrevista.

Para justificar-se, ele amparava-se ainda em uma velha piada que falava de uma lebre que vinha correndo e que foi questionada por uma doninha: "Lebre, por que estás correndo tanto?", "É que a polícia mandou prender os camelos", explicou. "Mas tu não és um camelo, és uma lebre", argumentou a doninha. "Eu sei", disse a lebre, "mas como é que eu vou provar isso?". Assim, conformava-se Sant'Ana, se as pessoas diziam que ele era bêbado, ele deixava a fama correr. "Isso não me incomoda porque é uma boa fama."

O que Sant'Ana reconhecia, sim, era que, além do cigarro, uma outra obsessão rivalizava de perto com essa: o gosto pelo jogo.

CAPÍTULO 9
SEM MEDO DE APOSTAR

Sant'Ana: "Nunca perdi mais do que eu podia perder".

S obre a ligação de Paulo Sant'Ana com o jogo e com as apostas, Nelson Sirotsky lembra com clareza de alguns fatos. "Há uns 40 anos, eu fiz parte de um grupo de amigos que gostava de jogar pôquer." O empresário conta que estava na faixa dos 30 anos e formou uma turma que se reunia semanalmente, cada vez na casa de um participante. Faziam parte do grupo, além de Nelson, o médico Paulo Sandler e os também empresários Alberto Sanvicente, ligado ao mercado imobiliário, Luis Felipe Osório, proprietário da Pierre Alexander, Sílvio Sibemberg e Maurício Estrougo. Cabia ao anfitrião organizar o jogo e providenciar um jantar. A atividade era com hora marcada e tudo era respeitado rigidamente. "Começávamos às 8 horas da noite e nunca passávamos da 1 hora da madrugada, até porque todos trabalhavam no dia seguinte."

Coube a Nelson integrar Sant'Ana ao grupo. "E ele era uma das estrelas", conta. "Jogava bem e tinha uma cara que tornava impossível saber se ele estava blefando ou não." O empresário destaca ainda que Sant'Ana era muito seguro. Logo, muitas vezes saía como vencedor. Como havia aposta e as regras eram rígidas, o final de cada encontro era marcado pelos acertos. "Todo mundo assinava os cheques sem discussão. Nunca deu briga", diz o empresário. "O único inconveniente era o fumo. O Sant'Ana acendia um cigarro atrás do outro."

Tempos depois, Nelson organizou uma outra confraria, essa ainda mais específica e vinculada a algo pelo qual Paulo Sant'Ana não tinha nenhum interesse: o tênis. "Foi um grupo formado em torno da paixão comum pelo esporte", explica Nelson. "São encontros que ocorrem, sempre que possível, aos sábados pela manhã. As disputas se completam com uma confraternização ao redor de vinhos e eventuais churrascos", acrescenta. O ponto de encontro é a Dietze Tennis, academia especializada comandada por Marcelo Dietze e localizada no bairro Três Figueiras. O grupo é formado por amigos de Nelson, como Geraldo Corrêa, Maurício Estrougo, Emerson Raupp, Alberto Sanvicente, José Luis Pedrini, Marco Lucas, Sérgio Porto, Alfredo Tellechea, entre outros. "Quando soube da existência desses encontros, Sant'Ana pediu para fazer parte do grupo. E foi aceito", conta Nelson.

Como nunca pegou em uma raquete, Sant'Ana juntou-se aos confrades apenas pelo prazer do convívio e da conversa. Porém, o interesse de Sant'Ana pelo grupo veio a aumentar quando ele descobriu que a confraria organizava excursões e que um dos próximos destinos seria Punta del Este. "Nessa eu vou", escalou-se Sant'Ana. O entusiasmo do cronista ficou ainda maior quando tomou conhecimento de que o grupo viajaria em um ônibus fretado. "Ele então me pediu para que se providenciasse uma mesa em que pudéssemos jogar pôquer durante a viagem", lembra Nelson. E a mesa foi levada.

Chegando em Punta del Este, Sant'Ana desinteressou-se completamente pelas partidas de tênis e foi para o seu local preferido: o cassino. Foi nessa viagem que ele ganhou uma imensa quantia jogando – para, logo nos dias seguintes, perdê-la novamente. "Nelson, estou sem 'oxigênio'", aproximou-se Sant'Ana do empresário antes de contar a ele que "oxigênio" era sinônimo de dinheiro e que, por isso, ele estava mal. Assim, Nelson, mais uma vez, emprestou dinheiro para que Sant'Ana não ficasse com dívidas no cassino.

Quem tem uma memória ainda mais distante da obsessão de Sant'Ana pelas apostas é Pedro Sirotsky. "No começo dos anos 70, o Sant'Ana aparecia muito na nossa casa de praia, em Atlântida, quase sempre sem avisar", conta. "Malandro, ele se aproximava de mim e do meu irmão e fazia uma proposta: um campeonato de embaixadinhas; com apostas, obviamente."

Assim, nesse roteiro previamente criado pelo colunista, ele perdia nas primeiras apostas. Porém, à medida que o valor aumentava, ele começava a jogar para valer. "E nos dava uma surra", conta.

Outro exemplo do gosto pelas apostas, agora lembrado pelo médico Nélio Tombini, tem a ver com a sinuca. "O Sant'Ana gostava de jogar, nunca me vencia, mas ainda assim insistia em apostar", relata Nélio. "Assim, eu nunca aceitava o desafio dele. O máximo que eu permitia era definir que quem perdesse pagasse o tempo pelo aluguel da mesa."

O mesmo espírito competitivo Sant'Ana demonstrava nas rodas de pôquer. Também integrante do grupo criado por Nelson, Pedro explica que Sant'Ana – ao contrário dos demais participantes – não ia para se divertir, comer bem ou tomar bons vinhos: ele ia para ganhar. "Quando ganhava, ele saía esfuziante; quando perdia, ficava deprimido." Até hoje, Pedro tem na memória a frase que Sant'Ana mais repetia quando estava numa fase de azar: "Ele olhava para as cartas, baixava a cabeça e só dizia: 'Que noite!, Que noite'".

Com o tempo, os encontros foram minguando e a parceria foi sendo desfeita. Nelson não sabe especificar bem por que o encontro deixou de ser realizado. "Fomos ficando velhos", arrisca. "E todo mundo já estava ficando de saco cheio."

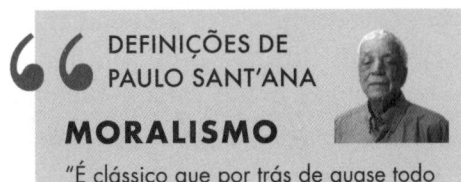

> **DEFINIÇÕES DE PAULO SANT'ANA**
> **MORALISMO**
> "É clássico que por trás de quase todo moralista existe um cafajeste."

Mas aí, aponta Nelson, Sant'Ana já estava em outra. "Ele aproximou-se do Gastão Wallauer, que ia muito jogar em Punta del Este, e isso o influenciou". Aí ele não parou mais. Sant'Ana muitas vezes chegava a ir de ônibus para jogar de madrugada e voltar no dia seguinte.

Suas predileções eram pela roleta e, mais ainda, pelos caça-níqueis. "E quem joga muito em cassino", diz Nelson, "tem sempre uma certeza: vai perder mais do que ganhar". Paulo Sergio complementa: "O jogador não sabe, mas, na verdade, ele perde sempre. É que quando ele ganha, ele tem noção de que ganhou, mas quando ele perde, ele não contabiliza essa perda". Sant'Ana não fugia à regra e perdia fortunas. Nelson confirma ter emprestado dinheiro para liquidar dívidas de jogo. "O mérito do Sant'Ana era que ele honrava os compromissos. Perdia, eu emprestava e ele devolvia."

Outros dois amigos foram testemunhas dessa obsessão de Sant'Ana pelo jogo. O primeiro foi o já citado Paulo Sergio Guedes, que lembra que o colunista com frequência participava de um voo que partia de Porto Alegre em direção a Punta del Este em que quase todos os passageiros viajavam para jogar. "Ele estranhava que eu fazia questão de pagar e argumentava que a passagem era de graça", conta Paulo Sergio. "Ora, claro que não era de graça. O preço apenas já estava embutido, pois os organizadores tinham a certeza de que um valor muito maior seria gasto no cassino de lá."

Pedro Sirotsky também recorda com nitidez a compulsão de Sant'Ana por jogar. "Acho que ele só não apostava par ou ímpar", conta. "Mas em todos os outros momentos ele era muito competitivo." O empresário diz ainda que, apesar de não ir ao cassino jogar, ele convivia bastante com o cronista no balneário uruguaio e que era possível ver o ânimo de Sant'Ana apenas pela cara: "Como a chance de ganhar é sempre pequena, ele quase sempre estava com a cara amarrada". Pedro, inclusive, desenvolveu uma tese para compreender esse tipo de pessoa que tem compulsão por jogar. É um cálculo matemático, ensina: basta ver quem mente menos, pois quem ganha sempre diz que ganhou mais do que é verdade e quem perde sempre alega que não perdeu tudo isso que foi dito. Mas nunca é bem assim.

Também muito próximo de Sant'Ana – mas um jogador compulsivo, ao contrário de Paulo Sergio e de Pedro –, o comentarista Adroaldo Guerra Filho, o Guerrinha, recorda que a paixão pelo turfe foi decisiva na amizade entre ele e Sant'Ana.

Apostar em corridas de cavalos era outra das manias de Sant'Ana e, sabendo que Guerrinha cobria o assunto desde 1974, o cronista passou a conversar com ele, pedir dicas, descobrir as barbadas. "Ao contrário de muitos jogos de aposta, o turfe exige conhecimento. É preciso saber se o cavalo corre na grama ou na areia, se o jóquei é bom ou ruim", ensina Guerrinha. "Mas o Sant'Ana não tinha paciência em aprender: jogava quase sempre nos favoritos."

Pouco depois, os dois se afastaram do convívio. Foi quando Guerrinha passou um tempo trabalhando na *Folha da Manhã* e no *Correio do Povo*, jornais da Caldas Júnior. "Aí só nos encontrávamos de vez em quando em alguns páreos no Jockey Club." A amizade seria retomada com mais força depois da volta de Guerrinha à RBS, em 1983, e seguiria intensa até o final dos anos 90, quando a direção de redação de *Zero Hora* decidiu acabar com as páginas dedicadas ao turfe. "Senti que minha hora estava chegando e comecei a esvaziar as minhas gavetas", conta Guerrinha. "Foi quando o Sant'Ana entrou de forma decisiva na minha vida."

"O que tu tá fazendo?", ele me perguntou quando viu que eu me preparava para sair. "Ora, tô indo embora, vou ser demitido", respondi. "Peraí, vou resolver isso!" Guerrinha lembra então que Sant'Ana entrou na sala de Marcelo Rech, diretor de redação de *Zero Hora*, e negociou a permanência dele na editoria de Esportes. A partir daquele momento, Guerrinha seria setorista de futebol, cobrindo tanto o Internacional quanto o Grêmio. "Até então o Sant'Ana era meu camaradinha. A partir desse momento, ele virou meu amigo", define Guerrinha.

Logo depois, a vida profissional de Guerrinha daria dois grandes saltos; e novamente Sant'Ana estaria presente. O primeiro momento foi quando Guerrinha deixou de ser repórter de *Zero Hora* e foi promovido a colunista, passando a escrever sobre o Internacional todos os dias no *Diário Gaúcho*, novo jornal que a RBS estava lançando. Na sequência, Guerrinha foi convidado a integrar o elenco do *Sala de Redação*. "Aí, de imediato, o Sant'Ana me disse: 'Tô aqui para te ajudar'. E me deu dois conselhos", conta. O primeiro foi de ficar atento, ter a noção de que estava entrando numa área competitiva. O segundo conselho foi quase que uma continuação do primeiro: "No *Sala de Redação*, vais ter que sacar rápido. Se demorar, eles te matam".

Sant'Ana, na opinião de Guerrinha, foi o maior nome do *Sala de Redação* justamente por este motivo: era quem sacava mais rápido. Além dessa agilidade no raciocínio, Guerrinha destaca o fato de os dois nunca terem brigado. "Eu sentia quando o Sant'Ana estava raivoso e me afastava. Por que eu vou atravessar a faixa se vem o caminhão? Deixa o caminhão passar", compara. "Sempre gostei de ser o apaziguador, o cara que apartava as brigas."

Esse bom convívio – "Ele nunca me tocou flauta", conta Guerrinha – fez com que a amizade entre os dois ultrapassasse os limites dos prédios da RBS. Eles passaram a sair para jantar, conversar e – claro – viajar. E quase sempre o destino era Punta del Este, lugar em que iam para jogar. Dessas viagens, Guerrinha lembra outra história envolvendo o cronista e a junção de duas de suas obsessões: o jogo e os doces.

Guerrinha conta que certa vez estava saindo do estúdio do *Sala de Redação* e foi abordado por uma moça que disse: "Seu Guerrinha, o senhor pode ir à sala do Geraldo (*Geraldo Corrêa, então vice-presidente da RBS*)?". Guerrinha, claro, concordou e de imediato pensou o que havia feito de errado, qual era a bronca que iria tomar. Entrou no gabinete, foi saudado por Geraldo e recebeu o recado: "Vai para casa agora, faz as malas que tu vais sumir por uns quatro dias". Espantado, Guerrinha perguntou qual era o motivo e o que ele deveria dizer à esposa para justificar esse sumiço. "Tu vais para Punta del Este com o Santana!", decretou Geraldo. E explicou: "Tu és o único que pode ir e controlar ele".

Os dois então embarcaram em um avião e viajaram. Chegaram lá, mal largaram as malas no quarto que iriam dividir no Hotel Conrad e foram para o cassino. Guerrinha foi para a roleta, e Sant'Ana, para as máquinas caça-níqueis. "Já era meio da madrugada e tudo que eu queria era uma cama para dormir, mas o Sant'Ana seguia lá, firme, sem querer arredar o pé do cassino. Nunca vi um cara como ele, que, quanto menos dormia, mais inteiro ficava", conta.

Guerrinha segue lembrando que aguentou por mais alguns minutos no cassino, mas aí desistiu e comunicou ao amigo que estava indo para o quarto. Sem parar de jogar, Sant'Ana falou: "Sobe, leva esse pacote e coloca na geladeira, por favor".

Ele subiu, atendeu ao pedido de Sant'Ana e foi dormir. Poucas horas depois, por volta das 8h da manhã, Guerrinha é chamado por Sant'Ana, que, já de banho tomado, insistia com ele para que os dois voltassem ao cassino.

Nesse meio-tempo, Sant'Ana pediu a Guerrinha que o alcançasse o aparelho que ele usava para medir o açúcar no sangue. Ele pegou o aparelho e, antes de entregar, reparou que o número marcado era 520 e, em média, a taxa admitida nessas medições é de 120. O comentarista argumentou: "Sant'Ana, esse teu aparelho deve estar estragado, não pode marcar o que está marcando". Sant'Ana respondeu que era isso mesmo. Aí ocorreu a Guerrinha abrir a geladeira. Foi quando ele descobriu que o que ele havia trazido para cima na noite anterior era um rocambole de chocolate e que, àquela hora da manhã, mais da metade do doce já havia sido devorada por Sant'Ana.

Tanto nessa viagem como em todas as outras que fizeram juntos, Guerrinha não tem registro de Sant'Ana demonstrar qualquer interesse por comida. "Ele nunca queria saber o que tinha para comer. Ele entrava nos restaurantes e só olhava a parte das sobremesas", conta. "Se tivesse pudim, sagu, figo em calda, ambrosia..., nós ficávamos."

Quando esteve na Itália para a Copa do Mundo de 1990, Sant'Ana não sossegou enquanto não descobriu lá um restaurante que servisse sagu. Descoberto o local, ele precisou se conformar: era preciso comer a pior lasanha do mundo porque o restaurante não servia sagu sem o pedido de um prato. "O sagu me transporta a viagens de êxtases coloridos e melodiosos", definiu Sant'Ana em um texto. E, exageradamente, como era seu estilo, deu a receita: "Gosto tanto de sagu que nas refeições tomo vinho Sangue de Boi e, no sagu, mando colocar Châteauneuf-du-Pape".

Guerrinha recorda que uma vez, voltando de Punta del Este, eles pararam em Pelotas. Os dois entraram em uma confeitaria. Sant'Ana se encostou no balcão e começou a pedir: 20 daqueles ali, mais dez daqueles outros, mais 20... No final, a caixa com as encomendas tinha uns 200 doces. "O que vais fazer, Sant'Ana?", perguntou Guerrinha. "Abrir uma confeitaria em Porto Alegre?" "Não, esses doces não são só para mim.

Estou levando também alguns de presente para a minha sogra", respondeu. "Dois dias depois, eu soube que a caixa já estava vazia e ele nem havia cruzado com a sogra nesse meio-tempo", finaliza Guerrinha.

Outro exemplo da obsessão de Sant'Ana pelos doces é dado pelo depoimento do advogado Marco Antônio Campos. Ele conta que, certa vez, em um jantar, Sant'Ana, ao final da refeição, comeu oito merengues recheados. Fernando Ernesto, que presidia a confraria, pediu a palavra e fez um apelo em nome de todos os confrades para que ele cuidasse mais da saúde, em face do diabetes. Ele parou, meditou uns instantes, chamou o garçom e pediu outro prato de merengues.

Pedro Sirotsky conta que morava em Santa Catarina e Sant'Ana sempre frequentou bastante a sua casa. Inclusive foi ele quem apresentou a Sant'Ana algo que o deixou enlouquecido: lagosta na grelha. "Assim, toda vez que eu o convidava para almoçar, ele exigia lagosta. Ele comia muito e depois comia ainda mais sobremesa", lembra Pedro. "Ninguém alimentou com tanta competência uma diabetes quanto ele."

Além dos doces, outros hábitos gastronômicos de Sant'Ana ficavam evidentes. Um deles se dava quando ele ainda frequentava as noitadas na churrascaria Aragana no bairro Menino Deus. O local atraía dezenas de jornalistas que para lá se dirigiam na madrugada de sexta-feira, depois do fechamento da edição dominical de *Zero Hora*. "O Sant'Ana chegava e se posicionava – como diligente policial que havia sido – de frente para a porta", conta Flávio Dutra. E, mesmo que estivesse em uma churrascaria, Sant'Ana dava um jeito de fazer com que o dono do estabelecimento lhe servisse um prato de massa. O proprietário servia.

Em uma coluna escrita em julho de 2013, Sant'Ana, falando de seus hábitos alimentares, contou que, naquela etapa da vida, estava readquirindo, depois de 60 anos, um hábito da adolescência: tomar café da tarde. Elogiando o novo refeitório que havia sido inaugurado no prédio da RBS, Sant'Ana contava que, acompanhado de duas colegas, dirigia-se toda tarde – "Às 16h em ponto", como fez questão de frisar – ao local e pedia invariavelmente dois folhados, um salgado, outro doce. Para rebater, ele tomava uma coca-cola zero, já que, como confessava, sempre foi incapaz de tomar café, "o único líquido, junto com o uísque, que nunca ninguém me viu beber". Sant'Ana encerrava o momento confessional lembrando que esta era quase sempre a primeira refeição que fazia no dia: "A segunda só vai acontecer lá pelas 22h, quase sempre em casa, de comida que levo empacotada do restaurante".

Guerrinha lembraria ainda que, certa vez, quando Sant'Ana teve um de seus vários problemas de saúde, o colega de *Sala de Redação* ligou para ele no meio da tarde para saber o que havia acontecido. "Não tô bem de saúde!", respondeu Sant'Ana. "Vim aqui ao hospital fazer uns exames e até acho que vou entrar na faca", explicou indicando que seria operado.

Guerrinha ficou preocupado e, por volta das 11h da noite, quando acabou seu trabalho na redação, decidiu visitar o amigo. "Cheguei lá e estava uma bagunça, com ele vendo a TV em alto volume e reclamando que estava com fome."

Aí, recorda o comentarista, Sant'Ana perguntou se o amigo já havia jantado, pegou o celular e disse que iria encomendar uns baurus. "Queres?", perguntou Sant'Ana. Guerrinha nem teve tempo de argumentar que eles estavam em um hospital e Sant'Ana já falava com o responsável pela tele-entrega. "O rapaz atendeu, anotou o pedido – dois baurus com ovos e duas cervejas – e, quando pediu o endereço, Sant'Ana falou o nome do hospital e quarto tal." "Ah, meu senhor, já é tarde, eu estou trabalhando desde cedo, por favor não venha querer passar trote!", implorou o atendente. Sant'Ana se indignou, garantiu que o pedido era de verdade e colocou o amigo ao aparelho para que ele negociasse a parte final. Resultado, lembra Guerrinha: 20 minutos depois o pedido chegava ao hospital.

Mas não eram apenas os pecados da gula que atraíam Paulo Sant'Ana. Havia ainda a vaidade. Marcos Dvoskin destaca que Sant'Ana era muito vaidoso. Nas muitas viagens que fizeram juntos, o empresário lembra que o cronista entrava nas lojas e gastava sem limites: "Nos grandes magazines, Sant'Ana comprava de tudo: sapatos, tênis, camisas, jaquetas...". Marcos ainda acrescenta outra faceta de Sant'Ana que lhe deixava espantado: "Ele nunca levava apenas um. Eram cinco pares de sapato, dez camisas..., tudo em grande quantidade e de maneira exagerada".

Como Sant'Ana ganhou bastante dinheiro na primeira temporada no cassino ao lado de Guerrinha, ele passou a considerar o parceiro de jogo como um amuleto da sorte. A partir de então, Sant'Ana não o abandonou mais. "Íamos quase que de 20 em 20 dias", diz Guerrinha.

"Fomos só eu e ele ou, às vezes, acompanhados pelas mulheres, Inajara e Kathia."

Em quase dez anos dessas viagens, Sant'Ana e Guerrinha foram de avião, de ônibus, de carro. Lembrando que Sant'Ana era distraído – "ele nunca olhava para a frente" – e dirigia pessimamente. Guerrinha, certa vez, quando eles pararam em um café no meio do caminho, disse a Sant'Ana que só seguiria em frente se assumisse o comando do carro. "Eu dirijo mal?", reclamou Sant'Ana. "Não, tu não diriges, tu nem olha para a frente", respondeu o comentarista.

Quem também foi testemunha do estilo temerário e pouco ortodoxo de Sant'Ana dirigir foi Pedro Sirotsky. Certa vez, saindo logo depois de uma participação no *Jornal do Almoço*, Pedro caiu na besteira de aceitar uma carona até Atlântida. "Ele ia a Capão da Canoa ver a família, me convidou e eu resolvi aceitar", confessa o empresário confirmando seu arrependimento. "Foram as duas piores horas da minha vida." Pedro conta que Sant'Ana dirigia uma Brasília sem reparar em nada. "Era uma total desconexão com a estrada", relata. "Um risco iminente a qualquer minuto, com ele com um braço apoiado na janela, outro trocando as marchas e equilibrando um cigarro atrás do outro entre as duas mãos".

Em suas colunas, o tema do jogo estava muito presente. Em entrevistas, Sant'Ana contava que, quando estava em Porto Alegre, sua opção mais frequente eram as apostas no turfe. Em um depoimento, ele explicou: "Não dá para jogar no bicho, não tem roleta, a maquininha é clandestina", resumia. A opção pelas apostas em cavalos se justificava também pelo medo de um escândalo. "Eu não posso jogar maquininha numa casa clandestina. Se a polícia bate lá, não acontece nada com ninguém. Mas se eu estiver lá é manchete de jornal. Então fico no turfe."

Assim, em média duas vezes por semana Sant'Ana fazia suas apostas. "Já tive muitas perdas e ganhos. Mas nunca perdi mais do que eu podia perder. Nunca perdi dinheiro que fosse fazer falta para a minha sobrevivência. Isso eu tenho de bom", reconhecia. "Tem apostador que joga até o que não tem. Que se endivida para jogar. Eu nunca me endividei para jogar."

Guerrinha conta ainda que Sant'Ana não gostava de viajar com o *Sala de Redação*, quando a equipe do programa era convidada para se apresentar em alguma cidade. A exceção foi quando o programa foi escalado para Santana do Livramento. "Eu vou nessa", ele me disse, conta

Guerrinha. "Por quê?", espantou-se o colega. "Tens parentes lá?", acrescentou. "Não, mas tem cassino em Rivera", explicou Sant'Ana.

A partir de então, Sant'Ana passou a ir com frequência a Rivera para jogar. A opção levava em conta uma estratégia: Rivera é aproximadamente pouco mais da metade do caminho até Punta del Este. Quando não podia contar com a companhia de Guerrinha, Sant'Ana tinha o apoio de Nelson, que lhe disponibilizava um carro e um motorista.

Quem muitas vezes ciceroneava Sant'Ana na fronteira era Duda Pinto, colunista do jornal *A Plateia* e fotógrafo *freelancer* da *Zero Hora*. "Eu era uma espécie de babá do Sant'Ana", confessa Duda. "Quando ele vinha, andávamos por tudo que era lado."

As idas a Santana do Livramento eram uma espécie de soma de todos os prazeres de Paulo Sant'Ana: jogo, comida (em especial, doces) e fumo. Duda conta que Sant'Ana sempre pedia para comer uma parrillada e, depois da refeição, se esbaldava na sobremesa: pudim acompanhado de doce de leite. "Isso é dos deuses", ele me dizia, "antes de me pedir que eu fosse com ele até o banheiro para que ele se aplicasse doses de insulina".

Duda recorda que, na última vez em que estiveram juntos, Sant'Ana demonstrou interesse em comprar um cigarro eletrônico, que, segundo ele, o ajudaria a largar o cigarro convencional com fumo. "Fomos até uma loja. Ele de bengala, já com dificuldade em caminhar, foi de braço dado comigo", conta Duda. "No meio da conversa, ele me disse que andava muito doente e começou a chorar. Foi um momento muito triste."

Guerrinha notava uma certa coragem como sendo a grande virtude de Paulo Sant'Ana em uma mesa de jogo. "Ele não tinha pena do dinheiro", avalia Guerrinha, para quem Sant'Ana nunca jogava se a aposta não fosse alta o suficiente para ele ganhar bastante – e, claro, perder bastante, que era o que mais acontecia.

No sentido inverso, Guerrinha via como grande defeito do amigo a impaciência. "Ele não tinha calma!" Para ilustrar essa falta de paciência, Guerrinha lembra um episódio: "Em uma das vezes que eu não pude ir a Punta del Este, eu comentei com o Sant'Ana que, pela minha constante observação, eu tinha chegado a um método que dava certo na roleta".

Sant'Ana ficou interessado no assunto, levou Guerrinha para uma sala no prédio da *Zero Hora* e pediu que ele explicasse que fenômeno era esse.

Guerrinha detalhou a estratégia, mas fez questão de sublinhar que aquilo não era completamente eficaz e que, ainda assim, se desse certo, Sant'Ana ganharia pouco dinheiro. O mais importante, segundo Guerrinha, é que ele não iria perder. Sant'Ana viajou, jogou na roleta e, na segunda-feira, de volta a Porto Alegre, procurou Guerrinha na redação do *Diário Gaúcho*. "Ele estava com uma cara acabrunhada e eu falei: 'só falta tu me dizeres que perdeu dinheiro na roleta'". "Não", respondeu Sant'Ana, "ganhei 15 mil dólares", completou, antes de decretar: "Mas nunca mais vou jogar roleta". Guerrinha ficou curioso para saber o motivo. "Demora muito", explicou Sant'Ana. "Nas maquininhas é tudo imediato", disse referindo-se aos caça-níqueis.

Às vezes, Sant'Ana até tratava a própria coluna como um jogo. Não era incomum ele, no afã de produzir um grande texto, se esquecer de salvar o que já havia escrito. Aí muitas vezes o computador travava e o cronista perdia tudo. Ele se irritava, gritava, mas não se abalava. Sentava-se e escrevia tudo de novo.

Em um texto em que escreveu sobra a relação de Sant'Ana com o jogo, Moisés Mendes narrou a existência de alguns momentos de felicidade e de euforia, como o dia em que Sant'Ana estava no cassino do Hotel Conrad e ouviu o barulho como nunca mais ouviria. A máquina apontou a vitória do apostador e a definição de qual seria o prêmio. A tela ia mostrando: US$ 2 mil, US$ 10 mil, US$ 14 mil, US$ 22 mil... Sant'Ana começou a delirar, a gritar. Quando estava em US$ 40 mil e a máquina parou de contar, ele saiu correndo pelos corredores do cassino e foi chamar Inajara, que estava em outra ala. "Ganhei, ganhei, vem ver", ele gritava. Voltaram correndo. Quando chegaram ao lado da máquina, as figuras continuavam girando, e o registro do prêmio não parava: US$ 45 mil... US$ 60 mil... e assim foi até estacionar em US$ 80 mil.

A excitação de Sant'Ana com a vitória foi tão grande que ele não se controlou e foi bater no apartamento que Geraldo Corrêa alugava, quase ao lado do Hotel Conrad, para contar que havia ganhado. Detalhe: Sant'Ana tocou a campainha às 5h30min. Quase de madrugada.

Em outra ocasião, lembra Paulo Sergio Guedes, Sant'Ana ligou para o amigo, que estava em Porto Alegre, para contar que havia ganhado uma fortuna nos caça-níqueis. Paulo Sergio conta que sua mulher, June, ouviu a gritaria de um Sant'Ana eufórico, pegou o aparelho da mão do marido e aconselhou que Sant'Ana reservasse aquele dinheiro para gastar em algo sólido, um apartamento, por exemplo. "Não, não vou comprar", respondeu o colunista. Conselho semelhante foi dado por Geraldo e igualmente não foi sequer levado em consideração por Sant'Ana. No dia seguinte, o dinheiro ganho já havia se esfarelado em outras apostas.

Paulo Sergio lembra que, nessas viagens ao Uruguai, Sant'Ana acordava às 11h da manhã e ia jogar. "Às vezes, eu o convidava para almoçar e ele me perguntava: 'Quanto tempo vai levar?'", conta Paulo Sergio. "Aí, durante o almoço, ele dizia. 'Tô perdendo tempo', sinal de que ele queria voltar para jogar". Ao final, Paulo Sergio brinca: "Tenho certeza de que o Santana foi centenas de vezes a Punta del Este, mas não conhecia Punta del Este. Ele ficava enfurnado no cassino. Era incapaz de citar nomes de restaurantes, bares, livrarias, lojas...". "Ele não saía de dentro dos cassinos. Era alucinado. Eu e a Ana Paula convidávamos ele para passear, ele não queria ir. A vida para ele era o cassino", comenta Inajara, que revela ainda uma curiosidade: o cassino era o grande ponto de confluência do casal. "Quando nós brigávamos, ele dizia para a Ana Paula: 'Quer ver a mãe ficar boazinha? Vida, vamos para Punta del Este?'. Aí eu amolecia."

O fato é que depois de dias de (rara) sorte como aqueles, Sant'Ana ficava em êxtase. E, como se ignorasse que para o apostador a sorte é quase sempre exceção, não regra, ele continuou a frequentar cassinos e casas de apostas acreditando que aquela noite fenomenal iria se repetir. Nunca mais. Muitas vezes, conta Moisés Mendes, ele, desolado, admitia e prometia: "Levei um talagaço. Nunca mais" – e retomava tudo no dia seguinte.

Quem também foi parceiro de Paulo Sant'Ana nessas idas a Punta del Este foi seu filho, Jorge. "Fui muitas vezes com ele, quase sempre de carro. Nós dois dirigíamos. Em uma única vez, meu filho foi junto", lembra Jorge, que diz aceitar o convite para a viagem por outros motivos distantes da jogatina. "Ao contrário do pai, eu não gostava de cassino. O que me atraía era a vantagem que o hotel oferecia. Nunca gostei de jogar, gostava era da mordomia."

Sant'Ana virava a noite jogando e, em uma linha parecida ao depoimento dado por Paulo Sergio Guedes (que chegou a ouvir de Sant'Ana que a "passagem de avião era de graça"), Jorge lembra de outra frase dita pelo pai, que também aos seus ouvidos lhe pareceu um absurdo: "Uma vez, ele me disse, enquanto almoçávamos em um restaurante fora do hotel: 'Não vou mais almoçar na rua, não vou jogar meu dinheiro fora, se eu posso almoçar de graça dentro do cassino'".

Mas absurdo maior, acrescenta Jorge, foi quando Sant'Ana esteve diante de um dos maiores símbolos da música mundial, Bob Dylan – o único artista do planeta a ser homenageado com o Nobel, o Pulitzer, o Oscar, o Grammy e o Globo de Ouro. Sant'Ana não soube valorizar o momento histórico que estava diante dele. A história foi contada pelo neto, Gabriel, e saiu publicada em *Zero Hora* no dia seguinte à morte de Sant'Ana. "O vô era uma criatura muito engraçada. Uma vez estávamos em Punta del Este e a gente ganhou dois ingressos de primeira fila para ver o *show* do Bob Dylan. Fomos, ele começou a cantar, a gente na primeira fila, ele me olhou e disse que queria ir para o cassino. Eu falei que não poderíamos, porque era a primeira música. Ele não teve dúvidas, levantou-se, olhou para o Bob Dylan e disse que ele era uma droga, o *show* era uma droga e iria jogar. Não tem chance de o Bob Dylan não ter visto. Não deve ter entendido, mas fomos embora indiscretamente."

CAPÍTULO 10
O CRONISTA NO DIVÁ

Sant'Ana: "Minha bipolaridade é de períodos longos".

A coluna em *Zero Hora* funcionava quase sempre como uma sessão de análise para Paulo Sant'Ana. No texto, ele se revelava. Às vezes se mostrava cordial, compreensivo e afetuoso, noutras estava irritadiço, impaciente e irascível. Autoanalisando-se, ele era o primeiro a reconhecer que a explicação para uma variedade tão grande de mudanças comportamentais estava na bipolaridade. "A minha bipolaridade é de períodos longos e o problema são os sintomas. Tu tens euforia e depressão. E um dos sintomas da euforia é a irritabilidade", diagnosticou Sant'Ana em entrevista a Andres Muller e Ricardo Lacerda para o *Portal Amanhã*.

Confirmando o estilo instável de Sant'Ana, a pesquisadora Patrícia Specht destaca o comportamento – como ele próprio gostava de se autoclassificar – bipolar. "Ele às vezes passava por mim, me saudava e chamava quem estivesse por perto para dizer que eu havia feito um estudo sobre ele. Outras vezes, ele nem me cumprimentava."

A mesma bipolaridade foi o motivo da atração de outra estudante de jornalismo que resolveu fazer da figura de Paulo Sant'Ana o tema do seu trabalho de conclusão de curso. Em novembro de 1995, Mariana Bertolucci concluía o curso de Jornalismo ao mesmo tempo que trabalhava como estagiária da Rádio Gaúcha. "Fui seduzida pelo galanteador, que fazia questão de chamar a atenção de todos", conta Mariana. "Aí depois, quando eu passei a conviver com ele mais proximamente, fui notando que essa bipolaridade era bem presente em todas as suas colunas. A personalidade e os altos e baixos estavam na escrita dele."

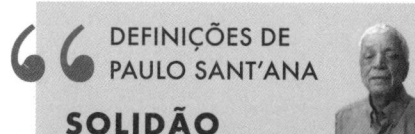

> **DEFINIÇÕES DE PAULO SANT'ANA**
>
> **SOLIDÃO**
>
> "Quando o homem procura a companhia de um animal para livrar-se da solidão, é quase certo que fará somente bem à sua companhia — e esta a ele. Já quando o homem procura a companhia de outro humano para fugir da solidão, é grande o risco de que faça mal a ele ou dele o receba."

Para tentar desvendar esse personagem misterioso, Mariana foi à luta. Por três meses, entre julho e outubro de 1995, ela fez uma análise diária das crônicas de Sant'Ana e revelou que, nesse período, ele escreveu sobre política 33 vezes, sobre o Grêmio 14, sobre casamento 11 vezes, sobre futebol outras quatro e sobre as cartas que recebia mais quatro. O único tema inédito foi o julgamento do ator e ex-jogador de futebol americano O. J. Simpson, acusado de ter assassinado a esposa. "É esta diversificação na personalidade de Paulo Sant'Ana que o torna um jornalista extremamente polêmico. Estes vários Paulos Sant'Anas que se enfrentam num só corpo fazem dele uma pessoa atípica. Um cronista que se mostra doce e agressivo, deprimido e feliz, positivo e negativo, uma síntese de sentimentos", concluiu Mariana. "Ele era uma tempestade emocional."

Mariana conta que Sant'Ana, ao descobrir que seria o tema do trabalho acadêmico, ficou lisonjeado. "Ele me ajudou no que pôde e me deu uma longa entrevista com mais de duas horas de gravação." Mas, para conceder essa entrevista, Sant'Ana primeiro se fez de difícil. "Ele fez charminho, disse que estava com a agenda cheia e me argumentou: 'Tu sabes quantos gaúchos no Rio Grande do Sul me pedem entrevista diariamente?'", diz Mariana. Convite aceito depois de longas negociações, Sant'Ana, então, estabeleceu condições: o encontro deveria ser realizado em um dos seus restaurantes preferidos, uma galeteria, e deveria ter a presença de outra colega, assim como Mariana também produtora da Rádio Gaúcha. E uma exigência final: essa colega deveria comparecer com as unhas pintadas de vermelho.

Na conversa com os repórteres do *Portal Amanhã*, Sant'Ana reconhecia que, por causa da impulsividade, já chegou ao ponto de dar um tapa na cara do seu melhor amigo e que muitas vezes seu cotidiano se dividia entre uma euforia, que se irrompia em forma de irritação, e uma depressão, que o deixava manso, quase entorpecido. "Tu és capaz de matar alguém no trânsito. Esse é o perigo da bipolaridade: a irascibilidade", completou, atribuindo os duelos com impropérios às oscilações de humor da bipolaridade.

Com o tempo, a coluna de Paulo Sant'Ana na penúltima página foi se modificando. Porém, sempre foi – antes de mais nada e acima de tudo – confessional. Se pensava ou não em fazer um livro autobiográfico ou memorialístico (o que nunca chegou a pôr em prática), Sant'Ana já exercitara todos os elementos para esse tipo de relato em seus textos.

"Eu nunca conheci alguém que se expusesse tanto em seus textos", atesta o psiquiatra Paulo Sergio Guedes. "Ele se expunha como um louco, ele tirava a própria roupa em seus textos." Para Paulo Sergio, um de seus textos preferidos entre os milhares já publicados em *Zero Hora* é o que trata da mulher fingida. "É uma crônica perfeita sobre a necessidade, para o homem, da mulher fingir um pouco", analisa Paulo Sergio.

O psicanalista Paulo Sergio e o jornalista Sant'Ana se conheceram por intermédio de Fernando Ernesto Corrêa. "Eu fui procurado pelo Fernando Ernesto, que me disse que havia aconselhado o Sant'Ana a me procurar porque ele andava muito deprimido", lembra. Assim, Paulo Sergio o recebeu no consultório que mantinha no edifício Annes Dias, no Centro de Porto Alegre, e com ele teve uma única consulta de maneira formal. "O Sant'Ana saiu dali minutos depois e a partir daquele momento ele

ANEXO 1

A mulher fingida

(publicada em 18 de fevereiro de 1997)

O segundo melhor e maior pensamento que li ou ouvi nos últimos anos, de autor desconhecido: "Quando não se tem sexo ou dinheiro, não se pensa em outra coisa".

Este aí de cima foi o segundo melhor, o vice-campeão. Agora vou dar de presente o primeiro, o campeoníssimo dos últimos anos, também de autor desconhecido: "Quase tudo aquilo que vivemos pedindo a Deus nós já possuímos".

E agora não um pensamento, mas uma constatação minha nestes 200 anos que tenho de existência: por toda a minha vida, nos longos anos desta caminhada, sempre vivi atormentado, aterrorizado por medos de que viessem a me acontecer fatos que jamais me aconteceram.

Uma vida inteira quase estragada por receios profundamente depressivos e infundados.

Tudo de ruim que me aconteceu, disso nunca tive medo antes.

Do ponto de vista de um homem, a grande mulher é a que finge. Nada mais espetacular que uma mulher que saiba fingir.

Até na cama, é muito melhor a mulher que finge do que a sincera. A mulher que finge é muito mais autêntica que a sincera.

Nunca acredite numa mulher sincera. Creia firmemente na mulher fingida, acredite que ela está sendo sincera.

A mulher fingida tem sentimentos muito mais intensos e transbordantes que a sincera. A sincera é muda, não emite sons, a fingida parece uma histérica para agradar seu homem. A sincera agrada na moita, não dá nem para sentir que ela é sincera nem que é mulher.

A mulher que finge está sempre pronta para fingir, sua energia é inesgotável. Só a mulher fingida é capaz de ter orgasmo múltiplo. A sincera é somente dada a cosquinhas.

A fingida não mede hora, nem lugar, nem esforço para tornar seu homem feliz. Ela é incansável em mesuras, carinhos, elogios, homenagens, comidinhas para seu homem. A mulher sincera é muito chata, está sempre expondo seus problemas, suas dificuldades, os transtornos da relação.

A mulher fingida é aquela que, quando você chega em casa e pergunta a ela se está tudo bem, ela responde, arranjando a camisola: "Agora ainda vai ficar melhor".

A mulher sincera é aquela que, quando você chega em casa e pergunta se está tudo bem, ela responde: "Nem tudo, tu não sabes o dia que passei".

> A mulher fingida chega a fingir que não lhe falta dinheiro, a Amélia. A sincera é a mulher que vive e se declara em eterno déficit financeiro.
>
> Eu amo a sinceridade da mulher fingida. E acho que é tão chata a sinceridade da mulher sincera que só pode ser fingimento.

não era mais meu paciente; era meu amigo. Eu sempre tive essa imensa sorte: muitos dos meus pacientes se transformam em meus amigos."

Sant'Ana considerava-se um especialista no assunto e dizia já ter falado profissionalmente ou como paciente com mais de 40 psiquiatras. Para um deles, Sant'Ana chegou para a sessão e contou todos os problemas, as angústias pelas quais passava, e, ao final, falou: "Doutor, até agora o senhor só tinha pegado sopinha. Quero ver me curar e resolver os meus pepinos".

Assim, ao receber Sant'Ana para a consulta, Paulo Sergio já tinha o conhecimento prévio do homem que tanto falava de si próprio e de tudo que o cercava em seus textos. Paulo Sergio também intuía que Sant'Ana não sofria de depressão e, sim, de tristeza.

No encontro, o primeiro aspecto que Sant'Ana se queixou foi de que seu até então psicanalista o tratava com remédios e que, segundo ele, isso melhorava um pouco o seu estado deprimido, mas o deixava embotado, apático, sem criatividade. Ou seja, impossibilitado de escrever. "Então não toma mais nada", receitou Paulo Sergio. "Vamos descobrir como eu posso te ajudar de outras maneiras."

Ao final da consulta, Paulo Sergio perguntou se Sant'Ana queria reencontrá-lo, e o cronista respondeu cantando a *Serenata do Adeus*, de Vinicius de Moraes: "Ai, vontade de ficar, mas tendo de ir embora". Paulo Sergio não perdeu a deixa e emendou: "Ai, que amar é se ir morrendo pela vida afora". A partir de então todos os encontros entre Paulo Sergio e Sant'Ana passaram a ser informais, quase sempre realizados na casa do psiquiatra, sem compromisso de horário e de pagamentos.

Assim, como na relação com Paulo Sergio – e também com tantos outros médicos com os quais se consultou ao longo dos anos –, Sant'Ana evitava ir ao consultório, ter encontros formais, mas não evitava os constantes contatos. Uma das poucas exceções foi o clínico-geral Matias Kronfeld, que por mais de 30 anos atuou como uma espécie de coordenador da equipe médica formada pelos mais variados especialistas e que quase sempre estava ao redor de Sant'Ana.

Além das visitas ao consultório, Sant'Ana criou laços imediatos com Kronfeld. "Com frequência, saíamos para jantar", lembra Kronfeld, contando que o endocrinologista Jorge Luiz Gross (*que morreu em um acidente automobilístico em maio de 2017*) também se juntava aos dois. "Sant'Ana sabia cativar, descobrir os segredos de quem estava próximo", revela Matias.

Com J. J. Camargo também era assim: Sant'Ana o procurava seguidamente. Nesses encontros, Sant'Ana sistematicamente perguntava se havia um paciente de transplante recente que ele pudesse conhecer. "Uma tarde", conta Camargo, "tinha". "Foi quando o levei para ser apresentado ao João Batista, um paciente que havia sido transplantado naquela semana." Camargo recorda que, quando os dois entraram na UTI, "o João brincava com a respiração profunda que mobilizava o lado do tórax onde estava o pulmão novo". Aí Camargo disse: "Bom dia, João Batista, veja quem eu trouxe para te conhecer!". João Batista ficou surpreso e encantado com a visita, e falou de imediato: "Sant'Ana, vem cá ver o que te espera!". "O Sant'Ana só perguntou se ele respirava bem e tratou de cair fora, visivelmente chocado", lembra Camargo. "Nunca mais pediu para ver um transplantado."

Com o tempo, Sant'Ana – tanto com Paulo Sergio quanto com Kronfeld e com Camargo – ficou íntimo dos três e, com frequência, se socorria dos ensinamentos deles como forma de inspiração. Um exemplo ressaltado por Paulo Sergio é o texto "Ilha entre abismos", em que Sant'Ana, na opinião do psicanalista, tem a exata compreensão de que a tristeza evita a depressão, enquanto esta última – como doença – exclui a tristeza.

Uma única exceção entre o corpo médico que acompanhava Sant'Ana foi o profissional – não identificado – de quem ele se queixou em uma coluna, publicada no dia 6 de fevereiro de 2012. "Há um médico notável em Porto Alegre que não atende o celular. Pela tarde, ele usa a desculpa de que está clinicando e não vai interromper as consultas, muito justo. Mas e à noite e pela manhã, quando não atende consultas, por que não atende o celular? Não atende porque é de seu caráter não atender e maltratar os outros."

Ilha entre abismos

(publicada em 3 de abril de 2003)

Este exercício filosófico-psicanalítico que farei a seguir é absolutamente empírico, não tem nenhuma base científica.

Encorajo-me no entanto a fazê-lo porque não conheço nenhum especialista que tenha definido a importante diferença entre a tristeza e a depressão.

E me ocorre de repente que a diferença entre uma e outra é que a tristeza é detonada sobre o homem por fatos concretos e adversos, enquanto que o paciente da depressão desconhece objetivamente as causas do desabamento total do seu humor.

A volta do amor fracassado ou US$ 1 milhão podem solucionar a tristeza, mas não afetam minimamente a depressão.

Enquanto triste, o homem resiste à sua realidade e tem esperança de que ela possa ser modificada. Já enquanto depressivo, o homem entrega-se a uma desilusão que não será demovida por um ou mais acontecimentos favoráveis.

O triste foi metido num labirinto, o depressivo está mergulhado na escuridão.

O triste ainda fita o horizonte, o depressivo é uma ilha cercada de abismos por todos os lados.

Ainda se acredita que o tempo pode ser o remédio para o mal do triste. O depressivo não tem nenhuma esperança de que o tempo possa socorrê-lo, ele acha que sua vida já acabou.

Melhor dizendo, o tempo pode acabar com a tristeza do triste, enquanto o depressivo entende exatamente que o tempo é o seu maior inimigo, quanto mais longo ele for, maior será o seu infortúnio.

O triste ainda pode evitar ir a um enterro, comparecendo a uma festa. Já para o depressivo não existe diferença entre uma festa e um enterro, ele evita os dois por vazio total de significado.

Se ao triste ocorre o porquê de sua tristeza, ao depressivo aturde o seu desmoronamento.

A melhor definição sobre a depressão encontrei-a em versos antigos do insuperável Luiz de Camões, feitos no tempo em que não se distinguia entre tristeza e depressão: "Que dias há que na alma me têm posto / um não sei quê, que nasce não sei onde / vem não não sei como e dói não sei por quê".

■

Um homem amado pelos seus familiares e respeitado por todos em Rio

> Grande, onde nasceu, e em Pelotas, onde vive, jogador do Rio Grande na juventude e desde moço até a velhice gremista dos quatro costados, o senhor Jayme de Oliveira Souto completa na data de hoje 80 anos de idade.
> E como ele começa a ler Zero Hora por esta coluna há 30 anos, suponho que terá uma agradável surpresa ao perceber agora pela manhã que não poderia passar despercebida a este colunista tão significativa data.
>
> ■
>
> Enfim uma grande e animadora vitória do Grêmio. Não é compatível com a qualidade do plantel gremista a má campanha do time em 2003.
> É possível que agora o time se afirme onde tem que se afirmar: no campeonato brasileiro. A Libertadores é uma meta justamente desejada. Mas o Brasileirão é prioritário. Ontem pôde significar a grande arrancada.

Por algum tempo, Paulo Sant'Ana aplacou a instabilidade e a depressão com os remédios. Também era íntimo dos psicanalistas com os quais se consultava. Em pouco tempo quebrava as barreiras que separam os profissionais dos pacientes e se tornava amigo dos seus analistas. "Tenho um amigo psiquiatra, o Paulo Sergio Rosa Guedes, que é muito inteligente. Ele me disse: 'Sant'Ana, é uma lástima, eu não tenho com quem conversar'. E eu respondi: 'Paulo, esse é um problema meu também. Tenho muitas pessoas com quem conversar, mas não tenho pessoas cuja conversa esteja a minha altura'. Me sinto muito só pela falta de parceria intelectual."

"Ele não era bipolar, como ele adorava espalhar por aí", diagnostica Paulo Sergio, completando com a definição com a qual ele acreditava que mais se encaixava em Sant'Ana: "Tu és um homem que tem grandes e permanentes variações de humor; e que ainda assim essas alterações te ajudam muito na tua vida. Basta ver as tuas colunas". Para Paulo Sergio, havia ainda algo mais: "O Sant'Ana tinha um quê de bruxo também".

Já com outro psicanalista houve uma história folclórica que ilustra bem o tamanho do ego de Paulo Sant'Ana. Ele próprio contou que, em determinada noite, o psiquiatra Paulo Alberto Rebelato o abordou com uma proposta. "Sendo teu leitor e ouvinte, sei que posso te ajudar profissionalmente a resolver alguns dos teus dilemas existenciais", disse. Na sequência, o especialista ofereceu seus préstimos: "Por isso, te proponho que façamos dez sessões de terapia. Se te ajudarem, tu pagas meu preço, se não ajudarem, não pagas nada". E assim foi feito.

No final da décima sessão, o psiquiatra deu o seu diagnóstico a Sant'Ana e confessou que os encontros ajudaram bem mais a ele, psicanalista, que ao próprio paciente, Sant'Ana. Sendo assim, o profissional, de maneira humilde, perguntava quanto devia pagar ao cronista. "Com recibo ou sem recibo?", indagou Sant'Ana.

Com a proximidade com Rebelato, Sant'Ana passou a fazer o programa *Comportamento*, que era transmitido pela Rádio Gaúcha e pela TVCOM – e, na mesma época, daria origem a um livro, *Comportamento*, em uma parceria de Sant'Ana com o psiquiatra. Também naquele período, Sant'Ana conheceu e se aproximou de Nélio Tombini, psiquiatra, psicoterapeuta, além de coordenador de *workshops* sobre saúde mental e consultor em gestão emocional.

A amizade foi instantânea. "Eu trabalhava na Santa Casa, onde coordenava um projeto de terapia em grupo. Ele me convidou para participar como entrevistado e nunca mais nos separamos."

"Tempos depois", conta Nélio, "um dia, ele me pediu para que eu fizesse uma avaliação, mas logo percebi que isso seria quase impossível: terapia implica falar e ouvir. E o Sant'Ana só falava. E não tolerava ser contrariado". Nélio conta que seguidamente os dois estavam em um restaurante e o Sant'Ana fazia uma pergunta. "Quando eu me preparava para responder, ele mesmo respondia", resignava-se o médico. "Certa vez eu até comentei: 'Sant'Ana, se eu me levantar da mesa, tu nem vais perceber que eu saí.'"

Nélio era um dos que também reconhecia a dificuldade que ocorria com quem convivia com Sant'Ana. Apesar de nunca terem brigado, o médico constata que Sant'Ana, muitas vezes, "era inadequado, grosseiro, muito espaçoso e se permitia tudo. Gostava de ser bajulado, de estar em evidência, sempre em primeiro plano". O resultado, segundo Nélio, é que, assim como ele tinha a grande facilidade de conquistar as pessoas, ele também tinha para expulsá-las da vida dele.

Por fim, Nélio ressalta mais uma faceta da personalidade de Paulo Sant'Ana: a dificuldade que ele tinha para demonstrar afetos. "Ele nunca me convidava para almoçar. Ele simplesmente me ligava às 11h e perguntava 'Onde é que tu vais almoçar?'. Assim, ele demonstrava um certo descomprometimento com uma eventual negativa", diagnostica Nélio. E conclui: "Ele jamais dizia gosto da tua companhia, de estar contigo".

Além dos psicanalistas, Sant'Ana buscava o controle com o uso de remédios, mas quase sempre ele se mostrava insatisfeito e/ou descrente com os resultados. "Me mandaram tomar remédio e eu estou aqui, igual a um plasta. Vou levar oito horas para escrever a coluna." E concluía com descrença: "Andei me medicando, mas não acredito mais nos remédios". Nélio exemplifica o que Sant'Ana argumentava dizendo ter receitado uma medicação para que ele desacelarasse. "Era como um carro que estivesse a 400 km/h na Freeway e eu fizesse baixar para 250 km/h, que ainda assim é uma velocidade acelerada. Mas ele se sentiu muito devagar."

Essa oscilação de comportamento, claro, afetava e se refletia no resultado: Sant'Ana admitia que a depressão influía na maneira como pensava e como escrevia. Quando a bipolaridade o levava a surtos de euforia e criação, em meia hora o texto estava pronto. Comemorava sempre os bons resultados de uma ideia e extravasava a alegria. Porém, muitas vezes não gostava do que havia escrito, mas logo – em sintonia com a sua megalomania – reconhecia que, por falta de concorrência, ainda assim suas colunas eram ótimas.

Um exemplo disso foi uma crônica escrita em 25 de maio de 2010. No texto, Sant'Ana contava da surpresa preparada pelo editor Raul Ferreira e pela equipe do *Jornal do Almoço* para marcar o retorno dele ao programa, depois de uma ausência forçada. "Foi uma volta triunfal, algo que me comoveu", escreveu, completando que, "independentemente de ter-me tocado até a extrema emoção, o fato de eu ter ontem retornado ao *Jornal do Almoço*, depois de uma parada para tratamento de saúde que durou seis meses, deu-me a sensação de dignidade pessoal".

Na sequência, Sant'Ana narrava seu cotidiano durante aquele período, em que, tomado por intensas consultas com médicos, fisioterapeutas e fonoaudiólogos, estava finalmente conseguindo retomar a plenitude das suas atividades profissionais. Antes do *Jornal do Almoço*, ele já havia retornado ao *Gaúcha Hoje* e ao *Sala de Redação*. Da coluna, ele nunca se afastou. Eufórico como estava, ele também comemorava que, à noite, iria receber mais uma vez o título de colunista de jornal mais lembrado. Era mais um Top of Mind, o prêmio que ele ganhara por aquele ano e pelas 19 edições anteriores.

CAPÍTULO 11
O GÊNIO IDIOTA

Doces: uma obsessão incontrolável.

Como as colunas necessitavam da instantaneidade, elas precisavam ser consumidas no calor dos acontecimentos. Era dessa maneira que elas ganhavam vida – efêmera, é verdade –, permanecendo posteriormente algumas vezes na memória dos leitores. Cronista que batia todos os recordes de leitura e de audiência, Sant'Ana, porém, jamais conseguiu repetir a mesma performance nos três livros que lançou: *O Gênio Idiota* (1992), *O Melhor de Mim* (2005) e *Eis o Homem*

(2010). "Os textos do Sant'Ana se destacavam pelo conteúdo oportuno e pela identificação local", explica Jayme Sirotsky. "E, mais do que tudo, os textos necessitavam da figura dele como intérprete." Isso talvez explique o sucesso instantâneo pelo fato de que as crônicas eram fruídas de imediato. Depois, quando publicadas em antologias, elas perdiam o mesmo impacto e nunca alcançavam a mesma dimensão de sucesso, de reconhecimento e de apelo popular.

O primeiro livro, *O Gênio Idiota*, foi lançado no final de 1992. Segundo Sant'Ana, a obra, "belamente editada pela Mercado Aberto", trazia um título que fazia crer ser uma autobiografia. "Mas não é", garantia o autor, dizendo ainda tratar-se apenas de uma seleção de reações de espírito a fatos que rolam em torno da vida, comuns a todos pela percepção dos sentidos. A coletânea reunia 40 crônicas selecionadas pelo próprio Sant'Ana sobre assuntos diversos (o ciúme, a amizade, o amor, o ridículo), ainda na definição do autor uma junção de todas as manifestações da criatura humana, ora ironizadas, por vezes críticas e quase sempre sublimadas pela compreensão. Conforme Sant'Ana, a escolha dos textos foi feita levando em consideração o gosto dos seus leitores.

O lançamento e a sessão de autógrafos de *O Gênio Idiota* foram realizados no final da tarde do dia 10 de novembro de 1992, no pavilhão central da Feira do Livro de Porto Alegre. Poucas horas antes do lançamento, Sant'Ana definia o que estava sentindo como "aquele momento de tensão emocionante pelo encontro com pessoas próximas, surpreendente e comovedor pelos que com sua presença animadora se fazem então conhecer". E, logo depois, afirmava: "É um instante que toca o coração e gratifica a mente".

Mais tarde, os piores temores e a ansiedade do autor nas horas que antecediam o lançamento foram superados pelo cansaço e pela satisfação de ficar dando autógrafos por mais de três horas.

Depois da sessão de autógrafos, enquanto caminhava pela Praça da Alfândega e recebia abraços e beijos de fãs e leitores, Sant'Ana admitia a amigos que havia gostado de ter tido a experiência de ter se transformado em escritor e até admitia que em poucos anos poderia vir a escrever uma obra de maior fôlego, um romance.

O Gênio Idiota seria ainda o tema da coluna de Paulo Sant'Ana no dia seguinte ao lançamento. Na crônica "Muito obrigado", Sant'Ana não apenas agradecia a presença dos amigos e leitores, como também confessava sua ignorância a respeito do determinado evento, estranhando o fato de existirem tantas pessoas dispostas a comprar um livro, "que não era barato", e depois disso ainda se obrigarem a permanecer durante horas em uma fila para receber um autógrafo. "Ou seja, eu fiquei desajeitado com o sacrifício das pessoas, o que valorizou ainda mais a ocasião", admitiu de forma encabulada.

Elencando quem ele lembrava ter passado pela Feira do Livro – o ex-governador Synval Guazzelli, os colegas Luis Fernando Verissimo e Carlos Bastos, o poeta Luiz de Miranda –, Sant'Ana dizia que o tamanho da imensa fila de pessoas aguardando o seu autógrafo o constrangia, em especial com a presença de desconhecidos, "gente do povo, gente que eu tinha visto só uma vez ou com quem nunca tinha me encontrado, mimando-me com palavras de deliciosa ternura". "Vocês são o sangue da vida", agradeceu.

Já o segundo livro de Paulo Sant'Ana, *O Melhor de Mim*, foi lançado em 2003, e a maior parte das 64 crônicas foi escrita depois de 1992, como forma de recolher o material posterior ao reunido em *O Gênio Idiota*. "Tanta gente me pedia nas ruas ou pelo telefone que eu reunisse crônicas escolhidas num livro, que não resisti à tentação e compilei-as", confessou Sant'Ana. "São os melhores momentos deste afã diário de escrever há 31 anos, a agonia e o êxtase de todos os dias oferecer aos leitores uma visão individual do mundo que nos cerca."

Sant'Ana admitia que escolher as 64 crônicas para o livro – organizadas em três sessões: a primeira falando de amores, a segunda, de convivência humana, e a terceira, de textos mais filosóficos – foi um árduo trabalho diante das 12 mil colunas que já assinou em *Zero Hora*. Porém, reconhecia que as que fazem parte da seleção final são as que ele considera como as mais profundamente representativas da sua índole e da rede de prospecção da sua sensibilidade.

As crônicas, segundo Sant'Ana, nasciam de situações estranhas: "Dias há em que os assuntos escasseiam, dias no entanto há em que os assuntos pululam", explicava. E em seguida acrescentava: "Dias há em que o cronista está eufórico, outros dias há em que está depressivo, a velha bilateralidade do espírito humano".

Sant'Ana revelava ser frequente a abordagem por parte dos leitores que manifestavam a ele sua perplexidade pelo fato de ter escrito tantas crônicas. A eles, Sant'Ana explicava que quem ficava ainda mais perplexo era ele próprio. "Não sei como posso, o que sei é que muitas das crônicas são feitas pela pressão, pela exigência de que elas têm de ser feitas, dali a pouco roda o jornal e não pode sair sem a coluna."

O espanto do cronista permanecia até mesmo depois da publicação das crônicas. Sant'Ana contava que para alguns dos textos ele não desconfiava de que haveria repercussão e, no entanto, no dia seguinte, todo mundo falava deles. Já para crônica que ele acreditava ter "acertado na veia", ele via no dia seguinte que não acertou.

> **DEFINIÇÕES DE PAULO SANT'ANA** 
>
> **MENTE**
>
> "É muito importante o que o homem faz, mas eu daria um doce para saber o que ele pensa. E entre o que faz e pensa quase sempre tropeça num abismo."

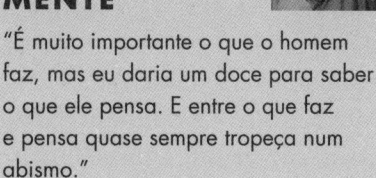

Lançado em junho de 2003, mês em que o cronista comemorava 64 anos, o livro novamente reuniu centenas de fãs na sessão de autógrafos. Pelo reconhecimento, Sant'Ana agradeceu com a crônica "O melhor dos outros", em que confessou ter vivido um momento de grande emoção e de ter recebido o carinho de amigos e leitores. "Foi também uma noite de autógrafos e lágrimas – que eram, naquele momento, o melhor de mim para agradecer tanto apreço."

Seu último livro, *Eis o Homem*, uma nova coletânea de crônicas, foi publicado em julho de 2010, e nele o comunicador privilegiava os textos sobre a própria intimidade. Uma reportagem divulgando o livro foi apresentada na capa do Segundo Caderno de *Zero Hora*, na qual a autora do texto, a jornalista Patrícia Specht, saudava Sant'Ana como o "dono da opinião mais potente do Rio Grande do Sul", ressaltando que ele "ao mesmo tempo que mostra a grandeza do miúdo do cotidiano, critica pardais e defende carroceiros, evoca a mãe perdida aos dois anos e as brincadeiras inocentes na Porto Alegre de antigamente".

Primeiro livro, na avaliação de Patrícia, a privilegiar textos nos quais Sant'Ana explora a própria intimidade, *Eis o Homem* recupera inclusive raros relatos dos tempos em que ele atuou na polícia e de como a sua memória fixou o zunido das balas de revólver durante o tiroteio em Tapes que resultou em quatro mortos e 70 feridos. "O colunista mais lido do Rio Grande do Sul mexe com as pessoas, é provocador, passional, instável. E percebido como sensível, autêntico e corajoso (algo muito gaúcho) ao expor seus dilemas morais mais íntimos, ao contar seus dramas, ao ser ele mesmo. Arranca lágrimas, sorrisos, indignações", define Patrícia.

O lançamento e a sessão de autógrafo – segundo o registro de Moisés Mendes nas páginas de *Zero Hora* – "teve fuzarca, choro, cantoria".

"Cheiroso", descreve Moisés, "depois de borrifar jatos do perfume Carolina Herrera, o cronista divertia-se, desde o momento em que chegou à livraria sob aplausos de quem já estava na fila". Entre os leitores estavam a governadora Yeda Crusius – com quem Sant'Ana cantou *Ronda* naquela noite – e também o ex-governador Alceu Collares, que declarou: "Lasier (*Martins*), Lauro (*Quadros*), Ruy (*Carlos Ostermann*) devem estar com ciúme, porque tu és muito superior a eles". E concluiu: "E eu sou um baita puxa-saco".

E, como sempre, *Eis o Homem* teve sua maior repercussão na coluna do próprio Paulo Sant'Ana. "As 13 mil crônicas diárias que escrevi em *Zero Hora* durante esses últimos 38 anos serviriam para se constituir em 330 livros", calculou. "Houve leitores, muitas vezes, que me mandaram dizer que molharam as páginas do jornal de lágrimas enquanto liam minhas crônicas, outros que, tão pronto leram, recortaram a coluna, fizeram um quadro e o dependuraram na cozinha ou na sala, onde até hoje permanece", autoelogiou-se. "Obra é isto: é o que permanece. O resto o vento leva."

CAPÍTULO 12

SANT'ANA CAI NA FOLIA

Sant'Ana: "É um momento sublime ser enredo de uma escola de samba".

Mais do que qualquer reconhecimento literário, Paulo Sant'Ana iria receber uma homenagem maior em fevereiro de 1993, em uma área que ele sempre considerou como sendo sua: o Carnaval.

A proximidade com a maior festa popular Sant'Ana trazia desde a infância. "Eu me lembro dos cordões humorísticos e dos blocos carnavalescos", escreveu em uma crônica anos depois. "O Vicente Rao (*primeiro Rei Momo de Porto Alegre*) vinha no meio de um deles, ora sambando nos paralelepípedos, ora em cima de uma barata conversível, atirando beijos para todos." Emocionado, Sant'Ana contaria: "Era um carnaval muito espontâneo e meus olhos de menino brilhavam da janela com tanta movimentação e variedade de cores".

Identificado com a Imperadores do Samba, escola vermelha e branca que tem sua quadra próxima ao Estádio Beira-Rio, Sant'Ana seria homenageado pela Acadêmicos da Orgia, ou, de forma mais completa, Sociedade Recreativa Cultural Escola de Samba Acadêmicos da Orgia.

Fundada em fevereiro de 1960 e adotando inicialmente o nome de Garotos da Orgia, a escola foi criada com as cores verde e branco e nasceu sediada no bairro Santana. Agremiação que sempre se destacou pelo seu caráter inovador – foi a primeira a desfilar com duas baterias, além de ter sido a primeira a utilizar uma comissão de frente somente com mulheres –, a Acadêmicos da Orgia tinha entre seus patronos a figura de Vicente Rao, nome importantíssimo da vida pública de Porto Alegre por ter sido o criador da primeira torcida organizada do estado, a do Internacional.

Naquele ano, a Acadêmicos da Orgia iria desfilar no Grupo 1B com um samba de autoria de Bedeu e Alexandre que falava do "Menestrel da Cultura Popular: Francisco Paulo Sant'Ana". "Não sei se resisto à emoção de ver milhares de pessoas cantando o samba no qual sou enredo", registrou Sant'Ana ao mesmo tempo que se declarava lisonjeado por ser lembrado em versos como:

> *"No jornalismo expandiu sua cultura*
> *Advogado cana-dura*
> *Irreverente sonhador*
> *No Sala de Redação, ôôôô*
> *Tem a sua opinião*
> *E no samba é Imperador*
> *Com muito amor*
> *Na culinária, ele abusa do cardápio*
> *Vai de churrasco e também de canapé*
> *É bom de copo e de talher*
> *Um belo prato pode ser mulher"*

Em seus textos, Sant'Ana mostrava-se dividido com relação à homenagem. Dizia estar vivendo algo entre o sublime e o constrangedor, e assim explicava que estava alternando a euforia de se achar merecedor com a suspeita de que tudo aquilo poderia parecer um exagero.

Buscando compreender melhor o alcance da reverência, Sant'Ana ainda vinculava a escolha de seu nome a um outro motivo, mais nobre, e perguntava: "Será que os que tiveram a ideia desta que será a maior homenagem que jamais recebi valorizam o quanto eu tenho denunciado, mesmo quando era só cronista esportivo, a vilania que a sociedade brasileira destina pra o negro em seu desprezo e no inconfessado e brutal preconceito racial que lhe dedica física e espiritualmente?". Sem responder ao que ele mesmo perguntava, Sant'Ana prosseguia em sua análise, agora colocando-se como um combatente do racismo e afirmando que soube brandir "na televisão, no rádio e no jornal a denúncia de que uma certa parte das empresas de Porto Alegre se recusa a admitir em seus quadros os negros, pela única razão epidérmica". E, por fim, questionando ainda se os sambistas da Acadêmicos da Orgia tinham conhecimento de que ele "por mil vezes levantou a voz contra as lonjuras dos morros e a aridez dos casebres em que jogaram os negros nesta cidade em outras tantas da nossa geografia", para concluir com certeza: "os que me fizeram enredo da Acadêmicos devem ter intuído isso. Por isso é sublime ser enredo".

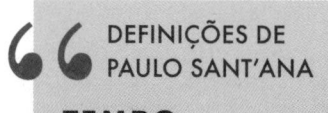

E, de fato, Sant'Ana achou tudo sublime ao pisar na avenida dois dias depois de ter escrito a crônica em que duvidava da legitimidade da homenagem. Logo no início do desfile, às 22h, quando a Acadêmicos da Orgia foi a primeira escola a entrar na avenida pelo Grupo 1B, a situação estava complicada, pois a escola começou a concentração com 30 minutos de atraso, e isso poderia significar perder pontos na avaliação final. Para complicar mais ainda, dois carros alegóricos quebraram e outros quatro não puderam passar pelos fios da rede elétrica. Mas tantos desconfortos não tiraram a empolgação de Sant'Ana e dos quase 700 carnavalescos que cantaram o samba-enredo em homenagem ao colunista. "Pode rufar o tambor / Que o menino chegou / Para ilustrar nosso enredo com amor", entoava um emocionado Paulo Sant'Ana, acompanhado do puxador Dodô e segurando em uma das mãos a apresentadora Maria do Carmo, sua colega de *Jornal do Almoço*, e em outra a sua mulher, Inajara.

> **DEFINIÇÕES DE PAULO SANT'ANA**
>
> **TEMPO**
>
> "Ou você passa o tempo ou você perde tempo. Perder tempo é parar no tempo, significa que não passou o tempo para você. Perder tempo é escolher mal o passatempo. Quem ama passa o tempo. Quem se debate num amor frustrado perde tempo."

Ao final, o balanço foi positivo. "Escapei incólume. A emoção não me matou. Pelo contrário, tornou-me mais maduro e lúcido", escreveu Sant'Ana na coluna do dia seguinte ao desfile, agradecendo a quem o prestigiou na avenida.

Na crônica, Sant'Ana destacou ainda a presença de Luiz Pilla Vares, então secretário da Cultura, representante do prefeito no palanque das autoridades e, até pouco tempo antes, colega do colunista em *Zero Hora*. Pilla Vares, comemorou Sant'Ana, saudou a chegada do cronista e pediu dois uísques para um brinde.

Sant'Ana encerrou seu texto aproveitando para lembrar um fato ocorrido uma semana antes, quando esteve em um dos ensaios da Acadêmicos da Orgia. Sant'Ana contou que pretendia entrar na quadra, mas foi barrado por um "porteiro com uns dois metros de altura", que lhe disse: "Não adianta vir dar peitaço aqui. Quem é o senhor?". Sant'Ana lembrou que só lhe ocorreu uma humilde resposta: "Eu sou o enredo!".

O Carnaval também seria um ingrediente fundamental no aperfeiçoamento da amizade de Paulo Sant'Ana com João de Almeida Neto. O cantor lembra que, em 2008, ele teve uma ideia vinculada à festa popular realizada na sua terra natal. Uruguaiana – respeitada pela realização da Califórnia da Canção Nativa, festival nativista criado no início da década de 70 – também é nacionalmente famosa pela realização de um carnaval fora de época.

A folia de 2008 estava prevista para março e iria contar com a participação de convidados de fora, nomes ligados ao Carnaval do Rio de Janeiro. Duas atrações se destacavam: Adriana Bombom e, mais ainda, Viviane Araújo, atriz da Rede Globo e ligada à escola de samba do Salgueiro. Ela seria a rainha da bateria da Sociedade Recreativa e Cultural Os Rouxinóis, tradicional escola de samba da cidade.

Sabendo da vinda dessas convidadas, João de Almeida Neto, mais ou menos um mês antes da realização do evento, ligou para Rita Maidana, sua amiga e carnavalesca da Unidos da Ilha do Marduque. Outra tradicional escola de samba da cidade, a azul e branco de Uruguaiana há uma década não ganhava um título. O cantor propôs: "Rita, tu aceitas que eu leve um nome para desfilar?", perguntou ele sem revelar quem seria. "Aceito", disse ela, "Mas tens que me dizer quem é", insistiu. João de Almeida Neto explicou que precisava manter o sigilo, mas garantiu: "Será um nome que vai arrasar!". Rita confiou no amigo e ficou aguardando. João de Almeida Neto confessou, 16 anos depois, a razão do seu silêncio: tinha medo de confirmar a presença de Sant'Ana e na última hora, por um motivo qualquer, ele furar o compromisso.

Mas deu tudo certo. Na tarde do dia em que o desfile seria realizado, Paulo Sant'Ana chegou em Uruguaiana levado por Afonso Motta, então vice-presidente da RBS e já preparando a sua campanha para deputado federal dois anos depois. João de Almeida Neto e sua mulher, Jane, estavam lá para recepcioná-los. Os quatro foram para o hotel e só saíram de lá na hora do desfile.

"Quando o Sant'Ana entrou na avenida foi enlouquecedor", lembra o cantor. De calça e sapatos brancos, camisa azul e terno listrado em azul e branco, o colunista foi ovacionado pela massa. Na pista, muitos se aproximavam para pedir autógrafos, tirar fotos ou simplesmente tocar em Sant'Ana. "E ele não parava, estava animadíssimo, saudando a todos", recorda o cantor.

Resultado: depois de dez anos de jejum, a Unidos da Ilha do Marduque voltou a ser campeã, agora com o enredo criado por Rita Maidana, "Ilha 2100 – Uma Louca Viagem Rumo ao Futuro". Um exultante Sant'Ana comemorava: "Eu sou foda!", gritava ele para João de Almeida Neto, que rebatia dizendo: "Eu sou foda também. A ideia de te trazer foi minha!".

Uma outra história de Carnaval envolve Sant'Ana agora com Cláudio Brito. Diretor de Carnaval da Imperadores do Samba, Brito chegou a ser coordenador dos desfiles de Porto Alegre e recorda: "O Sant'Ana foi meu parceiro dezenas de vezes na cobertura de Carnaval e também saímos muitas vezes desfilando nos Imperadores do Samba", conta Brito. "No Carnaval, ele era vermelho e branco."

Afastado do jornalismo diário no final da década de 70, Brito posteriormente formou-se em Direito, foi aprovado em concurso e passou a fazer carreira no Ministério Público. No final dos anos 90, ele se aposentou e então voltou a atuar na RBS, reencontrando Paulo Sant'Ana. É dessa época uma história que entrou para o folclore dos dois amigos.

Acusado em uma entrevista de rádio de ser muito exibido, megalomaníaco, Sant'Ana se defendeu e disse: "Vocês estão sendo injustos: ególatra é o Cláudio Brito". E contou a seguinte história: era início de 2002 e, à vésperas do Carnaval daquele ano, em uma das gravações do programa *Personagens da Folia*, da TVCOM, Cláudio Brito foi até a Vila Maria da Conceição, na zona leste de Porto Alegre. O personagem da vez era Mestre Papai, liderança da Academia de Samba Puro.

Depois de circular pelo morro e ouvir os integrantes da escola, Brito chegou ao pátio da modesta casa de Mestre Papai. Ao ser entrevistado, o anfitrião entoou, à capela, o samba-enredo da escola de 1989. No final da letra, enquanto a imagem enquadrava apenas o carnavalesco, Brito fez sinal ao cinegrafista e ao diretor do programa e disse aquela que seria uma de suas frases mais conhecidas: "Fecha em mim que eu vou chorar!".

A frase nunca foi ao ar. Mas Sant'Ana tratou de espalhar a história e, segundo Brito, teria aumentado um pouco o relato. Em sua defesa, Brito lembra que, apesar da brincadeira de Sant'Ana, ele diz que, em nenhum momento, forçou a emoção ou o choro em frente à câmera. "O Mestre Papai foi cantando aquilo e eu percebi que estava me emocionando. Não falseei a emoção, eu a aproveitei."

CAPÍTULO 13
"A GENTE FOI LÁ E DEU O RECADO"

Sant'Ana: "Eu dou razão ao Jô Soares, que entende de comunicação".

Em abril de 1995, Paulo Sant'Ana ganharia uma certa visibilidade nacional ao ser convidado pela produção do programa *Jô Onze e Meia* para ser um dos entrevistados do apresentador e humorista Jô Soares. Na época contratado do SBT, Jô Soares comandava um dos mais importantes *talk-shows* da TV brasileira, e foi desse programa que Sant'Ana participou.

Ansioso, o colunista, em seu espaço do dia 26 de abril, não apenas anunciou a sua participação, como deu *spoiler* de alguns momentos da sua entrevista. Sant'Ana começou contando que o programa, inicialmente previsto para ir ao ar numa segunda-feira, dois dias antes daquela publicação, havia sido reprogramado para ser exibido na quinta ou na sexta-feira. Sant'Ana ainda revelou que iria cantar *Ronda* (e seria aplaudido pela plateia com mais de 300 pessoas) e que, depois do programa, saiu para jantar com o escritor Antônio Callado, integrante da Academia Brasileira de Letras. Segundo Sant'Ana, "ele e a sua mulher fizeram questão de me dizer que acharam divertidíssima a minha entrevista".

No mesmo texto, Sant'Ana lembrou que, como a própria entrevista já havia sido anunciada em outra coluna de *Zero Hora*, ele agora não apenas corrigia a informação equivocada como garantia que, durante a espera para o embarque no aeroporto de Porto Alegre, "mais de 30 pessoas me abordaram". Em seguida passou a detalhar quase passo a passo os seus dias em São Paulo, cidade que não visitava há mais de sete anos.

Dessa maneira, ele aproveitou a ocasião para tratar de um dos temas mais frequentes de sua coluna, o trânsito, e, comparando com Porto Alegre, revelou que, "em zonas importantes de tráfego, o trânsito fluía tranquilamente". E assegurou: "posso até dizer que há mais engarrafamento aqui em Porto Alegre do que em São Paulo".

Sant'Ana recordou que conhecia a cidade desde 1959, quando, ainda trabalhando como ajudante de caminhão, ia à capital paulista para buscar a carga. Ainda com o trânsito como tema, ele fez uma nova comparação, dessa vez com relação ao comportamento dos motoristas: "Os de lá se mostram mais atenciosos". E completou, decepcionando-se com a falta de civilidade do motorista gaúcho: "Aqui, por exemplo, quando alguém quer ingressar numa via principal de fluxo contínuo, encontra poucos motoristas que dão a vez".

A participação no *Jô Onze e Meia* se manteria como o tema da coluna do dia seguinte, e agora Sant'Ana parecia ainda mais exultante. O título já dizia tudo: "É hoje!". E, bem ao seu estilo exagerado, ele escreveu: "Vocês precisam ver o número de pessoas que telefonou para o SBT de Porto Alegre querendo saber quando é a entrevista". "Uma multidão", exultava. Ao final do texto, mais um *spoiler*: "Eu serei o primeiro dos três entrevistados e canto no final das entrevistas".

E, por fim, arrematou a coluna com uma frase no mais puro estilo Sant'Ana: "É impressionante o prestígio do Jô Soares!".

Para quem viu o programa, a animação de Sant'Ana se justificava. Na gravação disponível no YouTube, a entrevista não está na íntegra

– o anúncio do entrevistado e o começo da conversa se perderam –, mas nos 20 minutos registrados é possível ter uma ótima noção da performance do colunista sendo entrevistado por Jô Soares.

Sant'Ana parecia um pouco nervoso, não tão à vontade como se mostrava, por exemplo, na bancada do *Jornal do Almoço*. De terno preto, camisa branca e gravata estampada, Sant'Ana surge na tela contando uma história, provavelmente envolvendo Julio Iglesias como protagonista. Jô Soares teria mostrado uma foto do cantor espanhol com a língua na orelha de Sant'Ana e perguntou: "Que loucura é essa?". Aí, Sant'Ana contou que, certa vez, o cantor veio de Mar del Plata para Porto Alegre acompanhado de "uma argentina belíssima". Julio Iglesias queria que ela seguisse com ele para Caracas, na Venezuela.

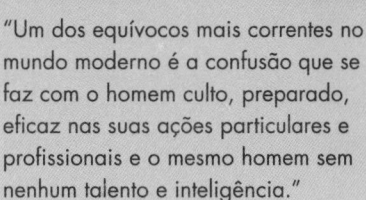

A viagem, segundo Sant'Ana, seria feita no avião particular do cantor, "que tinha até piscina dentro". Mas a moça não podia acompanhá-lo. Estava sem o passaporte. Julio Iglesias, então, passou a insistir que uma jovem modelo gaúcha fosse com ele, mas ela também disse que só iria "se sua mãe fosse junto na viagem", o que o cantor recusou. Aí, conta Sant'Ana, Julio Iglesias cruzou com ele pelo corredor do hotel e disse: "Então tu vais comigo para Caracas!". Imediatamente Sant'Ana respondeu: "Eu não! Meu passaporte está vencido!", e, voltando-se para Jô Soares, completou: "Tá louco, depois que ele colocou a língua na minha orelha...".

Na pergunta seguinte, Jô Soares trouxe à pauta o tema político e perguntou a Sant'Ana se era verdade que ele poderia concorrer ao Senado pelo PT gaúcho. "Próceres do partido me convidaram. Pedi para pensar, fiz as contas e não aceitei", respondeu o comentarista. A justificativa apresentada por ele, baseada em um simples cálculo matemático, foi a seguinte: "Do salário de senador, 36% iriam para o Imposto de Renda, outros 30% iriam para a pensão para a minha ex-mulher e mais 30% seriam a contribuição draconiana que o PT cobra de todos os seus parlamentares", explicou. "Só com 4% não dava para viver."

> **DEFINIÇÕES DE PAULO SANT'ANA**
>
> **TALENTO**
>
> "Um dos equívocos mais correntes no mundo moderno é a confusão que se faz com o homem culto, preparado, eficaz nas suas ações particulares e profissionais e o mesmo homem sem nenhum talento e inteligência."

Abandonando o rápido assunto político, Jô Soares enveredou em outro tema, perguntando a Sant'Ana qual era a opinião dele sobre o casamento. Foi quando o comentarista arrancou risadas da plateia com duas definições. A primeira era de que a melhor maneira de separar duas pessoas é deixá-las juntas. A segunda foi quando deu sua definição de casamento: a troca de maus humores durante o dia e de maus odores durante a noite. Na sequência, Sant'Ana defendeu que um casamento deve ser administrado como uma empresa: "Se a mulher te pedir sexo você aplica a terceirização: chama outro!".

O tema sexual prosseguiu na pergunta seguinte, em que Jô Soares lembrou a conversa que os dois haviam tido anteriormente em Porto Alegre. O entrevistador pediu a Sant'Ana que recuperasse uma entrevista realizada em seu programa de rádio em que uma psicóloga fazia uma revelação sobre uma estatística muito peculiar com relação a uma preferência sexual específica do homem gaúcho.

Aí Sant'Ana se soltou. Contou primeiro que, conforme lhe revelou a psicóloga, muitas mulheres se queixavam de que seus parceiros na hora do sexo exigiam estimulação anal. Incentivado pela reação do público que gargalhava, Sant'Ana contou a anedota de um gaúcho grosso de Dom Pedrito que, em visita a uma casa de massagem, foi recebido por uma moça muito bonita em trajes sumários. Com ele nu, ela perguntou se ele gostaria de uma estimulação pélvica – traduzida na hora por Sant'Ana como masturbação. Ele aceitou. À medida que a moça oferecia outros serviços, como sexo oral, o cliente aceitava e ela também anotava em uma planilha para a posterior cobrança. Ao final, ela pergunta se o cliente se interessaria por uma prospecção dígito-anal? "O índio grosso de Dom Pedrito", falou Sant'Ana, "perguntou: o que é isso?". A moça apenas mostrou o dedo em riste e indicou o que pretendia fazer. O cliente não refugou, mas respondeu: "De leve!".

O fumo foi o tema seguinte, com Sant'Ana confirmando que durante 18 anos fumou inclusive dentro do estúdio da TV, mas que, por pressão de uma série de entidades de combate ao fumo, ele precisou parar de fumar diante das câmeras.

Já bem à vontade, o cronista atendeu a um pedido do entrevistador, que sugeriu a ele que cantasse uma composição de sua autoria sobre as atividades profissionais que já havia exercido ao longo da vida. Sant'Ana, acompanhado do pianista, cantou:

> *"Eu já vendi laranja e laranjada*
> *batatinha e fritada*
> *e nunca arranjei nada*
> *Até pastel, refresco, empadinha,*
> *coxinha de galinha,*
> *também vendi sardinha.*
> *Eu trabalhei no parque,*
> *fui engraxate, jornaleiro,*
> *servente de pedreiro,*
> *mas não me acostumei*
> *Então eu entrei na escola*
> *não foi para pedir esmola, que eu sempre estudei*
> *Eu já vendi até abacaxi na feira*
> *tomate, pimentão, alecrim, erva-cidreira*
> *já fiz de tudo*
> *e arranjei complicação*
> *antes de ser polícia eu quase fui ladrão*
> *Uma promessa eu fiz*
> *com devoção*
> *nunca mais na minha vida*
> *eu iria ter patrão*
> *Então eu consegui comprar um dicionário*
> *estudei um certo tempo*
> *e hoje sou um jornalista...*
> *...milionário"*

Ao final, Sant'Ana pediu ao apresentador que pedisse autorização ao SBT para que o encontro deles pudesse ser exibido por ele no *Jornal do Almoço*. Jô prometeu se empenhar em atender o pedido, anunciou o final da entrevista e, em meio a aplausos, disse que Sant'Ana voltaria no último bloco para interpretar, ao lado do quinteto do programa, o samba-canção *Ronda*, composição de Paulo Vanzolini.

Já de volta a Porto Alegre, Sant'Ana, na coluna de domingo, dia 30 de abril, fez um balanço de sua performance, contando dos elogios (muitos) que recebeu e também falando da frustração que causou em algumas pessoas, em especial as que tinham assistido à sua entrevista para Jô concedida em um evento patrocinado pela ADVB e realizado no Hotel Plaza San Rafael. "O Jô fez as mesmas perguntas em São Paulo", lamentou o cronista, reconhecendo que quem já tinha visto a entrevista ao vivo em Porto Alegre percebeu que no programa televisivo houve uma falta de espontaneidade.

"Eu dou razão ao Jô Soares, que entende de comunicação como ninguém", resignou-se Sant'Ana. "Se aqui em Porto Alegre, em circuito fechado, o sucesso foi estrondoso, ele tinha que repetir as perguntas e eu tinha que dar um fecho de impacto nas respostas, sempre levando para o lado do humor, que é o mais difícil, o mais raro." Confirmando o que muitos perceberam pela televisão, Sant'Ana explicou que não se sentiu solto em São Paulo e argumentou que a razão de tamanha timidez não ocorreu pelo fato de ele estar diante do "vulto talentoso de Jô Soares", mas, sim, por ter sentido medo da "plateia que não me conhecia, que não estava acostumada ao meu estilo".

Dando o tema por encerrado, Sant'Ana ainda lamentou que muitos tenham visto apenas a entrevista, deixando de acompanhar a sua participação como cantor no final do programa: "Muita gente dormiu antes", queixou-se. Sant'Ana, por fim, demonstrou uma rara humildade, declarando-se quase insatisfeito com o que foi ao ar. "Não saiu tudo como se queria, mas deu pro gasto", completando com um certo otimismo: "O que interessa é que foi um grande acontecimento e a gente foi lá e deu o recado".

Mesmo com a boa repercussão da entrevista no programa de Jô Soares, Paulo Sant'Ana não conseguia ter algum destaque além das fronteiras do Rio Grande do Sul. Ele jamais se consolidou como um cronista de alcance nacional. "O Sant'Ana era uma figura paroquial, da província, que às vezes até falava de temas nacionais, mas sempre com o foco no Rio Grande do Sul", constata Nelson Sirotsky.

O gosto pelo que era do Rio Grande do Sul, o localismo, fez de Sant'Ana alguém não apenas interessado nas coisas da sua terra, como também alguém ainda mais apegado a Porto Alegre. "Quando me mudei para São Paulo, no final da década de 90", lembra Marcos Dvoskin, "ele pouco foi me visitar". "Só tenho registro de uma vez que ele foi ao meu gabinete, quando eu ainda estava na Editora Globo", completa o empresário. Como Marcos passou a estar com menos frequência em

Porto Alegre, o convívio entre os dois amigos foi diminuindo. "Nossos encontros passaram a ser cada vez mais esparsos", conta Marcos. "Um e outro encontro em alguma solenidade da RBS e alguns raros jantares em alguma churrascaria."

Nelson Sirotsky recordou que certa vez levou Paulo Sant'Ana como convidado para a sua casa de praia em Jurerê, Santa Catarina. Na mesma ocasião, quem estava lá era José Bonifácio de Oliveira Sobrinho, o Boni, então poderoso vice-presidente da Rede Globo. "Os dois se acertaram, se adoraram e passaram horas conversando", lembra Nelson.

Tempos depois, Boni resolveu retribuir a gentileza e convidou Nelson para passar uns dias na sua casa em Angra dos Reis. "Convida mais quem você quiser", avisou Boni. Nelson então consultou o anfitrião: "Posso levar o Sant'Ana?". "Claro", respondeu Boni. Nelson lembrou ainda da gentileza de Boni, que fez questão de instalar os convidados em suas cabanas e deixar para cada um deles um presente em especial. "Para o Sant'Ana, ele deixou uma garrafa de uísque de 30 anos. O Sant'Ana ficou radiante e – até onde eu sei – nunca abriu o uísque. Mostrava o objeto a alguns amigos como se fosse um troféu!"

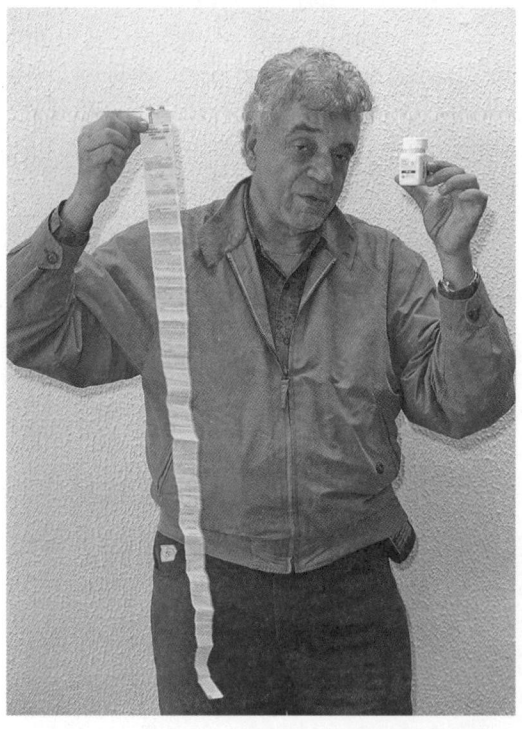

CAPÍTULO 14
"USEI O VIAGRA"

Sant'Ana: "Elixir da juventude e da felicidade".

A jornalista Patrícia Specht, colega de Sant'Ana por dez anos em *Zero Hora* e doutoranda do Programa de Pós-Graduação em Comunicação Social da PUCRS, dedicou-se a ter o colunista como tema de estudo. Em 2008 – mais de uma década depois do trabalho de Mariana Bertolucci –, ela produziu a tese *A Construção de um Fenômeno Midiático: O Caso do Gaúcho Paulo Sant'Ana* e confirmou que a abrangência do cronista era restrita ao Rio Grande do Sul. Patrícia admite que, ao defender sua tese, difícil mesmo foi explicar aos paulistas a dimensão da popularidade de Sant'Ana e suas singularidades. "Ele incendiava opiniões à sua própria maneira. Um fenômeno único, gaúcho", define.

Para Patrícia, gremista e admiradora de Sant'Ana desde sempre, o objetivo do seu trabalho foi "buscar entender a construção do estilo deste comunicador a partir da semiótica discursiva e de outras correntes teóricas". Ela diz que se aproximou de seu objeto de estudo "pelas repercussões da fala dele e pela qualidade das crônicas". Uma das conclusões a que Patrícia chegou foi a de que o "modo de fazer de Sant'Ana estabeleceu arranjos discursivos que o tornavam autêntico e credível, criando uma conexão emocional com o público".

Ao mesmo tempo que Patrícia pergunta "o que há de tão especial nesse ex-feirante considerado por muitos como o mais lido colunista de jornal do Rio Grande do Sul; e por isso um dos gaúchos com maior poder de opinião da atualidade?", ela também explica: "Sant'Ana ocupou espaço em TV, rádio e jornal durante décadas no Rio Grande do Sul, produzindo, de forma folclórica e carnavalesca, discursos com alta audiência e ruidosas repercussões". E finaliza: "Uma das conclusões é a de que o modo de fazer de Sant'Ana estabeleceu arranjos discursivos que o tornavam autêntico e credível, criando uma conexão emocional com o público".

Patrícia conta que por várias vezes foi ouvir as telefonistas responsáveis por atender os leitores de *Zero Hora*. Elas explicaram à Patrícia que eram muitas as pessoas que procuravam o jornal pelos mais diferentes motivos – pedidos, reclamações, atraso na entrega, sugestões de pauta –, mas invariavelmente, quando eram consultados, esses leitores confirmavam que a coluna de Paulo Sant'Ana era a mais lida e comentada. "Algumas vezes, a coluna dele tinha mais repercussão do que as próprias manchetes do jornal", confirma ela.

Para Patrícia, o jeito de Sant'Ana mostrar-se ao longo dos anos cimentou uma imagem pública ligada à diversidade e ao passional, ao popular, ao divertido, ao imprevisível e, principalmente, ao sensível, o que, em tese, o liga a um discurso jornalístico de estilo diferenciado, diretamente ligado ao cotidiano. "Na busca por abrir essas portas, Sant'Ana escreve e fala sobre assuntos tão diversos como futebol, amores, casamentos, pedágios, criminalidade, Viagra, cães pitbull e bolinhos de batata, com opiniões que garantem polêmica e repercussão."

Como exemplo para ilustrar seu texto, a pesquisadora recuperou uma coluna e o posterior comentário de Sant'Ana apresentado no *Jornal do Almoço* do dia 12 de maio de 2008, em que ele, saindo dos ambientes do estúdio e da redação, foi às ruas para ver como era o cotidiano de um carroceiro. Sentado na bancada do programa e usando um chapéu de palha, ele narrou: "Estou com esse chapéu porque foi coberto com ele que vivi uma das mais ricas experiências da minha vida jornalística, hoje pela manhã nas avenidas e ruas de Porto Alegre".

Sant'Ana segue o seu relato contando como percorreu aproximadamente 10 quilômetros em 43 minutos: "Fui ver como vivem os carroceiros, e um dos carroceiros me acompanhou numa travessia que veio quase até o centro da cidade. Vocês vão ver cenas desta reportagem". E, na sequência, ele passou a enumerar as tarefas que realizou: "Eu, catando lixo na rua. Eu, transportando lixo dos restaurantes para a nossa carroça. Eu, arriscando minha vida como fazem todos os dias os 40 mil carroceiros de Porto Alegre". Encerrando seu comentário, fez um apelo às autoridades: "É evidente que a carroça é um veículo excêntrico entre o progresso vertiginoso da cidade. Mas ela não pode ser extinta antes que as autoridades deem uma destinação social para esses carroceiros".

A repercussão da coluna e do comentário foi imensa, pois, além da estratégia de personalização, Sant'Ana, ao testemunhar e relatar as dificuldades vividas pelos carroceiros, deu uma dimensão ainda maior a um drama social. "Ele tinha a sensibilidade ímpar para compreender as coisas cotidianas e com esse olhar atento transformar aquilo em um tema que teria grande alcance", atesta Patrícia.

Se essas participações tiveram um caráter público, Sant'Ana também teve alto índice de leitura quando tratou de um tema extremamente pessoal: o uso do Viagra.

Em meados de 1998, atraído pela novidade de um medicamento que prometia aumentar a capacidade sexual masculina, Sant'Ana fez uso do remédio e relatou sua experiência em uma série de crônicas.

Lançado no mercado com grande estardalhaço, o Viagra alcançou o que nenhum outro medicamento havia alcançado em exposição jornalística. Sant'Ana foi pioneiro em perceber esse filão e, em uma coluna sob o título "Usei o Viagra" – em que o texto ocupava uma página inteira da edição de *Zero Hora* de 31 de maio de 1998 e vinha acompanhado de uma foto de Sant'Ana segurando em uma mão a embalagem do remédio e em outra a bula, que tem 90 cm de informação de cada lado –, contava primeiro a tomada de decisão: "Na sexta-feira, consegui dois comprimidos com um amigo recém-chegado do Estados Unidos, que me obrigou à promessa de que eu só usaria o estimulante sob controle médico".

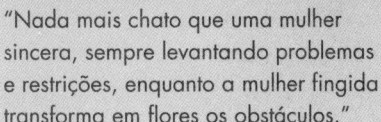

> **DEFINIÇÕES DE PAULO SANT'ANA**
>
> **MULHERES**
>
> "Nada mais chato que uma mulher sincera, sempre levantando problemas e restrições, enquanto a mulher fingida transforma em flores os obstáculos."

Obedecendo ao pedido do amigo, Sant'Ana prossegue a coluna narrando seu encontro com um especialista: "Fui ao médico que me interrogou por 60 minutos. Fixou-se principalmente no meu *status* circulatório. Como não tenho e nunca tive qualquer cardiopatia, porque é meu médico, indagou-me de como anda minha glicemia. Disse-lhe dos meus últimos índices medidos de açúcar no sangue e ele decidiu, após ler a extensa e cansativa bula: 'Usa o máximo de dois comprimidos e não me incomoda mais'".

Na sequência, Sant'Ana recupera o conselho do especialista ("Telefona-me somente no caso de sentires algo anormal"), a orientação final, momento em que o doutor não consegue esconder a curiosidade, digamos assim nem tão científica ("Passa aqui depois para eu ouvir o relato da experiência"), e faz um pedido final, segundo o colunista, de forma jocosa ("Não consegues dois comprimidos para mim?").

Prosseguindo com seu relato, já agora distante do âmbito médico, o colunista passa a dar detalhes. "Nada de não-costumeiro, palpável (ou sensível), verificou-se em mim até o primeiro roçar dos corpos nus", para logo em seguida ter o primeiro espanto. "O surpreendente, o novo, o que eu classificaria de incrível, se desenrolou após o meu orgasmo: como já não me acontecia há 20 anos, permaneceu intacta minha função erétil." Ao final, ele, excitado, comemorava: "E o mais fantástico: após o segundo intercurso, presumivelmente interrompido por um clímax dela, o terceiro ou quarto, ouviu-se um apelo, colocado num balbucio dela: 'Vamos descansar um pouco...'".

Sant'Ana sentia-se diante de uma revolução na história da medicina e do comportamento social/sexual. "O Viagra multiplicará o número de orgasmos femininos geometricamente, levando o macho à realização mais completa, que é, psicanaliticamente, antes que satisfazer-se, satisfazer por inteiro a sua fêmea", escreveu, acrescentando ainda que, "agora, o homem se igualará à mulher em uma das suas grandes desvantagens, desde Adão e Eva, que era a aptidão da mulher para fingir no sexo".

Animado e entusiasmado, o cronista vibrava ao constatar as virtudes do medicamento. "A função primacial do Viagra é prolongar milagrosamente a ereção." E concluía em êxtase: "Repito: há que se tomar o Viagra, que será colocado à venda no Brasil esta semana. Não importa o preço caro que ele custará. O encontro com a felicidade não tem preço. E o Viagra é o elixir da juventude e da felicidade".

A repercussão da experiência vivida e relatada em detalhes por Paulo Sant'Ana alcançou uma dimensão tão enorme que, menos de um mês depois, ele foi chamado para dar uma entrevista para a revista *Newsweek* para a reportagem "Viagra Culture". A divulgação o deixou ainda mais megalomaníaco, e Sant'Ana exibiu a publicação no *Jornal do Almoço* do dia 23 de junho de 1998. "Aquela vez em que escrevi sobre o Viagra eu saí até em duas páginas de *Newsweek*", contava, confessando logo a seguir: "Eu ainda tomo dois Viagras todos os dias, antes de cada refeição, para qualquer eventualidade".

Nessa mesma edição do programa *Jornal do Almoço*, o âncora Lasier Martins tentou, ao vivo, menosprezar a conquista de Sant'Ana e falou: "Eu sempre desconfiava que você precisava do Viagra, viu Paulo Sant'Ana?". O colunista não se abalou e respondeu, de imediato: "Lasier, se tu soubesses o quanto tu precisas desse comprimido...". A resposta provocou gargalhadas entre a equipe que estava no estúdio.

Tamanha alegria com a descoberta do Viagra seria reavaliada pouco mais de uma década depois, quando Sant'Ana deu uma entrevista a Ruy Carlos Ostermann, em março de 2009, e admitiu que com a proximidade dos 70 anos o ciclo dos prazeres do corpo havia se extinguido por completo. "Hoje sou uma pessoa que nem o Viagra salva", garantiu, mas, admitindo que não estava entregue, Sant'Ana pensava, como último recurso, em "tentar uma injeçãozinha aí que disseram que é boa".

Ainda com relação ao Viagra como inspiração para as colunas, Patrícia Specht concluiu sua tese defendendo que as práticas jornalísticas de Paulo Sant'Ana, como andar de carroça e experimentar o Viagra, "produzem efeitos de sentido de uma performance na qual o sujeito quer-fazer, sabe-fazer e pode-fazer".

Para ela, o colunista, agindo assim, "reforça a ideia de um sujeito dotado de um arsenal poderoso de competências". Para Patrícia, Sant'Ana se sobressai pelo fato de saber criar com seu público uma imagem que é reforçada ainda pela autocontemplação. "Ele faz uso de seu espaço na mídia para deixar-se conhecer, expor sua vida privada e mostrar seus sentimentos ao público."

Prova disso está em uma de suas mais belas – e lembradas – crônicas. No texto, Sant'Ana tratava sobre um tema que lhe era muito caro: a amizade. E esse foi um dos primeiros textos a se multiplicar pela internet no Brasil, com autoria atribuída a Vinicius de Moraes.

Sant'Ana regozijava-se com o alcance do texto e, na entrevista à *Press*, ele confirmava ter vários amigos. "Se eu disser os nomes deles aqui vou causar um grande problema", admitia. Mas, para esse problema, ele apresentava de imediato a solução: "Os meus melhores amigos sabem que são os meus melhores amigos. Eles estão na RBS, estão na rua, estão em Porto Alegre e no interior do estado". Perguntado pelos entrevistadores se havia algum colorado entre esses melhores amigos, Sant'Ana invocava a proximidade que tinha com o Internacional. "Eu sou casado com a Inajara, a filha do Nelson Silva, autor do hino do Internacional e que foi um dos maiores colorados que já surgiram aqui."

CAPÍTULO 15
"A GENTE NÃO FAZ AMIGOS, RECONHECE-OS"

Ivo Pitanguy sobre Sant'Ana: "Temos uma longa história juntos".

Publicada originalmente em 4 de novembro de 1990, a crônica "Meus secretos amigos" começava com o autor confessando ter "amigos que não sabem o quanto são meus amigos! Não percebem o amor que lhes devoto e a absoluta necessidade que tenho deles", para em seguida, de maneira trágica, afirmar que "eu poderia suportar, embora não sem dor, que tivessem morrido todos os meus amores, mas enlouqueceria se morressem todos os meus amigos!".

Em nenhum momento da crônica, o colunista nominava qualquer um desses amigos. Seu afeto era pulverizado de maneira geral e aleatória em trechos como: "Até mesmo aqueles que não percebem o quanto são meus amigos e o quanto minha vida depende de suas existências. A alguns deles não procuro, basta-me saber que eles existem".

Como não indica claramente quem são esses amigos, Sant'Ana se dá inclusive o direito de duvidar que esses amigos saibam do carinho que ele nutre por eles. "Eles não iriam acreditar! Muitos deles estão lendo esta crônica e não sabem que estão incluídos na sagrada relação dos meus amigos, mas é delicioso que eu saiba e sinta que os adoro, embora não o declare e não os procure."

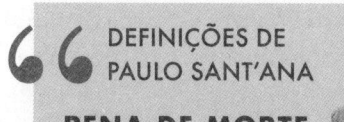

> **DEFINIÇÕES DE PAULO SANT'ANA**
>
> **PENA DE MORTE**
>
> "Sou a favor da pena de morte, mas Pablo, que vive dentro de mim e é uma espécie de meu alter ego, é contra. Pablo me adverte todos os dias de que, se os crimes hediondos têm de ser punidos com a eliminação de seus autores irregeneráveis, no entanto nada nos garante de que o Brasil possua equipamentos."

Já se encaminhando para o final da coluna, Sant'Ana confessa sua maior dor com relação aos amigos. "Se alguma coisa me consome e me envelhece é que a roda furiosa da vida não me permite ter sempre ao meu lado, morando comigo, andando comigo, falando comigo, vivendo comigo, todos os meus amigos e, principalmente, os que só desconfiam ou talvez nunca vão saber que são meus verdadeiros amigos!!!", exclama quase que como se estivesse gritando.

E encerra o texto com uma frase que virou uma de suas marcas: "A gente não faz amigos, reconhece-os!".

Embora tenha uma intensa carga poética – talvez sendo essa a razão de o texto ter sua autoria atribuída a Vinicius de Moraes (que havia morrido 32 anos antes), a frase guarda enorme semelhança com outra, essa de autoria de Antônio Maria.

O cronista pernambucano dissera em um de seus textos que um de seus amigos mais próximos, o político José Aparecido de Oliveira, fora seu inimigo e que a razão de tal inimizade vinha das críticas que Maria fazia a Aparecido como assessor do presidente Jânio Quadros. Depois, quando foram apresentados, não mais se separaram. "No Brasil, a gente ataca quem não conhece. Conhecendo fica amigo."

A coluna sobre a amizade voltaria a ser lembrada anos depois. Em texto feito para o livro de memórias de Nelson Sirotsky, *O Oitavo Dia*, Paulo Sant'Ana admitiu: "Tive amigos, muitos. E tive o Nelson. Quando escrevi sobre a amizade, quando escrevi aquela coluna que fez tanto sucesso, eu fui até a sala dele e entrei sem bater. Eu sempre entrava sem bater, pois entre mim e o Nelson Sirotsky simplesmente não havia portas. 'Esta coluna de hoje, fiz para ti'". Mais adiante, na mesma coluna, Sant'Ana conta a reação de Nelson: "Se era para mim, por que não disseste isso no texto?". "É que tu vais dizer para muitos outros amigos que a coluna foi feita para eles", adivinhou Nelson.

Sant'Ana segue recuperando a história da coluna e de sua amizade com Nelson: "Ele sabia que outros queridos amigos teriam um ciúme muito grande daquele texto". E logo adiante faz revelações ainda mais pessoais: "Dos amigos que eu tive, Nelson foi talvez o mais importante. A nossa amizade ultrapassou o trabalho, ultrapassou o amor pelo Grêmio, ultrapassou a própria amizade – eu era da família e, assim, como um membro da casa, cruzava os corredores do Sirotsky, beijava a Nara no rosto e interrompia os assuntos, eu via os filhos deles nascendo, crescendo, e eu ia às festas de aniversário, aos bar mitzvás, aos casamentos todos".

Já se encaminhando para o final do texto, Sant'Ana fazia um levantamento de como sua amizade com Nelson foi íntima e perguntava: "Quantas vezes peleamos pelo Grêmio? Quantas brigas pela *Zero Hora*, lutando pelas ideias em que acreditávamos?", aproveitando a sequência para fustigar seus eternos inimigos: "Quantas vezes Marco Aurélio e eu enfrentamos a Caldas Júnior, aquele gigante que derrubamos junto como os Três Mosqueteiros?". E finalizava: "Eu tive amigos que não sabiam quanto eram meus amigos. Mas tu sabias, Nelson... Tu sabias".

Uma das amizades mais recentes na vida de Paulo Sant'Ana surgiu a partir de 2004. Foi quando ele se aproximou de João de Almeida Neto. Gaúcho de Uruguaiana, 17 anos mais novo do que Sant'Ana, João de Almeida Neto é advogado (atualmente desempenha a função de auditor do Tribunal de Justiça Desportiva de Futebol do Rio Grande do Sul) e

ANEXO 3

Meus secretos amigos

(Publicada em 4 de novembro de 1990)

Tenho amigos que não sabem o quanto são meus amigos. Não percebem o amor que lhes devoto e a absoluta necessidade que tenho deles. A amizade é um sentimento mais nobre do que o amor, eis que permite que o objeto dela se divida em outros afetos, enquanto o amor tem intrínseco o ciúme, que não admite a rivalidade, disse o Jorge Luís Borges. E eu poderia suportar, embora não sem dor, que tivessem morrido todos os meus amores, mas enlouqueceria se morressem todos os meus amigos. Até mesmo aqueles que não percebem o quanto são meus amigos e o quanto minha vida depende de suas existências.

A alguns deles não procuro. Basta-me saber que eles existem, essa mera condição me encoraja a seguir em frente pela vida. Mas, porque não os procuro com assiduidade pejo-me de lhes dizer o quanto gosto deles. Eles não iriam acreditar. Muitos deles estão lendo esta crônica e não sabem que estão incluídos na sagrada relação de meus amigos. Mas é delicioso que eu saiba e sinta que os adoro, embora não declare e não os procure. E, às vezes, quando os procuro, noto que eles não têm noção de como me são necessários, de como são indispensáveis ao meu equilíbrio vital, porque eles fazem parte do mundo que eu, tremulamente, construí, e se tornaram alicerces do meu encanto pela vida. Se um deles morrer, eu ficarei torto para um lado. Se todos eles morrerem, eu desabo para a loucura ou para o suicídio. Por isso é que, sem que eles saibam, eu rezo pela vida deles. E me envergonho, porque essa minha prece é, em síntese, dirigida ao meu bem-estar. Ela é, talvez, fruto do meu egoísmo do que por quanto eles souberam tornar-se a mim tão caros. Mas como as duas coisas se confundem eu alivio minha consciência.

Por vezes, mergulho em pensamentos sobre alguns deles. Quando viajo e fico diante de lugares maravilhosos, cai-me alguma lágrima por não estarem junto de mim, compartilhando daquele prazer. Se alguma coisa me consome e me envelhece é que a roda furiosa da vida não me permite ter sempre ao meu lado, morando comigo, andando comigo, falando comigo, vivendo comigo, todos os meus amigos. E, principalmente dos que só desconfiam ou talvez nunca vão saber que são meus amigos.

* A frase "A gente não faz amigos, reconhece--os" não é de Paulo Sant'Ana – é atribuída ao jornalista norte-americano Garth Henrichs – e não fazia parte da crônica original. Foi acrescida posteriormente em uma nova publicação da mesma crônica.

cantor. Ele e Sant'Ana se aproximaram por pelo menos dois grandes motivos: o gremismo e a paixão pela noite.

Torcedor e conselheiro do Grêmio, além de exímio conhecedor dos mais variados bares da noite de Porto Alegre, João de Almeida Neto já admirava Sant'Ana desde a juventude. Ainda em Uruguaiana, seu gremismo se fortaleceu lendo as colunas e ouvindo o comentarista. Concluído o segundo grau, o cantor veio morar em São Leopoldo, onde passou a estudar Direito, e também começou a se apresentar em casas noturnas da capital gaúcha, em especial as localizadas na região da Cidade Baixa, onde surgiam novos nomes artísticos ligados ao nativismo.

"Mesmo sem conhecê-lo pessoalmente, eu soube que havia uma ligação entre nós quando ele reproduziu em sua coluna a letra de uma valsa que falava sobre a Quarta-Feira de Cinzas", emociona-se João de Almeida Neto.

A composição no caso é *Carnaval da Minha Vida*, de autoria de Aldo Cabral e Benedito Lacerda, este último também parceiro de Pixinguinha. Gravada originalmente em 1942 por Francisco Alves, a valsa fala, em tom melancólico: "Quarta-feira de cinzas amanhece / Na cidade há um silêncio que parece / Que o próprio mundo se despovoou ". Em seguida, a letra ainda lembra "Um toque de clarim, além, distante / Vai levando consigo, agonizante / O som do Carnaval que já passou" até se encerrar com o mesmo desalento inicial falando "confronto este cenário à minha dor / O que ontem para mim foi iluminado / Hoje são restos mortais do passado / Cinzas do carnaval do meu amor".

Quando finalmente se aproximaram, em meados da primeira década deste século, João de Almeida Neto confessou a Sant'Ana a paixão que a crônica com essa letra lhe despertou. A partir de então, a valsa passou a ser entoada com frequência nas noitadas em que os dois se reuniam. Quem quase sempre participava desses encontros era Jane Vidal, desembargadora do Tribunal de Justiça do Rio Grande do Sul e mulher de João de Almeida Neto. Ela, através do marido, herdou a amizade de Sant'Ana e também adorava atravessar as noites entre conversas e serestas.

Bem ao estilo Sant'Ana, a amizade entre o colunista e o casal tinha suas peculiaridades. A primeira era a total ausência de qualquer formalismo. "Ele vinha aqui em casa pelo menos uma vez por semana", conta Jane. "Geralmente em dia útil, no final da tarde, sempre sem avisar", completa. "Ele não gostava nem que o porteiro anunciasse a sua chegada. Queria fazer surpresa, mesmo." Já instalado, Sant'Ana chegava sem hora para sair – ou, quando saía, arrastava o casal de amigos, quase sempre para o Bar do Beto, na Avenida Venâncio Aires, o Bar do Nito, na rua Lucas de Oliveira, ou uma galeteria na Zona Norte que os três adoravam frequentar.

Mas muitos dos programas eram mesmo caseiros, com João e Jane às vezes recebendo Sant'Ana e outros amigos no amplo apartamento com vista para o Estádio Beira-Rio. "Eu dizia ao Sant'Ana que era importante sempre ficar de olho nos inimigos."

Nesses encontros, Sant'Ana às vezes ficava com ciúmes de alguns outros amigos de Jane e de João. "Principalmente se algum deles começava a se destacar nas conversas ou nas cantorias", recorda Jane, acrescentando que o colunista também implicava se alguém estivesse distraído, mexendo no celular.

Como Jane e João sabiam das manias de Sant'Ana – "Às vezes, ele era insistente e invasivo", reconhece ela –, eles também sabiam relevar determinados excessos, como o fumo exagerado, quase sempre com cinzas espalhadas pelo chão: "O mundo é um cinzeiro", justificava Sant'Ana, se alguém reclamasse da sujeira. "Mas a amizade dele superava todos esses eventuais dissabores", confirma Jane.

Uma amizade que era traduzida em pratos fartos, "churrascos, carreteiros e massas com muito molho eram as preferências dele", conta Jane, sempre acompanhados de cerveja, em pouca quantidade e não muito gelada, e coca-cola.

Uma vez, Sant'Ana chegou na casa dos amigos alucinado para comer um doce. Não havia nada, mas Jane teve a ideia de improvisar uma gemada. Bateu as gemas com bastante açúcar, colocou tudo num pote grande e levou à mesa para servir em um pote menor. Sant'Ana não aceitou. Disse a ela que ficasse com o pote menor que ele iria comer o que estava no pote maior. "Era muito bom conviver com ele", comenta João.

"Ele fazia tudo isso por ser um homem carente, solitário", avalia João de Almeida Neto anos depois. "Ele tinha muitos admiradores, mas pouquíssimos amigos", atesta Fernando Ernesto, um desses raros amigos. "Ele sofria da solidão da fama", completa João. "Era assediado, procurado, questionado, mas nesses relacionamentos não havia o envolvimento da amizade." "Ele era tão solitário que eu uma vez o convidei para passar o Natal na minha casa, com a minha família", conta ainda outro amigo, o médico Paulo Sergio Rosa Guedes. "Ele veio e me agradeceu: 'Obrigado pelo convite. Eu não tinha outro lugar para ir', ele disse."

Outro momento de emoção vivido por João de Almeida Neto ao lado de Paulo Sant'Ana, agora por um acontecimento triste, foi a morte de Anésia Pereira dos Reis, mulher do radialista Glênio Reis. Anésia, então com 82 anos, morreu em outubro de 2010, vítima de um câncer de pulmão. Próximos do radialista, Sant'Ana e João foram à tarde ao cemitério para dar um abraço em Glênio. O radialista, claramente, estava triste e abatido, mas revelou que pretendia sair dali logo mais e ir à Rádio Gaúcha apresentar o seu programa *Sem Fronteiras*, como fazia todos os sábados à noite. Glênio argumentou aos dois que esse seria o desejo dela e que sua intenção era abrir o programa com a música *As Rosas não Falam*, de Cartola, em homenagem à esposa falecida, e, depois do término, retornar à capela, onde passaria a noite até o enterro previsto para o dia seguinte.

Sant'Ana e João concordaram com parte do desejo de Glênio. Ele devia, sim, fazer o programa, mas não deveria passar a noite no cemitério. A solução encontrada por eles foi a de pegar Glênio na Rádio Gaúcha, levá-lo para jantar na casa de João e só depois liberá-lo para que ele fosse para casa, descansasse um pouco e voltasse ao cemitério. Glênio concordou e foi para a casa de João. "E assim ficamos nós três aqui, até às 4h da manhã, tomando cerveja, conversando e chorando", recorda João.

Como era um homem de muitas amizades e de grande exposição, era natural que Sant'Ana sofresse muitos assédios e também passasse por momentos curiosos.

Em um desses, como ele próprio registrou em uma crônica, Sant'Ana contou que fazia compras em um supermercado e que, ao chegar ao caixa para fazer o pagamento, a moça que o atendia estendeu a ele um papel e uma caneta e pediu que ele lhe desse um autógrafo. Sant'Ana concordou e atendeu ao pedido da funcionária. Na sequência, ela lhe passou outro papel, com um novo pedido: agora o autógrafo era para o pai dela. Sant'Ana novamente concordou. Passado esse momento de tietagem explícita, Sant'Ana, com as compras finalizadas, preencheu um cheque, assinou e entregou à moça. Foi então que ela pediu a ele um documento de identificação.

Sant'Ana indignou-se e começou, segundo ele, "uma amável discussão no supermercado". Ele pediu que chamassem o gerente e, com a chegada do profissional, Sant'Ana perguntou por que exigiam a identidade dos fregueses. O funcionário argumentou que eram tantos os clientes, uma maioria esmagadora de desconhecidos, que a cautela se tornava imprescindível. Aí Sant'Ana argumentou que ele não era um desconhecido. Tanto não era que a moça da caixa o reconheceu, disse que o admirava e lhe pediu dois autógrafos. O gerente, embora não convencido pelos argumentos do cronista, parecia disposto a liberar o cheque de Sant'Ana. Embora insatisfeito, porém sem a intenção de que a polêmica se alongasse, o próprio Sant'Ana sacou a carteira de identidade e deu fim à discussão.

Mas, antes que a história, terminasse haveria ainda mais um toque de absurdo: ao conferir a assinatura que estava no documento, a moça pediu que Sant'Ana refizesse os autógrafos, já que as assinaturas dos papéis não batiam com as da carteira. "Obedeci depressa e refiz", revelou Sant'Ana. "Fiquei com me do de ser preso em flagrante por crime de passar autógrafos sem fundos."

O caso narrado anteriormente revelou um episódio específico, mas Sant'Ana tinha uma capacidade incrível de atrair chatos. "Aqueles do tipo que dão tchau e de imediato puxam a cadeira e engatam uma conversa", exemplifica Guerrinha. "Ora, se deu tchau, tem que ir embora", ensina.

Dessa maneira, Sant'Ana era constantemente vítima do assédio dos chatos. "Eu atraio chato. Quando o chato me vê, fica transtornado. Todo chato, quando me vê, diz: 'Aí está o grande achado da minha vida... Nunca pensei que pudesse falar com o Sant'Ana'." Sant'Ana tinha a tese de que o primeiro contato que o chato faz é casual. "Porque ninguém vai marcar encontro com o chato ou correr o risco de visitá-lo", alertava.

Também sem dar nomes aos chatos, Sant'Ana com frequência os citava em suas colunas. Em 1990, durante a Copa da Itália, Sant'Ana explicava ter encontrado muitos chatos. "Chatos que não desgrudam, chatos que nos perseguem nos restaurantes, nos banheiros e até são capazes, não sei como, de invadir nosso quarto de hotel a altas horas da madrugada."

Em outra coluna, em 22 de junho de 1995, ele contava ter descoberto recentemente uma característica dos chatos: "É aquele a quem você faz qualquer afirmação taxativa e ele retruca assim: 'Tu achas isso mesmo?'. Em suma, é chato todo aquele que quer encompridar um assunto já completamente encerrado". A partir de então, Sant'Ana começa a listar os principais chatos e suas características: "Não existe um chato lacônico, o chato não é um homem de poucas palavras". Para o colunista, "o chato é um homem de alongamentos verbais, até mesmo porque chato não tem horário nem compromisso".

Muitas vezes, o chato era incontornável.

Sant'Ana, por exemplo, contava da vez que um chato o abordou e perguntou direto: "Tu não és o Paulo Sant'Ana?". Tentando se livrar do incômodo, Sant'Ana improvisou: "Não, sou o irmão dele". Não adiantou e o chato revidou. "Ah, era contigo mesmo que eu queria falar".

Entre amigos e inimigos, chatos e figuras agradáveis, o que havia em comum em quase todos os textos era a presença da megalomania.

E, paradoxalmente, Sant'Ana conseguia fazer uma relação entre os dois e provar que o megalomaníaco é como o chato. Segundo o cronista, não havia nada mais detestável para um megalomaníaco do que haver um outro megalomaníaco integrando a roda de conversa. Nesse ponto, dizia Sant'Ana, o chato é idêntico: "Se algo há que consiga irritar um chato, é outro chato presente na roda. Pela simples razão do princípio da física que afirma não poderem dois corpos ocupar o mesmo espaço".

Longe de chatos e megalomaníacos, Sant'Ana gostava ainda de fazer relações entre a sua pessoa e seus contemporâneos.

Ele, por exemplo, reconhecia a grandeza de Luis Fernando Verissimo. E, como não conseguia se equiparar à respeitabilidade e ao alcance nacional de Verissimo – grandeza esta traduzida em milhões de livros vendidos e na criação de personagens que grudaram no imaginário popular, como o Analista de Bagé e a Velhinha de Taubaté –, Sant'Ana se apegava no terreno onde se saía melhor: nas páginas de *Zero Hora*. "Ele é um gênio, mas ele faz o mesmo jornal que eu. Aí tu pegas a pesquisa do *call-center* da *Zero Hora* e a minha leitura é 90 e a dele é 8. Entendeu? 90 para mim e 8 para ele. Só que ele é um gênio. O que sobra para mim?", disse em uma entrevista em que ao final concluía: "Eu tenho mais é que ser megalomaníaco!".

Segundo cálculos feitos pela RBS em 2006, Sant'Ana recebia por dia entre 300 e 400 *e-mails* de leitores. Pela grandiosidade, ele era o primeiro a admitir que não tinha como responder a todos, mas garantia que lia 90% das mensagens que recebia. "Não respondo porque não tenho estrutura. Não há estrutura que suporte o retorno que leitores, ouvintes e telespectadores me dão", confirmou em entrevista à revista *Press*.

Um testemunho parecido sobre o alcance de Sant'Ana e sobre a capacidade do colunista de atrair amigos seria dado por J. J. Camargo em uma crônica escrita em *Zero Hora* em fevereiro de 2024. "Guardo dele a melhor das lembranças pelo jeito carinhoso com que cuidava dos amigos, que sabíamos serem muitos", escreveu o médico, para em seguida recuperar um relato bem pessoal. "Antes de ter uma coluna regular no jornal, recebi dele a oportunidade de publicar no seu espaço sagrado, um verdadeiro canhão que durante décadas ocupou a penúltima página de ZH e encantou gerações."

No texto, Camargo recorda algumas facetas do cronista e da maneira como Sant'Ana não deixava nada sem resposta. "Uma tarde, ao final de uma consulta, lhe agradeci a generosidade de conceder tal visibilidade a um escriba ocasional, e ele, com seu sorriso enviesado, debochou: 'E nunca te ocorreu que eu pudesse estar sem assunto naquele dia?'."

Camargo contou ainda que, em 2008, Sant'Ana aceitou prefaciar o *Não Pensem por Mim*, seu primeiro livro de crônicas. "Quando cheguei para a sessão de autógrafos, ele já estava lá. Eu disse: 'Obrigado, Sant'Ana, que bom que vieste!'. Ele respondeu: 'Não vim por ti. Ocorreu-me que não era justo que teus leitores, ao lerem o maravilhoso prefácio, não tivessem o autor para autografar!'."

Sant'Ana garantia ter certeza de quando a coluna que recém havia escrito alcançara um sucesso retumbante. Isso se manifestava em abordagens pessoais, com os leitores confessando suas emoções, contando que determinado texto havia despertado risadas ou choros. "Eu sou o melhor de todos os jornalistas", alardeava Sant'Ana com grande frequência e estabelecia o que considerava ser seu patamar. "Aqui no estado houve apenas um que se equiparava a mim e quase ninguém o conheceu. Chamava-se João Bergmann, o Jotabê", mas não admitia comparações: "Esse quase empatou comigo".

Gaúcho de Porto Alegre, onde nasceu em 1922, João Bergmann formou-se em Direito, mas ganhou respeito e visibilidade nas páginas do *Correio do Povo* e da *Folha da Tarde*. Seu sucesso foi tamanho que ganhou o epíteto "O cronista da cidade", graças às crônicas publicadas sob o pseudônimo Jotabê nos jornais da Caldas Júnior. João Bergmann também foi locutor de rádio, tendo revelado, por acaso, um outro jovem talentoso, Cândido Norberto. Certa vez, Cândido teve que substituir o amigo na locução enquanto o cronista atendia ao telefone. E, assim, o rádio gaúcho ganhou um dos maiores nomes de sua história.

Com um estilo irônico, Jotabê tratava dos assuntos do cotidiano, falando quase sempre sobre política e temas relacionados à vida na capital gaúcha. Foi um cronista importante, poderia ter chegado longe, mas não teve tempo. Quando ainda estava em uma fase que indicava que a carreira era ascendente, João Bergmann morreu prematuramente, em 1960, aos 38 anos, vítima de infarto do miocárdio.

Assim, como o único rival estava morto há muito tempo, Sant'Ana podia se considerar único e onipresente. Em outubro de 2007, na crônica "O milagre da televisão", Sant'Ana escreveu: "Já fiz uns 80 *Jornal do Almoço* no Interior. Percorri como um mascate todo o Rio Grande do Sul, num exercício delicioso de sentimentalidade", para em seguida chegar à conclusão traçando a seguinte comparação: "E como já faço o *Jornal do Almoço* há 36 anos, foram cerca de 12 mil programas de que participei, com abrangência diária em todo o Estado, sou mais conhecido que Coca-Cola nos recantos gaúchos todos".

Em determinados momentos, Paulo Sant'Ana reconhecia o exagero de sua megalomania, algo tão mórbido, segundo ele, que muitas vezes era incapaz de seguir conversando com um amigo se o assunto dele não fosse somente sobre ele. Sant'Ana, então, confirmava que era preciso que tudo girasse em torno dele: "Quando um megalomaníaco ouve um locutor de televisão anunciar 'as notícias do mundo', ele se prepara na poltrona: 'Oba, vão começar a falar em mim'", escreveu.

"Tenho megalomania e gosto de tê-la", confessava sem nenhum problema de baixa autoestima. "Sou o único megalômano confesso do planeta. Todas as pessoas são megalomaníacas, mas o único confesso sou eu. O resto esconde ou não sabe."

CAPÍTULO 16
SANT'ANA VAI ÀS URNAS

Vereador: Sant'Ana agia de maneira independente em relação aos colegas.

Figura reconhecida pelos seus conterrâneos e com grande visibilidade fornecida pela sua presença constante em *Zero Hora* e na Rádio Gaúcha, Paulo Sant'Ana resolveu, em 1972, testar sua popularidade de uma maneira até então inédita para ele: nas urnas.

Naquele ano, aos 33 anos, Sant'Ana submeteu seu nome à convenção da Arena, o partido de sustentação do regime militar, e saiu de lá como candidato a vereador nas eleições que seriam realizadas em novembro. Era um pleito municipal, que deveria indicar os novos prefeitos e vereadores nas cidades brasileiras. Porto Alegre – assim como as demais capitais brasileiras e as cidades consideradas como área de segurança nacional – poderia eleger apenas os vereadores. O prefeito seria indicado indiretamente pelo governador do estado, também eleito de forma indireta.

A tentativa foi exitosa. Sant'Ana saiu das urnas consagrado pelo apoio de 7.242 eleitores. Agora, ele seria um dos 21 vereadores de uma cidade que se aproximava do primeiro milhão de habitantes, sendo que aproximadamente metade dessa população compunha o eleitorado. Com a decisão do regime militar de instalar o bipartidarismo no Brasil, todos os vereadores eleitos pertenciam, obrigatoriamente, a apenas dois partidos: a Aliança Renovadora Nacional (a Arena, legenda à qual Sant'Ana estava vinculado) e o Movimento Democrático Brasileiro (o MDB, o único partido de oposição). Nessa legislatura, o MDB ficaria com a maioria do parlamento, 12 vereadores. A Arena teria nove.

Na Câmara Municipal, Sant'Ana teve como correligionário os vereadores João Antônio Dib – mais tarde indicado prefeito indireto para o mandato 1983-1985 – e Reginaldo Pujol, então entrando para o primeiro dos nove mandatos que teria a partir daí na Câmara de Vereadores. Como representantes da oposição, Sant'Ana reencontrou Glênio Peres, jornalista e, assim como ele, figura com alta quilometragem na vida noturna de Porto Alegre, e João Severiano e Sadi Schwerdt, dois atletas profissionais, ex-jogadores dos dois grandes times da capital. O primeiro vinculado ao Grêmio, o segundo, ao Internacional. Na legislatura, ele integraria as comissões permanentes de Finanças e Orçamento, da qual seria relator, e também a de Justiça e Redação.

O indomável Sant'Ana chegou ao parlamento sendo enquadrado. Menos de duas semanas depois de eleitos e ainda não empossados, os novos vereadores, Sant'Ana entre eles, participaram de uma reunião da executiva da Arena com o prefeito Telmo Thompson Flores. No encontro, foi decidido que a bancada do partido deveria ter reuniões periódicas com o prefeito e seu secretariado "para melhor se informarem do andamento da administração" e "restabelecer a disciplina partidária", conforme informou o coronel Orlando Pacheco, presidente do diretório municipal.

Andando em faixa própria, Sant'Ana agia quase que de maneira independente em relação a seus colegas. Era capaz tanto de abraçar bandeiras polêmicas, como também de praticar a mais clara forma de clientelismo político. Em uma ocasião, por exemplo, Sant'Ana pediu a Thompson Flores, que, além de prefeito, era conselheiro do Internacional, para que a prefeitura providenciasse auxílio para a viúva do jogador Ari Hercílio. A justificativa para o pedido, segundo Sant'Ana, era que ela não havia sido classificada em um concurso da Prefeitura.

> **DEFINIÇÕES DE PAULO SANT'ANA**
>
> **DESARMAMENTO**
>
> "Criou-se no Rio Grande do Sul uma consciência muito lúcida de que ter uma arma em casa para defender-se é um direito inalienável e privá-lo das pessoas é uma violência."

Já em relação a uma das pautas polêmicas que assumiu como vereador, Sant'Ana passou a defender que o poder público municipal deveria ter como obrigação lutar para desestimular o trânsito de automóveis pelas ruas centrais de Porto Alegre. Uma das medidas apresentada pelo novo vereador tinha por objetivo tentar resolver o problema impedindo que fossem concedidas licenças para as construções de novos edifícios-garagens no centro da cidade. Atacado pelos proprietários das garagens, Sant'Ana argumentou que "a solução contraria inúmeros interesses, mas é preciso que se decida sobre o assunto".

Outra polêmica provocada pelo vereador foi a primeira com um assunto que pelos anos seguintes seria um tema constante em muitas de suas colunas: o cercamento do Parque Farroupilha, a Redenção. Citando o exemplo de parques que havia visitado "em outros três continentes", Sant'Ana passou a defender que os parques fossem abertos ao público em dias e horários restritos. "Hoje a nossa Redenção é uma imensa latrina", avaliou, e completou dizendo ser "impossível controlar a ação de marginais que, dia e noite, impedem a população de passar horas agradáveis nesses locais". Segundo Sant'Ana, não era possível encontrar outra saída senão a de cercar o parque.

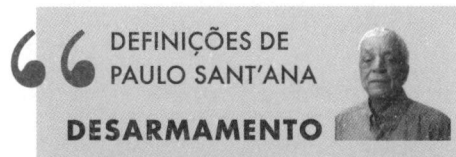

Ao defender na tribuna o seu projeto, Sant'Ana foi aparteado pelo vereador oposicionista Glênio Peres, que condenou a proposição e defendeu que "as nossas crianças deveriam exercitar o direito de se movimentarem livremente". De imediato, Sant'Ana rebateu: "Não adianta mesmo. Há gente que teima em fazer oposição em qualquer situação. Aposto que o vereador Glênio Peres, se vivesse na época de Oswaldo Cruz (*médico sanitarista que se destacou no combate às epidemias*), seria contra ele e a favor do mosquito".

Já no final desse primeiro mandato, em junho de 1976, Sant'Ana passou ainda a defender que a Prefeitura deveria reconhecer e regularizar a profissão de camelô. O vereador acreditava que apenas dessa forma o vendedor ambulante não seria visto como um semimarginal. Para Sant'Ana, "ao contrário do que todo mundo pensa", dizia, "o camelô não enfeia a cidade e, sim, a torna mais cheia de encantos". Adiantando-se a uma medida que seria tomada anos depois, Sant'Ana sugeriu a criação em Porto Alegre de "pontos de camelôs", que mais tarde seriam conhecidos como camelódromos.

Demonstrando o que parecia ser o procedimento mais oposicionista entre os vereadores governistas, Sant'Ana, na defesa desse seu projeto para os camelôs, partiu para o ataque. "Faço uma sugestão à burra política que a Prefeitura emprega quanto aos camelôs...", disse, queixando-se ainda do comportamento do prefeito: "O senhor que não me atende em nada...".

Em novembro de 1976, em nova eleição e com o MDB alcançando força eleitoral ainda maior, Sant'Ana perderia cerca de 1,3 mil votos que havia recebido quatro anos antes e ficaria apenas com a primeira suplência da Arena. Recebeu, então, 5.912 votos. Porém, com a indicação de Pujol para ser o titular da Secretaria Municipal de Produção, Indústria e Comércio, Sant'Ana pôde desempenhar o novo mandato desde o início. Nessa legislatura, novamente ele integraria as comissões de Finanças e Orçamento e a de Justiça e Redação. A novidade seria ele fazer parte da Comissão de Serviços Municipais e Obras Públicas.

Em matéria de defesa de temas ligados à cidade, Sant'Ana se empenharia agora para que os motoristas de táxis e de ônibus de Porto Alegre pudessem trabalhar sem o uso obrigatório da gravata. Dessa vez, Sant'Ana conseguiu sensibilizar todos os seus colegas, e a Câmara de Vereadores aprovou, por unanimidade, o projeto de lei.

Eleito pela Arena, Sant'Ana veria a política brasileira ser transformada a partir de 1979 por dois novos fatores: a volta dos exilados políticos (Leonel Brizola, entre eles) e o fim do bipartidarismo. Arena e MDB seriam extintos e dariam lugar a cinco novos partidos: um de situação, o PDS, sucedâneo da Arena, e quatro de oposição, quase todos nascidos do ventre do MDB – PMDB, PDT, PTB e PT. Em agosto de 1980, já na metade final do mandato, Sant'Ana surpreenderia a colegas e adversários ao optar por um novo partido, o PMDB.

Da novidade, talvez apenas a líder do novo partido na Câmara, a vereadora Jussara Gauto, soubesse. Coube a ela conduzir as gestões silenciosamente e de maneira discreta. "Depois de cinco penosos meses já tenho uma definição partidária", falou Sant'Ana. "Foram dias de angústia, confesso, porque a reformulação partidária acabou por colocar-nos em uma atitude de profunda meditação acerca do futuro brasileiro, acerca da política brasileira, acerca da nacionalidade e dos rumos que cada um deve, daqui por diante, seguir livre", prosseguiu. E concluiu: "Minha opção é fruto de um imperativo de consciência, e também é fruto dos contatos que fiz com uma mínima parte, porém representativa, dos meus eleitores. É fruto de uma reflexão demorada e decorrência de uma posição ética".

Ao final desse discurso que proferiu na Câmara dos Vereadores, Sant'Ana, muito assediado, agradeceu a todos os dirigentes partidários, políticos com ou sem mandato, que lhe ofereceram suas legendas. "Quatro partidos se dispunham a me acolher. Agradeço ao governador Amaral de Souza, ao secretário Celestino Goulart, a Sereno Chaise, a Reginaldo Pujol e a Rubem Thomé que, com carinho e apreço, queriam me ver nos seus quadros partidários. Talvez eu frustre alguns."

Mesmo com a garantia de Sant'Ana de que sua decisão era definitiva, o líder do PDS, Reginaldo Pujol, acreditava que ainda poderia ocorrer mudanças. "Custo a acreditar que a manifestação seja irreversível", afirmou, deixando uma porta aberta para o antigo correligionário: "Como me une a ele uma sólida e profunda amizade, já combinei uma conversa informal na qual reexaminaremos, como amigos, a situação política".

Já Jussara Gauto disse que "realmente foi uma surpresa grande para o PMDB a opção do ex-arenista, principalmente porque o partido foi o único que não pediu a ele a sua entrada". Jussara pode ter se declarado surpresa com o ingresso de Sant'Ana na legenda, mas com certeza a proximidade com uma colega de 33 anos, que chamava a atenção de outros vereadores por sua beleza e era uma das duas únicas mulheres no parlamento naquela época, pesou na decisão de Sant'Ana, como ele próprio chegou a confessar a alguns amigos naqueles dias.

Apesar de todo o alarde da sua entrada no novo partido, Sant'Ana não teve uma relação duradoura com a legenda. Em junho de 1981, ele deixou o partido, e novamente a vereadora Jussara Gauto estava no centro dos acontecimentos. Declarando-se independente, Sant'Ana concretizou publicamente a decisão tomada e afirmou da tribuna que se sentia constrangido porque iria votar contra o projeto de lei de sua líder, Jussara Gauto, que visava à redução do recesso do Legislativo. "Ela foi insuscetível ao meu constrangimento. Eu não sou insuscetível à lealdade e acho antiético, pertencendo ao PMDB, votar contra minha líder", justificou-se.

Sant'Ana também explicou que houve outra razão para que ele tomasse a decisão de se desligar do PMDB, confirmando o seu pouco apetite para as questões partidárias: "Não me sinto nem mesmo com disposição de comparecer às reuniões que visam à organização do partido na Capital. O que vou fazer numa reunião, se não sei quais serão as regras do jogo eleitoral?".

Mas Sant'Ana, novamente menos de um ano depois, entenderia melhor o jogo eleitoral, se adaptaria às regras partidárias e retornaria ao PMDB.

Seria a sua consagração. Eleito pela legenda, Sant'Ana recebeu, em 1982, a maior votação de sua vida: 13.945 votos. Foi o mais votado do partido e o terceiro colocado na apuração geral, perdendo apenas para Cleon Guatimozim e Valdir Fraga, ambos do PDT.

Essa foi também a campanha em que Sant'Ana mais trabalhou, talvez a única em que se dispôs a ir às ruas e distribuir santinhos pela capital. Dizia também que ser candidato a vereador era muito melhor do que ser candidato a deputado, já que não precisava viajar para o interior do estado. Aos possíveis eleitores que o abordavam, muitos deles querendo saber onde era o seu comitê eleitoral, Sant'Ana respondia: "Meu comitê é em dois endereços: no coração dos gremistas e na consciência dos desportistas".

Por 16 anos em três mandatos – com exceção do primeiro, com quatro anos, os outros dois tiveram seis anos de duração para ajustes programados pela justiça eleitoral –, Sant'Ana teve sua atuação política restrita à Câmara de Vereadores.

Como vereador, ele lutou pelo cercamento dos parques, em especial a Redenção, tema que até hoje não parece resolvido. Defendeu ainda a restrição da circulação de automóveis pelo centro de Porto Alegre, além de ter encabeçado o conhecido projeto que liberava os motoristas de táxi e de ônibus do uso de gravata. Nunca conseguiu dar um salto mais ousado.

Na última tentativa, em 1986, Sant'Ana tentou chegar à Assembleia Legislativa. Concorrendo agora pelo PDT – terceiro partido ao qual se filiou, então levado por um convite feito pelo próprio Brizola –, Sant'Ana fez uma votação inferior à anterior, alcançando apenas pouco mais de 9 mil eleitores e ficando com a nona suplência do partido. "Fui um infeliz na política", reconheceu Sant'Ana à época num rasgo de rara humildade. Anos depois, em entrevista à revista *Press Advertising*, ele explicou. "Todo mundo pensou que eu ia ficar no PMDB no ano que o partido elegeu sua maior bancada". "Era uma barbada", admitiu ele, avaliando sua estratégia equivocada ao ter decidido concorrer pelo PDT.

―――――

De maneira curiosa, 1986 – o ano em que Paulo Sant'Ana disputou sua última eleição, foi derrotado e desistiu de concorrer em futuros pleitos – marcou uma virada na relação dos comunicadores com as urnas, em especial aqueles ligados à RBS.

Naquela eleição, os dois deputados federais mais votados, Jorge Alberto Mendes Ribeiro e Antônio Britto, ambos pelo PMDB, eram fortemente vinculados à empresa, tendo os dois ocupado cargos de chefia, além de Mendes Ribeiro ter sido o âncora do *Jornal do Almoço*. Os dois, juntos, fizeram mais de 600 mil votos. Também um dos senadores eleito naquele pleito, José Paulo Bisol, igualmente pelo PMDB, havia ganhado visibilidade depois de atuar na versão regional do programa *TV Mulher*. E, por fim, aquela eleição revelaria outro fenômeno em matéria de sucesso político-eleitoral: o radialista Sérgio Zambiasi, comunicador da Rádio Farroupilha. Ele bateu todos os recordes ao alcançar sozinho mais de 360 mil votos naquele pleito.

A partir de então, pelas eleições seguintes, seriam muitos os parlamentares eleitos alavancados pelas suas imagens formadas dentro da RBS. Em 1990, Mendes Ribeiro, Britto e Zambiasi seriam reeleitos e teriam então a companhia de Maria do Carmo, também do *Jornal do Almoço*, na Assembleia Legislativa.

Em 1994, quem chegaria ao governo estadual, eleito pelo PMDB, seria um velho amigo de Sant'Ana, Antônio Britto. Depois de dois mandatos como deputado federal e uma passagem pelo Ministério da Previdência Social no governo de Itamar Franco, Britto foi eleito governador.

Com relação a Sant'Ana, Britto conta que, como sabia das idiossincrasias do cronista, tinha a exata noção de como se daria o convívio entre os dois. "Quando passei para a atividade política, adotei uma cautela", explica Britto. "Raramente ligava ou falava com ele, salvo em casos extremos, quando considerava obrigatório esclarecer minha posição", completa, lembrando que, assim, sempre foi tratado com respeito pelo colunista. "Sem abrir mão do que pensava ou achava", analisa. "Era para mim esse o ponto possível de uma relação com ele, com o Sant'Ana comunicador", conclui Britto.

A boa performance eleitoral de comunicadores se repetiria em dois outros pleitos. O primeiro, em 2002, marcaria uma mudança na carreira política de Sérgio Zambiasi: ele deixaria de ser deputado estadual e tentaria uma das duas cadeiras do Senado em disputa. Ganharia e seria o último nome ainda vinculado por contrato à RBS a entrar numa disputa eleitoral. Em 2010 e em 2014, as respectivas eleições, também para o Senado, de Ana Amélia Lemos (PP) e de Lasier Martins (PDT) encontrariam os dois comunicadores já desvinculados da empresa.

Em 3 de setembro de 2001, o *Diário Gaúcho* publicou uma reportagem que mostrava o cotidiano de Paulo Sant'Ana. Feita por Alexandre Bach, então editor-chefe do jornal, a reportagem consistia quase que em um acompanhamento hora a hora de um dia normal na vida do cronista. Para isso, Bach precisou convencer Sant'Ana a abrir as portas de sua intimidade e colaborar com ideias e depoimentos. Na véspera do encontro, tudo parecia normal.

Porém, no dia seguinte, ao chegar ao apartamento de Sant'Ana, Bach foi recebido por Inajara, mulher de Sant'Ana, que ficou surpresa com uma visita na sua casa naquele horário. Ela pediu licença aos visitantes, entrou no quarto e poucos minutos depois retornou ao lado de Sant'Ana. Vestindo um chambre, ele reclamou: "O que vieste fazer aqui?". Bach lembrou que ocorrera um acerto prévio. Sant'Ana fez cara de quem concordava e autorizou o início da reportagem. Bach começou a narrativa descrevendo o local ("uma cobertura próxima ao Shopping Iguatemi"), o cenário ("um quarto de casal em que a forração e as cortinas são vermelhas, contrastando com o gremismo do proprietário") e mostrando Sant'Ana praticamente ao despertar.

Sem descrever isso no texto, Bach recordaria mais de 20 anos depois uma imagem que ficou na sua cabeça: Inajara saindo do quarto do casal carregando uma meia dúzia de potes de sorvete vazios e alguns pacotes de bolacha. Aquilo parecia ao repórter um veneno para um homem como Sant'Ana, diabético e que deveria ter as refeições e os horários controlados. Bach recordou a bagunça do quarto, com mesas e estantes carregadas de livros empilhados sem ordem alguma, além de documentos, jornais e revistas. "Algo no estilo do material que as pessoas guardam porque 'um dia vão ler', mas esse dia nunca chega", explica Bach.

Logo depois, já na parte profissional da narrativa, o repórter e a fotógrafa Andréa Graiz registraram o colunista às 7h30min, já fumando sentado na própria cama e se preparando para a primeira tarefa do dia: telefonar para a Rádio Gaúcha e fazer seu comentário dentro do programa apresentado por Rogério Mendelski. O apresentador, também avisado previamente de que a reportagem seria realizada, ajudou a quebrar o gelo falando no ar que sabia que a equipe do *Diário Gaúcho* estava na casa do comentarista. Mais à vontade, Sant'Ana, então, naquele dia, 27 de agosto, conversou com Mendelski sobre a morte de Dilamar Machado, ex-radialista e ex-deputado, além de amigo de juventude de Sant'Ana, quando os dois moraram na Azenha.

Pedro Sirotsky opina que esse comentário que Sant'Ana fazia nas primeiras horas da manhã era uma das provas mais concretas de como ele não tinha limite. "Era possível sentir nesses comentários que eles eram resultados de uma rotina em que o Sant'Ana ia dormir às 3h da manhã e que se o comentário estava marcado para às 7h20min, ele acordava às 7h19", explica. "Assim, ele se pautava na hora em que despertava. Logo, ele não tinha quase nenhum compromisso com o que viria a falar", avalia. E finaliza: "O Sant'Ana não tinha filtro – talvez só o do cigarro".

O relato de Alexandre Bach prossegue com o repórter contando que, terminado o comentário, Sant'Ana quase sempre voltava a cochilar, pois devia ter "dado uma esticada na noite anterior". Na hora da primeira despedida entre Sant'Ana e a dupla do DG, Bach recorda que o comentarista já parecia mais calmo. "No saguão do prédio, enquanto eu e a Andréa esperávamos o elevador, ele me pediu desculpas pela grosseria ao nos receber", lembra Bach. "Eu aceitei e a partir desse momento ele passou a nos tratar com mais respeito e até ajudou a fazer o restante da matéria."

Às 11h45min, dirigindo sua caminhonete, Sant'Ana chegou à RBS TV e seguiu direto para o camarim. Lá, a maquiadora aplicou base média e pó no rosto do jornalista (para evitar que ficasse brilhoso na televisão) e, logo depois, ele trocou a camisa esportiva por outra social, preparando-se para entrar no ar.

Nesse momento, Bach lembra, ele e a fotógrafa acharam que Sant'Ana reclamaria por estar sendo flagrado sem camisa. "Para ser mais discreto, sugeri que Andréa fizesse uma foto dele no máximo com a camisa desabotoada." Bach espantou-se com a reação de Sant'Ana. "Ele olhou para ela e disse: 'pode tirar as fotos'. E começou a tirar a camisa. Claramente ele fez questão de ser fotografado sem camisa e gostou, num sinal de vaidade total."

Ainda no camarim, Sant'Ana cruzou com Lasier Martins, âncora do *Jornal do Almoço*. Os dois trocaram amenidades e trataram de assuntos que, segundo o repórter, "jamais irão ao ar". Enquanto se encaminhavam para o estúdio, um colega passou pelos dois e provocou: "Por que vocês não fazem uma chapa? O Sant'Ana vai para senador, o Lasier, para governador". Sant'Ana rebateu: "Aceito, desde que eu possa aprovar o secretariado do Lasier". "Não tem problema", concordou Lasier.

Já fora do *Jornal do Almoço*, Sant'Ana se encaminhou para a Rádio Gaúcha, onde foi participar do *Sala de Redação*. O programa daquele dia foi normal, sem nenhuma briga, o que permitiu que Sant'Ana fosse à tarde a um bingo. De volta ao jornal, Sant'Ana produziu a coluna do dia seguinte. A escrita foi rápida, ainda que quase sempre fosse interrompida por telefonemas de amigos e leitores com sugestões de temas e reclamações.

A reportagem se encerrou com um possível furo jornalístico. Ao sair da redação, Sant'Ana se dirigiu para a solenidade que marcava o lançamento do projeto "40 Anos da Legalidade", da RBS.

Na cerimônia na Assembleia Legislativa, Sant'Ana aguardava a chegada do ex-governador Leonel Brizola e, enquanto esperava, conversava com o presidente da Casa, o deputado Sérgio Zambiasi, seu colega de RBS. A ele, Sant'Ana fez uma revelação que – se confirmada – poderia alterar completamente o quadro eleitoral do ano seguinte: "O Brizola me disse que, se ele próprio for candidato a governador e eu a senador pelo PDT, damos uma sova nos adversários". Como, além de Zambiasi, Sant'Ana, pelos minutos seguintes, contou a mesma história a várias outras pessoas, muitos brizolistas presentes ao local passaram a lhe chamar de "senador". Logo depois, Brizola chegou, os dois se abraçaram e Sant'Ana repetiu a história, agora falando bem pertinho do ouvido de Brizola. O velho político apenas sorriu.

Nelson Sirotsky, mais de duas décadas depois, tem lembrança sobre essa última candidatura política admitida por Paulo Sant'Ana. "Ele foi ao meu gabinete, animado, e garantia que aquela eleição para ele seria fácil". "Me elejo numa barbada", disse o colunista. Nelson respondeu não ter a mesma certeza do sucesso eleitoral, mas, desejando-lhe sorte, o empresário apenas lembrou a Sant'Ana que, se fosse essa a decisão, ele teria que mudar de profissão. "Na RBS, tu não poderás seguir como comunicador", alertou Nelson, lembrando do estabelecimento de uma regra interna que proibia os funcionários de concorrerem a cargos públicos, a menos que se afastassem de suas funções na empresa.

No ano seguinte, nenhum dos prognósticos políticos feitos por Paulo Sant'Ana se confirmou. Leonel Brizola não concorreu ao governo do Rio Grande do Sul. Concorreu ao Senado pelo Rio de Janeiro e foi derrotado, ficando em sexto lugar. Lasier Martins também não concorreu. Só iria mudar de posição 12 anos depois, quando aí sim deixou a RBS e se elegeu senador pelo PDT gaúcho. Quem foi eleito em 2002 para uma das duas vagas ao Senado foi Sérgio Zambiasi, pelo PTB.

Seguindo o conselho de Nelson Sirotsky e confirmando uma decisão que havia tomado desde 1986, Sant'Ana não voltou a concorrer.

Por todos esses anos, Sant'Ana veria os colegas batendo recordes e se consagrando nas urnas, mas, provavelmente desiludido, manteria a decisão de nunca mais concorrer a nenhum cargo eletivo. Até mesmo como eleitor, Sant'Ana mostrava-se desanimado.

Na entrevista à revista *Press*, perguntado se havia votado em Lula em 2006, ano em que o presidente foi reeleito depois do escândalo do Mensalão, Sant'Ana saiu pela tangente: "Uma pergunta assim não devia ser feita em uma hora dessas", tentou se explicar. "Primeiro lugar, se eu não votei, diriam que eu não tenho esperanças. Se eu votei, diriam que eu sou culpado. Então, poxa vida, deixa para lá", esquivou-se. Em seguida, Sant'Ana admitiu que, se pudesse dar um conselho aos seus leitores, diria a todos para que votassem em branco, por ser o único susto que se pode dar nos políticos.

Porém, a partir de 1986, também de maneira curiosa, deu-se um fenômeno eleitoral às avessas. Depois de ter abandonado os cargos públicos, Sant'Ana passou a ser insistentemente procurado pelos mais variados partidos, que lhe ofereciam vagas para todos os postos: deputado estadual, deputado federal e até senador.

Ele também virou um eleitor, um cabo eleitoral, muito valorizado. Como era muito lido, qualquer manifestação sua poderia significar uma montanha de votos.

Um exemplo: nas eleições de 2008 à prefeitura de Porto Alegre, Sant'Ana não chegou a abrir seu voto, mas escreveu que seu coração balançava entre três mulheres – as candidatas Maria do Rosário (PT), Manuela D'Ávila (PCdoB) e Luciana Genro (PSOL). Ao ler esse relato, a última foi mais ágil, ligou para Sant'Ana e se declarou: "Sant'Ana, eu quero conquistar teu coração". Sant'Ana gostou da cantada eleitoral e rebateu: "Agora tu tens que conquistar a minha mente". A conversa foi boa, porém pouco produtiva. Sant'Ana não confirmou seu voto em Luciana e tampouco tal declaração teve força para mudar qualquer resultado. Luciana nem sequer chegou ao segundo turno, ficando com a quarta colocação entre os oito candidatos. O vencedor foi José Fogaça, do PMDB, então candidato à reeleição.

Foi o mesmo Fogaça, ex-senador por dois mandatos e também ex-prefeito de Porto Alegre, igualmente por dois mandatos, quem melhor resumiu o dilema vivido por Sant'Ana. Em uma conversa entre o cronista e o político, Fogaça perguntou: "Olha, Sant'Ana, tu sabes o que é que um senador deseja mais na vida?". E o próprio Fogaça respondeu: "É ter meia página por semana na *Zero Hora*". E concluiu: "Tu tens uma página por dia. Então o que é que tu queres sendo senador?".

Convencido por Fogaça, Sant'Ana seguiria ficando envaidecido com os convites, permaneceria gostando do assédio dos políticos, mas, em seu íntimo, sabia que a grande tribuna onde ele era ouvido e tinha influência era a proporcionada pelos veículos da RBS.

E dela ele nunca mais se afastaria.

CAPÍTULO 17

SANT'ANA SOLTA A VOZ

Com Julio Iglesias: "Tá louco, depois que ele colocou a língua na minha orelha..."

Se a voz rouca e eventuais divisões rítmicas podiam ser limitadas, a ânsia de Paulo Sant'Ana por subir ao palco e cantar, sozinho ou acompanhado, superava qualquer barreira. O gosto pela música, pela noite, pela boemia, Sant'Ana começou a forjar ainda no final da adolescência.

Em uma crônica escrita em junho de 2010, Sant'Ana recordaria o exato momento em que o cantor nasceu. Ele tinha 14 anos e soube que o regional do Homero estava pronto para sair e tocar em um baile da Rua Mansão, na Azenha, na região próxima aos cemitérios. Na ocasião, o adolescente Sant'Ana tomou conhecimento de que o cantor adoecera e que o regional teria que animar o baile sem ter quem cantasse.

Ao ver o ar interessado do garoto, o líder Homero perguntou: "Tu não te atreves a cantar conosco, guri?". E, à noite, no salão de bailes da Rua Mansão, lá estava Sant'Ana fazendo sua estreia, à frente do regional do Homero. Segundo seu relato, "de calça e camisa modestas, nervoso, quase tremente, mas cantando um samba de sucesso daquela época". Era 1953, e esse foi seu primeiro e minúsculo cachê.

Nos anos 50, a noite de Porto Alegre se concentrava nos cabarés. Era ali que se fazia a melhor música da cidade, reunindo boêmios em locais como Maipu, Oriente, American Boite (todos na Voluntários da Pátria), Tabaris, nos altos do abrigo de bondes, e Marabá, um templo dedicado à música popular brasileira, na Siqueira Campos. No Marabá, subia-se uma longa escada e lá se podia ouvir, ao piano, Alcides Gonçalves, parceiro do Lupicínio Rodrigues, e, às vezes, o próprio Lupicínio.

Sant'Ana ainda era menor de idade, mas conseguia algumas vezes entrar em alguns desses lugares, especialmente o Marabá, para assistir aos *shows* dos músicos que lá se apresentavam. Além dos grupos dedicados à música brasileira, todos esses cabarés também tinham uma orquestra típica de tango.

Mais tarde, Sant'Ana ficaria ainda mais próximo de Lupicínio Rodrigues. Seria um dos habitués da mesa que o sambista mantinha nos fundos do restaurante Dona Maria, no Centro. Lá, Sant'Ana, além do compositor, convivia com amigos como Dilamar Machado, Carlos Nobre, o vereador Glênio Peres, o poeta Luiz de Miranda e o cartunista Sampaulo. Lupicínio também já era assíduo frequentador do Bar da Adelaide, na Marechal Floriano, local que Sant'Ana também gostava muito de frequentar. Adelaide foi proprietária, ainda, do Chão de Estrelas, tradicional casa noturna na Rua José do Patrocínio, onde, anos mais tarde, já como uma das atrações do *Jornal do Almoço*, Sant'Ana passou a se apresentar com certa frequência. Nos finais de noite, um dos locais recorrentes de Sant'Ana era a Churrascaria Itabira, no bairro Menino Deus.

A partir dos anos 70, Sant'Ana começou a ficar famoso por suas canjas em bares como Chão de Estrelas, Gente da Noite e Vinha D'Alho. Já no ano 2000, na inauguração da casa noturna Se Acaso Você Chegasse, local temático para reverenciar a memória de Lupicínio Rodrigues,

Sant'Ana cantou ao lado de Jamelão, talvez o maior intérprete da obra de Lupi.

Assim, como cronista, ele se fez cantor, construindo uma carreira paralela – raramente remunerada – que o fez, segundo levantamento próprio, ter se apresentado ao lado de mais de 30 cantores nacionais e estrangeiros.

Para Cláudio Brito, Sant'Ana era um bom cantor. Nada muito exuberante, mas também não decepcionava. Pela sua formação ligada às serestas, ele quase sempre aproximava sua interpretação de um estilo de cantar mais sussurrado, forçando um inexistente sotaque carioca recheado de "erres" carregados e de "esses" excessivamente chiados.

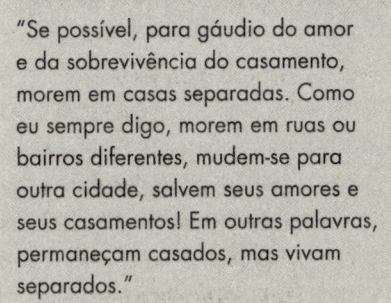

> **DEFINIÇÕES DE PAULO SANT'ANA**
>
> **CASAMENTO**
>
> "Se possível, para gáudio do amor e da sobrevivência do casamento, morem em casas separadas. Como eu sempre digo, morem em ruas ou bairros diferentes, mudem-se para outra cidade, salvem seus amores e seus casamentos! Em outras palavras, permaneçam casados, mas vivam separados."

Já o cantor João de Almeida Neto tem uma opinião carinhosa sobre o estilo de Sant'Ana. Ele, que levou Sant'Ana para se apresentar ao seu lado em *shows* em locais como Cachoeirinha e Passo Fundo, muitas vezes era alertado pelo cantor-convidado. "Deixa que eu entre no final", avisava Sant'Ana. "Se eu entrar antes, ninguém mais vai dar bola para ti." João de Almeida Neto ria e ajudava o comentarista a escolher o repertório, quase sempre com canções de Lupicínio Rodrigues, Orlando Silva e Nelson Gonçalves.

"O Sant'Ana tinha o charme dele, um jeito 'diferente' de cantar", analisa João, sem deixar muito claro o que seria essa "diferença". Solidário, o cantor sabia como ajudar o amigo. "Eu notava antes quando ele ia errar e aí eu errava junto com ele." Amizade é isso.

Em palcos internacionais, segundo seu depoimento, Sant'Ana foi chamado por Susana Rinaldi, a Dama do Tango, para que dividisse com ela a interpretação de *Malena*; "aquela composição que tem o célebre verso 'Su canción tiene el frio del ultimo encuentro'", lembraria Sant'Ana tempos depois, acrescentando que conheceu a cantora em uma temporada em que os dois estavam hospedados no Hotel Conrad.

Na Argentina, prossegue Sant'Ana em suas memórias musicais recolhidas entre várias crônicas, ele cantou na casa de tangos de Buenos Aires,

El Señor Tango. Ali, o anfitrião era o proprietário, o cantor Fernando Soler, que permitiu que Sant'Ana interpretasse outro tango de sua especial predileção, *Volver*.

Mas foi em Porto Alegre que Sant'Ana mais soltou a voz. Na capital gaúcha, ele cantou num palco improvisado de uma casa de samba na Avenida Azenha com Neguinho da Beija-Flor e se apresentou dezenas de vezes com a sambista Alcione, inclusive num *show* ao ar livre na Praça da Alfândega.

Com Pedro Sirotsky, Sant'Ana também dividia uma paixão pela música. "Eu tinha admiração em vê-lo cantando, interpretando... Me conectava com ele pela música", confessa Pedro, que foi parceiro de Sant'Ana em incontáveis serestas. "Tudo ia bem enquanto, nesses encontros coletivos, todos estavam cantando. Mas aí quando o Sant'Ana resolvia se destacar, você podia dizer: tchau microfone."

Pedro acrescenta ainda que Sant'Ana teve um papel fundamental em fazê-lo gostar de serestas, sambas-canções e sambas-enredo de carnaval. "Mas ele nunca aceitava que eu mostrasse a ele os meus interesses pelo rock e pela música pop", lamenta. "Em todo os sentidos, ele era um dominador."

Domínio este que fez com que Sant'Ana cantasse ainda ao lado de Cauby Peixoto numa noite, segundo ele, memorável no Le Club. "Ele me tratou com tanto carinho que cheguei a desconfiar que ele queria casar comigo", escreveu Sant'Ana.

No mesmo Le Club – uma antiga casa de *shows* que ficava em uma ampla área localizada no subsolo do Teatro Leopoldina (a partir de 1984 renomeado como Teatro da Ospa), que trouxe grandes nomes da música brasileira a Porto Alegre, como Elizeth Cardoso, Emílio Santiago e Ivan Lins –, Sant'Ana teve até performances mais intimistas, como a de ter cantado, acompanhado apenas pelo violão do professor Darcy Alves, a valsa *Rosa*, de Pixinguinha. A música foi uma homenagem à filha Fernanda, que naquela noite se casava com Sérgio Wainer, e a festa ocorreu naquela boate. "Meu pai gostava imensamente do Sergio. Ia nos visitar frequentemente no nosso primeiro apartamento e depois nas cidades onde moramos", lembra Fernanda. "O casamento foi exatamente como eu quis: uma festa para 400 convidados. Depois que ele cantou para mim, todo mundo chorou", conta. "Eu tinha 18 anos e foi uma festa linda e animada."

Mas a maior de todas as façanhas, a consagração da carreira artística de Sant'Ana, deu-se ao lado de Julio Iglesias.

Espanhol de Madri, quatro anos mais jovem do que Sant'Ana – nasceu em setembro de 1943 –, Julio José Iglesias de la Cueva teve uma incipiente carreira como goleiro do Real Madri antes que um grave acidente automobilístico o afastasse dos gramados e permitisse que ele se dedicasse com exclusividade à música.

Na nova carreira, Julio Iglesias começou a empilhar sucessos. Talvez seja até hoje o mais bem-sucedido artista latino de todos os tempos. Estima-se que sua fortuna possa chegar a mais de US$ 5 bilhões, e seus números são mesmo impressionantes: 200 milhões de discos vendidas, 2,6 mil Discos de Ouro e de Platina, além de mais de 4 mil espetáculos em mais de 500 cidades do mundo.

Em um desses espetáculos, realizado em Porto Alegre, um Julio Iglesias já admirado como um dos grandes nomes da canção romântica se encontrou com Paulo Sant'Ana.

Foi em fevereiro de 1988. O cantor espanhol veio a Porto Alegre para um *show* especial em comemoração aos 25 anos da RBS TV. Julio Iglesias iria se apresentar no Estádio Beira-Rio e a estimativa era de que o espetáculo reunisse um público de mais de 50 mil pessoas (na época, o Beira-Rio, antes da reforma de modernização para a Copa de 2014, permitia um público desse tamanho).

Sant'Ana, que sempre sonhou cantar profissionalmente, foi salvo pelo amadorismo. Nelson Sirotsky lembra que, quando foi ao hotel Caesar Park, no Rio de Janeiro, participar da reunião para a assinatura de contrato – ao lado de Dody Sirena e da empresária do cantor –, ele pôde perguntar a Julio Iglesias se o cantor aceitaria ter a participação de Paulo Sant'Ana em seu *show*. O cantor se virou para Nelson e perguntou: "O Sant'Ana é cantor profissional?". Ao ouvir a resposta negativa, Julio Iglesias confirmou: "Então, ele vai cantar comigo".

Satisfeito e animadíssimo, Sant'Ana chegou a acreditar que poderia cantar até três músicas ao lado do ídolo, mas, no dia seguinte, quando a possível apresentação começou a ganhar contornos mais definitivos, Julio Iglesias decretou: "Se cantares mais de uma, te corto o saco".

Sant'Ana também não poderia escolher qual música iria cantar. O bolero *La Barca* e a guarânia *Recuerdos de Ypacaraí* eram as suas preferidas, porém o cantor determinou que a música escolhida seria *As Veces Tu*. Sant'Ana gelou. Eram 4 horas da tarde do dia do *show* e o ensaio estava prestes a começar. A uma hora entre o aviso e o início da atividade permitiu que Sant'Ana subisse o Morro Santa Tereza, fosse aos estúdios da

Rádio Atlântida FM, ouvisse a música algumas vezes e anotasse a letra num papel. De volta ao estádio, os dois começaram a ensaiar.

À noite, com o Beira-Rio lotado, com um público majoritariamente feminino, Julio Iglesias subiu ao palco às 21h55min. Precedido por uma chuva de fogos de artifício, o cantor entrou em cena todo vestido de branco para apresentar um *show* estruturado em cima do repertório do disco que estava lançando, *Un Hombre Solo*, além de recordar sucessos de períodos variados de sua carreira.

O *show* transcorria bem quando Julio Iglesias anunciou que convidaria alguém para cantar ao seu lado. "Desde que cheguei aqui, ele me fala que gostaria muito de cantar uma música comigo", revelou o cantor, anunciando a entrada de Sant'Ana. "Que venga cantar conmigo ahora mi amigo Paulo Sant'Ana".

Ainda carregando o papel em que havia rabiscado a letra, Sant'Ana começou a interpretar a canção. Segundo sua própria avaliação, saiu-se bem, embora tenha reconhecido que, à tarde, no ensaio – menos nervoso e com mais claridade para ler a letra –, tenha cantado melhor. No dia seguinte, toda sua coluna foi ocupada por uma foto dele ao lado do cantor e por um curto texto com apenas 18 linhas que, em resumo, falava da alegria que sentira por dividir uma canção com Julio Iglesias. Sant'Ana completava a nota comemorando o fato de o Grêmio ter sido sensível ao seu apelo e ter renovado o contrato do meia Valdo, craque da equipe.

Um novo encontro entre os dois aconteceria anos depois. Na sua coluna de 21 de fevereiro de 2008, Paulo Sant'Ana anunciava: "Está chegando aí para cantar em Porto Alegre no início de março, no Teatro do Sesi, o meu amigo Julio Iglesias". Logo a seguir, Sant'Ana revelou: "Entre todas as pessoas com quem convivi no palco, ele foi a que melhor se conduziu ao cantar comigo". E, bem ao seu estilo exagerado e megalomaníaco, Sant'Ana encerrou o texto com um aviso: "Vou estudar se lhe darei outra chance desta vez".

Já em Porto Alegre, no dia 4 de março de 2008, data prevista para o seu *show*, Julio Iglesias, então com 64 anos, demonstrava em uma entrevista dada à *Zero Hora* que estava menos preocupado com sua voz e com a manutenção do seu estilo romântico e mais preocupado, sim, com o efeito da idade avançada em sua vida amorosa. "Não tomo Viagra, mas estou experimentando um aparelho chinês. Me disseram que funciona." Em seguida, o cantor beijou na boca uma das dançarinas que o acompanharia na apresentação e completou: "Que inveja tenho dos meus filhos. O que eu poderia fazer com essas moças na idade deles".

Também entrevistado na mesma página, Paulo Sant'Ana subdimensionou a ansiedade do cantor: "Acho que a grande preocupação que se tem com o Julio não é a de que ele perca a libido ou o tesão. A preocupação que nós temos – e que nunca vai acontecer – é que ele perca a sua voz".

Mais tarde, em sua coluna publicada no dia seguinte, Sant'Ana contou que antes do *show* foi convidado para se encontrar com Julio Iglesias, às 18h30min, no palco do teatro, quando estaria testando o som e outros detalhes do espetáculo.

No texto, escrito antes do encontro com o cantor, o cronista confessava não saber se havia sido convidado para cantar junto com ele ou se era apenas um pretexto para um abraço e uma conversa. "O que sei é que dias antes de ontem já estavam esgotados os ingressos. Havia gente querendo pagar com ágio, tal era a procura inútil."

Como não sabia se iria cantar novamente ao lado de Julio Iglesias, Sant'Ana demonstrava certa humildade: "Se cantei com ele, realizei-me. Se não cantei, fiquei na plateia embevecido e o aplaudi entusiasticamente, ainda mais depois que ele se manifestou em *Zero Hora* e diz em toda parte onde tem ido que gostaria de voltar a ser jovem para poder enfrentar com virilidade que não tem mais as mulheres belas que o assediam".

Agora era o momento de Sant'Ana se solidarizar com o temor do cantor: "O profundo lamento de Julio Iglesias é constante do fim de toda vida: a velhice não se compara à juventude em tudo, mas onde mais se sofre quando se é velho é na distância que se estabelece com o prazer sexual".

A mesma coluna do dia 5 seria atualizada já de madrugada e, assim, parte dos leitores de *Zero Hora* poderiam ler no dia seguinte que o que Sant'Ana mais ansiava se confirmou: mais uma vez ele cantou ao lado de Julio Iglesias. E mais: a performance do dia anterior havia sido, na avaliação de Sant'Ana, a melhor de sua carreira. Dessa vez, o cronista-cantor conseguira emplacar a canção de sua preferência, *Recuerdos de Ypacaraí*. "Desta vez ele estava bem ensaiado. E quando saí lá fora antes de o *show* começar e me esqueci do tom da música, acudiu-me no *hall* do teatro o maestro Miguel Proença, a quem cantei o primeiro verso da música e ele, como um diapasão vivo, me disse: 'É si bemol'", revelou.

Sant'Ana contou ainda que foi ao estacionamento do teatro, trocou a camisa que vestia por algo mais chamativo, uma outra blusa, agora na cor verde-coruscante. "Enfrentei o público, que me aplaudiu com grande entusiasmo", confessou. "*Recuerdos de Ypacaraí*, na minha voz, porque Julio Iglesias me largou sozinho no palco cantando, foi uma bela recordação para o público." E encerrou o texto lançando um convite. "Vai, Julio Iglesias. Mas volta. E num dia em que eu não mais existir, algum gaúcho há de cantar contigo também no palco."

Longe dos palcos, Paulo Sant'Ana e Julio Iglesias se encontrariam logo a seguir. Ao final do *show*, depois de o cantor ter se retirado, Sant'Ana foi procurá-lo em seu camarim. O encontro foi narrado em nova coluna, agora no dia 6 de março. Sant'Ana contou que, ao chegar ao local, o cantor o recepcionou com uma taça de champanhe. Os dois conversaram bastante e o cronista elogiou os sapatos de Julio Iglesias. Aí o cantor chamou sua secretária e pediu que ela trouxesse um par de sapatos iguais, novos, que de imediato foram dados a Sant'Ana. E, para o espanto das cerca de dez pessoas que estavam no camarim, Julio Iglesias se sentou ao lado de Sant'Ana e se dispôs a atar os cadarços do sapato que recém-dera de presente ao cronista.

Julio Iglesias voltou a Porto Alegre oito meses depois, novamente para um *show* no Teatro do Sesi. Dessa vez, o cantor espanhol não teve a companhia de Sant'Ana, que assim se justificou em sua coluna do dia 21 de novembro de 2008: "Por estar com problemas de saúde, não pude ontem ir ver e talvez cantar com Julio Iglesias no Teatro do Sesi, fiquei curtindo a saudade do grande amigo, o homem que na última vez que cantei com ele me ofereceu seus sapatos de dançarino, que guardo como um troféu em minha casa".

Na última passagem por Porto Alegre, de novo para um *show* no Teatro do Sesi, agora em novembro de 2011, Julio Iglesias foi homenageado por Sant'Ana com um texto publicado no caderno Donna com o título de "Meu amigo Julio Iglesias".

Repetindo com destaque a foto em que Julio Iglesias aparece amarrando os cadarços do sapato que dera ao colunista, a página com a apresentação de Sant'Ana para uma entrevista com o cantor se completava com um detalhe da foto em que Julio Iglesias passa a sua língua pela orelha de Sant'Ana. O cronista escreveu: "Está chegando novamente a Porto Alegre Julio Iglesias, há um alvoroço entre seus fãs". E confidenciou: "Se eles tivessem tido a oportunidade que tive, de conhecer pessoalmente Julio Iglesias, e cantar com ele, e ensaiar com ele, conviver com ele nos camarins, ficariam ainda mais encantados".

Sant'Ana, então, detalhava que Julio Iglesias era uma "pessoa humana singular, cordial, afetuosa, que dá atenção para quem vem a ter com ele, um cara de fé, um sujeito que honra a quem deva se considerar seu amigo".

Escancarando a intimidade que desenvolveu com o cantor, Sant'Ana contou que, certa vez, à beira de uma piscina em uma mansão na Avenida Carlos Gomes, Julio Iglesias lhe confessou que o seu maior êxtase existencial era aquele instante em que estava no palco, com o público à sua frente. Era quando ele podia abrir a voz e interpretar as canções que ele prefere e também as que o público prefere.

Seguindo o teor confessional do relato, Sant'Ana revelou ainda que, nesse mesmo dia, também à beira da piscina, Julio Iglesias abriu seu coração ao cronista e confessou que tinha todas as mulheres do mundo a seus pés, mas estranhamente a mulher que ele amava era impossível de ele conseguir. Sant'Ana, discreto, pensou: "Não quis perguntar quem era esta mulher, mas intuí que era sua ex-mulher". E concluiu: "Será que coube a este Julio Iglesias querido em todo o mundo o destino de desempenhar o papel exótico do homem que é apaixonado pela ex-mulher?".

Na sequência, ao ser entrevistado, Julio Iglesias retribuiu o carinho: "Ah, Paulo Sant'Ana! Ele é um amigo de toda a vida. Ele é um aventureiro da vida, é um campeão". O cantor então finalizou revelando um segredo entre os dois que muito tinha ajudado na performance do cronista: "A cada vez que ele canta comigo consegue mais namoradas, mais amores. Ele canta e depois, durante o ano, tem muitas e muitas namoradas que o amam". E Julio Iglesias encerrou: "Se pudesse, eu também cantaria com Julio Iglesias para ter tantas namoradas quanto Paulo (*risos*)...".

Em um caderno especial publicado em *Zero Hora* nos dias posteriores à morte de Paulo Sant'Ana, um texto lembraria que o colunista costumava dizer que às vezes acordava com calafrios ao lembrar da noite de 1988 quando, em determinado momento, Julio Iglesias inseriu a língua em sua orelha enquanto cantavam juntos no palco do Beira-Rio, em frente a dezenas de milhares de pessoas.

Naqueles dias, entrevistado sobre a morte de Sant'Ana, Julio Iglesias confirmaria sua admiração pelo cronista: "Adorava Sant'Ana, queria-o muito bem. Tenho a memória de um jornalista simpático, que conheci há mais ou menos 30 anos". E completou: "Falo com milhares de jornalistas na minha vida, mas ele é um dos que tenho guardado em minha alma, porque foi personagem histórico em sua maneira de ser como jornalista".

Em meados dos anos 90, o braço fonográfico da RBS, a RBS Discos, era gerenciado por Jorge André Brittes, profissional já veterano na empresa, com bem-sucedidas passagens pelas sucursais de Uruguaiana e de Santa Maria antes de se estabelecer em Porto Alegre. A RBS Discos operava em sintonia artística e empresarial com a Som Livre, a gravadora ligada à Rede Globo. Seu diretor no Rio de Janeiro era João Araújo, à época reconhecido não apenas por ser um grande produtor musical, mas também por ser o pai de Cazuza.

Jorge André sabia do gosto de Paulo Sant'Ana por cantar, da sua capacidade de armazenar na memória centenas de composições, e já havia visto ele em ação em alguns palcos de Porto Alegre. Além disso, Jorge André o considerava um "bom cantor", opinião que ganhava mais peso pelo fato de o próprio Jorge André também ser cantor, inclusive com prêmios recebidos na Califórnia da Canção Nativa, em Uruguaiana.

Assim, com tudo isso na cabeça, o diretor da RBS Discos foi procurar Sant'Ana com uma proposta: "Nós tivemos a ideia de produzir um CD seu, algo do tipo Paulo Sant'Ana cantando ao lado de seus amigos", explicou Jorge André em uma conversa com o cronista em uma das salas do prédio da *Zero Hora*. "O projeto já foi aprovado pelo João Araújo e se você se interessar podemos começar a pensar na produção e em convidar alguns nomes, como Alcione, Chico Anysio e Jamelão", completou. "O que tu achas?"

"Quanto eu vou ganhar?", foi a primeira pergunta de Sant'Ana.

Surpreso com a reação, Jorge André ficou sem resposta, mas na hora fez um rápido cálculo de cabeça e estimou que Sant'Ana poderia, sim, ganhar um bom dinheiro, até porque não era impossível prever que um CD como aquele poderia chegar facilmente aos 100 mil exemplares comercializados. "Ok, pode tocar em frente", autorizou Sant'Ana. A conversa se encerrou por ali, os dois se despediram e combinaram de voltar a falar.

Na mesma época, por outros compromissos, Jorge André precisou ir ao Rio de Janeiro participar da CD Expo, feira musical que reunia mais de cem expositores. Passando pelo estande da Som Livre, o executivo encontrou sentado por lá o cantor Jamelão. Aproveitou então para se apresentar ao sambista e explicar a ideia do CD que ele havia imaginado.

Jamelão, em silêncio, ouviu tudo e, sem entender muito bem, resmungou: "E onde eu entro nisso?". Jorge André foi ainda mais paciente e detalhista, explicando que a intenção era de que ele fosse um dos que dividiria o estúdio com Sant'Ana. O produtor inclusive sugeriu o repertório: "Olha, vocês poderiam até interpretar alguma música do Lupicínio, que tal?". Jamelão pensou um pouco e respondeu: "É uma excelente ideia, conheço bem o Sant'Ana das minhas idas a Porto Alegre, ele é um grande comunicador", avaliou. "Mas não canta nada!", encerrou a conversa.

Jorge André gostou da sinceridade do mangueirense, voltou a Porto Alegre, procurou Sant'Ana e contou da conversa que teve com Jamelão. "Sant'Ana morreu de rir com o que ouviu", lembra, e – sem recordar muito bem os motivos – confirmou que depois disso o projeto meio que ficou de lado e o CD nunca chegou a ser gravado.

A paixão por cantar e a obsessão por se aproximar de cantores famosos fariam com que Paulo Sant'Ana caísse em uma pegadinha e fosse vítima involuntária de uma vergonha que o deixaria abalado.

Foi no dia 28 de abril de 2010, quando Sant'Ana abriu uma de suas colunas dedicando um imenso espaço ao convite que teria recebido: ele havia sido chamado para gravar ao lado de Zeca Pagodinho.

Nome de primeira grandeza do samba nacional, Zeca Pagodinho tem uma das mais completas e relevantes carreiras na música brasileira, com dezenas de discos gravados, *shows* no Brasil e no exterior, além de parcerias com nomes consagrados, como Beth Carvalho, Caetano Veloso, Maria Bethânia, Jorge Aragão, Arlindo Cruz e Elton Medeiros. Segundo o relato de Sant'Ana, teria partido da equipe de produtores e de assessores desse gigante do *showbiz* nacional a ideia de ligar para o cronista e lhe fazer o convite.

Com o título "Não caibo em mim de emoção", o colunista abria o texto publicado no dia seguinte relatando sua satisfação com o convite. "Imagine se você é fã de um cantor e recebe de repente a notícia de que ele quer gravar um disco acompanhado de você. É uma emoção singular", espantou-se. "Foi o que me aconteceu nos últimos dias. A produção do Zeca Pagodinho me telefonou e quer gravar comigo e com o cantor uma faixa de um CD que será lançado", dizia o início de sua coluna publicada na quarta-feira, 28.

Mas o fato era que "a produção do Zeca Pagodinho", que havia ligado para fazer o convite, na verdade não existia. A ideia surgira dentro da própria RBS, e o autor do trote foi o comunicador Duda Garbi, que recentemente estreara no quadro *Cabelo no Spaghetti*, do programa *Pretinho Básico*, da Rádio Atlântida.

Por orientação de Alexandre Fetter, que comandava a emissora, Duda Garbi – como está relatado no livro *Sala de Redação: Aos 45 do Primeiro Tempo* – deveria preparar trotes com personalidades gaúchas. Foi assim com Cristina Ranzolin, apresentadora do *Jornal do Almoço*, com Batista, ex-jogador da dupla Gre-Nal e então comentarista, e com o árbitro Leandro Vuaden. Sant'Ana era um dos objetivos. E dos grandes. O maior estímulo para que Duda fizesse o trote com Paulo Sant'Ana vinha do próprio Fetter, como Duda confirmou em entrevista ao *podcast Inteligência Ltda.*, de Rogério Vilela.

Naquele dia, lembrou Duda Garbi, ele teve a sorte de o próprio Sant'Ana atender a sua ligação. Ao falar com o colunista, Duda

Garbi se fez passar por um produtor do cantor Zeca Pagodinho (Ricardo Prates, o Ricardinho, um nome fictício), convidando-o a cantar em parceria com o sambista. O falso produtor encarnado por Duda combinou com Sant'Ana que ele ensaiaria para entoar o samba *Faixa Amarela* ao lado de Zeca. A gravação faria parte de um novo trabalho do sambista, intitulado *Zeca Verde Amarelo*, que reuniria personalidades regionais do Brasil inteiro que iriam dividir o microfone com o cantor.

Em um primeiro momento, Sant'Ana não demonstrou grande entusiasmo pelo convite, alegando inclusive não lembrar a letra da canção pedida. Mas Ricardinho/Duda não desistiu e disse que daria ao colunista uma semana para que ele pensasse e – quem sabe – até ensaiasse. Sant'Ana caiu no golpe. Na semana seguinte, o humorista voltou a ligar, e Sant'Ana, para mostrar que havia cumprido a "tarefa", cantou trechos da música.

A necessidade de levar o trote adiante somada ao entusiasmo de Sant'Ana fizeram com que o desfecho fosse humilhante para o colunista. A gravação com Sant'Ana havia ficado em um primeiro momento arquivada. Como Duda já tinha algum material de gaveta com outros trotes, ele nem informou à produção do programa quando seria o melhor momento de levar a pegadinha ao ar.

Tudo mudaria no dia seguinte, quando Duda acordou e leu um *e-mail* do colega Leandro Staudt, apresentador da Rádio Gaúcha. Staudt perguntava a Duda se fora ele o autor da pegadinha. Logo depois Staudt completou a mensagem, sugerindo a Duda: "Leia a coluna do Sant'Ana na *Zero Hora* de hoje".

Duda Garbi admitiria tempos depois que havia ido longe demais, só percebendo a gravidade da brincadeira quando a viu estampada na coluna de Sant'Ana em *Zero Hora*. Apavorado, ele – ainda segundo relato do livro *Sala de Redação: Aos 45 do Primeiro Tempo* – ligou para Luciano Potter, outro colega de emissora e com quem tinha mais intimidade, perguntando o que poderia acontecer com ele. Potter foi direto: "Cara, tu tá fodido!".

Depois desse diagnóstico imediato, Potter tentou tranquilizar Duda dizendo que procuraria David Coimbra para saber como proceder. David, em uma linha semelhante, reconheceu que o estrago seria imenso e que naquele momento ainda era impossível prever o que poderia acontecer. Potter acalmaria Duda um pouco ao lhe dizer que havia conversado com Fetter e garantir que o gerente da Atlântida estava exultante com a repercussão do episódio. O único que ainda não sabia de nada era o próprio Sant'Ana, que então comemorava a repercussão do convite de Zeca Pagodinho.

A alegria de Sant'Ana era tão imensa que as pessoas próximas – quase todas já cientes de que havia sido um trote – agora estavam com medo de contar a ele a verdade. Coube então a Nelson Sirotsky e a Claudio Brito, também comunicador da RBS e muito próximo de Sant'Ana, se juntarem para revelar a verdade ao colunista.

Quando Sant'Ana veio a descobrir, tudo mudou. O mal-estar causado pelo trote e pela repercussão da notícia falsa dada por Sant'Ana teve efeitos imediatos. O primeiro foi obrigar a equipe responsável por colocar a coluna do cronista na versão *online* a retirar o texto de circulação. Mas na versão impressa do jornal *Zero Hora* não havia nada a ser feito. O trote seguiria lá para sempre.

Consta que Sant'Ana ficou enfurecido quando descobriu que foi vítima de um trote e que teria pedido à direção uma punição aos autores da brincadeira. Com relação a Duda, Sant'Ana esperava que ele fosse demitido – o que não foi aceito pela direção. "Ele foi à minha sala e estava furioso, exigindo a demissão. E eu respondi: 'Sant'Ana, não seja bobo, é uma brincadeira. Ele poderia ter passado esse trote em mim'", contemporizou Nelson.

Tempos depois, ocorreria uma tentativa de aproximação com o convite da produção do *Pretinho Básico* para que Sant'Ana participasse do programa. Ele não aceitou. Como forma de contornar o problema, a produção chegou inclusive a entrar em contato com a equipe de Zeca Pagodinho, pedindo que o artista intercedesse. Não só não receberam o apoio do sambista como ainda levaram uma reprimenda por terem envolvido Zeca nessa sacanagem.

A situação permaneceria tensa. Seis meses depois de ter caído no trote, Sant'Ana aproveitaria a vinda de Paul McCartney a Porto Alegre, também para um *show* no Estádio Beira-Rio, para dar uma cutucada no autor da pegadinha.

Sant'Ana abriu seu o texto ressaltando o *frisson* que a vinda do ex--beatle estava causando em Porto Alegre. Infenso ao fenômeno, ele confessou não ter "qualquer entusiasmo por esse evento" e, logo a seguir, confirmou o que abalaria seu coração musical: "Fosse o Julio Iglesias, eu seria o primeiro da fila, mesmo que fosse para não cantar com ele, embora da vez em que cantei, com o Beira-Rio lotado, aquele tivesse sido o maior dia da minha vida".

A pequena vingança veio no parágrafo seguinte: "Fosse o Zeca Pagodinho quem se apresentasse, lá estaria eu, mesmo que alguém mal-intencionado tenha feito uma pegadinha comigo".

Com Duda Garbi, Sant'Ana não tinha proximidade: eram apenas dois comunicadores da mesma empresa que atuavam em emissoras distintas, em programas diferentes e com públicos ainda mais diferentes. Mas a RBS fez de tudo para buscar uma trégua.

Uma tentativa de aproximação entre ambos ocorreria dois anos depois, quando houve a sugestão de que Duda Garbi fosse homenagear Sant'Ana no dia do seu aniversário cantando *Parabéns a Você* caracterizado com um outro personagem, o Sant'Aninha. Agora foi a vez de Duda recusar. Porém, apresentado por Suzete Braun, que atuava como assessora dos colunistas da Editoria de Opinião de ZH, Sant'Ana concordou em recebê-lo e gostou da homenagem. Na ocasião, o colunista teria também aceitado o pedido de desculpas de Duda pelo trote.

O clima desanuviaria de vez a partir de 2014. Encarnando o Sant'Aninha, Duda fez uma série de vídeos durante a Copa do Mundo realizada no Brasil ao lado do jornalista. O trote gravado permaneceria inédito por quase cinco anos e só iria ao ar em 2015, quando fez parte de uma edição especial com os melhores momentos do *Pretinho Básico*.

Mais tarde, em outra ocasião, o colunista brincou com o imitador, corrigindo-o: "A tua boca tá torta do lado errado", explicou Sant'Ana. "É porque eu tô olhando no espelho", rebateu Duda. "Essa foi demais. Tu és genial como eu", reconheceu Sant'Ana.

"Eu sou o verdadeiro Sant'Aninha", reivindica o posto o filho Jorge Sant'Ana. Atualmente desempenhando o papel de debatedor no programa *Gre-Nal na TV*, atração diária do canal Multi RS (ex-Ulbra TV), Jorge participa duas a três vezes por semana da resenha esportiva. Para quem nota uma identificação imediata entre pai e filho, principalmente no jeito de se comunicar, Jorge alerta: "Meu pai não é o meu modelo, é uma influência. Eu não imito, mas os trejeitos estão no DNA, até porque eu ficaria caricato se imitasse ele. Iria ser minha ruína".

Diferentemente do pai, Jorge nunca fumou e também nunca gostou de jogar. Das obsessões paternas herdadas, Jorge diz ter ficado com o gosto pelos doces e pelos refrigerantes. Outra paixão comum foi pelo samba, com a admiração quase que total pelos mesmos artistas (Cartola, Noel Rosa, Jamelão, Nelson Cavaquinho, Lupicínio Rodrigues). Porém, Jorge reconhece que havia um certo exagero quando Sant'Ana declarava conhecer mais de mil letras de música.

Por escrito, a identificação também era intensa. Jorge lia a coluna todos os dias. "Aquilo me alegrava, me emocionava, me irritava... Eu tinha todos os sentimentos." E completa: "Eu sei diferenciar a pessoa pública do pai. Ele era genial como cronista". Já Fernanda teve uma fidelidade mais restrita ao pai-colunista. "Eu lia as colunas enquanto eu morei no Rio Grande do Sul", enfatiza. "A partir de 1996 não segui lendo todos os dias." E, quase que afinada com o irmão com relação aos textos, Fernanda completa: "Se eu tinha diferenças com meu pai na vida adulta, em matéria de profissionalismo, inteligência e genialidade na profissão, não tenho absolutamente nada contra a figura do Paulo Sant'Ana jornalista. Era brilhante e ponto, o que muito me orgulha!".

Porém, Jorge lembra que, quando ele chegou à idade adulta e teve que decidir a carreira que iria seguir, a faculdade de Jornalismo estava em seus planos, mas ele foi desestimulado pelo pai, que argumentou a ele que essa é uma profissão difícil, que paga pouco. O conselho de Sant'Ana foi de que o filho deveria fazer Direito, no que foi ouvido por Jorge. Ele cursou Direito na PUC até se formar. Tempos depois, já com 40 anos, Jorge decidiu então fazer Jornalismo. Foi aprovado no vestibular e voltou à universidade.

Por curiosidade, Jorge, apenas depois que seu pai já havia morrido, passou a ser convidado para participar de alguns debates esportivos na televisão. E, como o pai havia sido cerca de cinco décadas antes, Jorge também optou por ser uma voz identificada com o Grêmio nesses programas. "Creio que ele não iria aprovar. Não foi coincidência, eu só comecei a fazer os programas depois que ele morreu."

Jorge conta que o distanciamento entre pai e filho permaneceu pela vida inteira. "Nunca fomos próximos. Ele só se aproximou de mim numa fase difícil, em que ele estava em depressão. E eu pensava: por que ele não muda isso? Bastava tomar os remédios." Nesse tempo, Jorge e Sant'Ana saíam para jantar com alguma frequência, mas as conversas eram marcadas por longos silêncios.

Com os netos, como Luca, filho de Jorge, Sant'Ana demonstrava um pouco mais de carinho. "Talvez pelo fato de não haver compromisso", avalia Jorge.

Então, para Jorge, como nunca houve uma identificação e a relação entre os dois sempre foi marcada pelo distanciamento, não era incomum surgirem algumas surpresas. "Quando eu era adulto e recebi um abraço forte de um amigo, me espantei. Foi uma experiência diferente. Não sabia que homens se abraçavam fraternalmente." Com mágoa, Jorge finaliza: "Eu lamento nossa relação não ter sido profícua. Mas o que a vida me reservou foi isso", constata. "Não herdei nada de pessoal. Eu gostaria de ter ficado com a camisa do Renato do jogo em Tóquio (*Jorge até hoje não sabe que destino teve a camisa*)."

CAPÍTULO 18
PAULO E PABLO: SEMELHANTES E DIFERENTES

Volta olímpica: Sant'Ana se despede do estádio da sua vida.

Foto: Ricardo Chaves, Agência RBS.

"Tá gravando?", pergunta Paulo Sant'Ana antes de começar a falar. "Tenho uma doença mental psíquica, a bipolaridade", confessa, acrescentando que a doença faz com que ele alterne períodos de euforia e de depressão. "Pessoas interessadas na minha saúde custearam esse meu tratamento. E o que eu fiz?", pergunta, para imediatamente depois responder: "Abandonei o tratamento!".

Assim começa um dos últimos, mais longos e reveladores depoimentos dados por Sant'Ana. Era 2011, Sant'Ana estava doente, mas concordou em falar. Quem o convenceu foi José Pedro Goulart, publicitário e cineasta, que sem planejar e de improviso pegou o seu celular e foi registrando o que Sant'Ana falava em uma conversa entre os dois.

O ambiente era o bar do último andar do prédio da RBS, exatamente ao lado da entrada da redação. Ali, fumando, embora o local não permitisse, Sant'Ana foi se soltando. O resultado está em dois vídeos que Zé Pedro – como quase todos os que o conhecem o chamam, exceto Sant'Ana, que se referiu a ele o tempo todo como Goulart – guarda até hoje em sua casa. Seria o possível embrião de um provável documentário que o cineasta imaginava fazer com o cronista. Depois das gravações daquele dia, a ideia nunca avançou.

O material está dividido em duas partes, ambas gravadas no mesmo período. O total é inferior a uma hora (o primeiro vídeo tem 23 minutos, o segundo, 17). Zé Pedro e Sant'Ana já tinham certa proximidade. Não eram amigos, nunca conviveram intimamente, nem sequer dividiram almoços ou jantares. O principal vínculo era o Grêmio. O outro era a *Zero Hora*. Durante um tempo, Zé Pedro colaborou com o jornal como colunista. A tarefa serviu para aproximá-lo mais de Sant'Ana, a quem já admirava pelo menos desde o começo dos anos 70. "Foi o Sant'Ana quem impediu que a supremacia colorada fosse ainda maior naquele período", ressalta Zé Pedro.

Além das doenças, dos problemas de saúde, temas que indo e voltando ocupam boa parte das gravações, Sant'Ana foi se deixando revelar aos poucos. Confessou ser um irritadiço e que, há cerca de um ano, vinha tentando domar essa irritabilidade. Não deixou bem claro o que tanto o perturbava, mas, quando perguntado por Zé Pedro se essa incomodação tinha um nome, Sant'Ana saiu pela tangente e deu uma resposta ampla e genérica. "Me irritam os burros e os medíocres". E completou: "E muitos deles estão em postos-chaves", sem precisar direito que postos seriam esses.

Na sequência, Sant'Ana enveredou, por conta própria, numa divagação sobre o Carnaval. Queixa-se que Porto Alegre trata mal sua festa popular, defendendo que os desfiles deveriam ser realizados nas proximidades do Estádio Beira-Rio. Mas, segundo ele, a população do bairro Menino Deus expulsou os carnavalescos de lá. Situação semelhante à tentativa de transferir a festa para o Parque Maurício Sirotsky, local marcado pelos festejos realizados em setembro e ligados ao tradicionalismo gaúcho. Aí foi a vez de os tradicionalistas se rebelarem e não permitirem a entrada dos carnavalescos, explicou Sant'Ana. O que ocorreu a partir de então: "A cidade ficou sem alma no Carnaval", lamentou o cronista. "Mandaram a negrada para o Porto Seco", disse ele, referindo-se à área distante do Centro onde a festa passou a ser realizada. E concluiu: "Onde fica o Porto Seco? Não sei. Nunca fui e não deverei nunca ir. Isso que eu sou o porto-alegrense mais ilustre da cidade".

Zé Pedro levou a conversa novamente para o rumo da bipolaridade, perguntando a Sant'Ana sobre os dois símbolos desse seu transtorno: Paulo e Pablo. Sant'Ana se entusiasmou e, sem dar o crédito, nem antes nem depois, começou a recitar o poema *Contrastes*, de Augusto dos Anjos.

Paraibano de Sapé, Augusto dos Anjos nasceu em 1884 e foi um poeta com ligações com o parnasianismo, o simbolismo e até antecipou o modernismo, como também analisou o poeta Ferreira Gullar. Em uma curta existência de apenas 30 anos – morreu em 1914, vítima de pneumonia –, Augusto dos Anjos deixou uma obra relativamente curta, de grande valor, em especial pelo tom crítico de suas análises.

O soneto recitado por Sant'Ana abre com o poeta falando sobre "A antítese do novo e do obsoleto / O amor e a paz, o ódio e a carnificina / O que o homem ama e o que o homem abomina / Tudo convém para o homem ser completo!". Na sequência, ele compara: "O ângulo obtuso, pois, e o ângulo reto / Uma feição humana e outra divina / São como a eximenina e a endimenina / Que servem ambas para o mesmo feto". O aspecto religioso, tão marcante em sua obra, faz-se presente logo a seguir: "Eu sei tudo isto mais do que o Eclesiastes / Por justaposição destes contrastes / junta-se um hemisfério a outro hemisfério", até a conclusão de maneira irônica: "As alegrias juntam-se as tristezas / E o carpinteiro que fabrica as mesas / Faz também os caixões do cemitério".

Augusto dos Anjos era uma das obsessões intelectuais de Sant'Ana. Sempre que podia, ele elogiava e demonstrava apreço pela obra do poeta.

O poema citado inicialmente, logo ao ser provocado por Zé Pedro, serviu de introdução para Sant'Ana abordar um de seus assuntos favoritos.

Quase que como numa continuação do poema, Sant'Ana passou a estipular as semelhanças e as diferenças entre Paulo e Pablo: "Paulo e Pablo, por exemplo, convivem no mesmo corpo, no mesmo cérebro e comungam de muitos pensamentos e ideias". Com o passar do tempo, Sant'Ana criou um terceiro personagem, Pablito, que, segundo ele, teria a função de juiz quando houvesse divergência entre Paulo e Pablo. Ambos são gremistas, porém, segundo o próprio Sant'Ana, eles diferem em alguns aspectos essenciais. "Paulo dispara o revólver, Pablo dispara a lágrima", comparou. "Paulo é um demônio que ruge, Pablo é um deus que chora; Paulo é deprimido, Pablo é eufórico." E, logo a seguir, parece dar a entender que queria encerrar a conversa, dizendo que oferece aos seus leitores sempre uma dose dupla. Como escreveu certa vez em uma crônica, num rasgo incontrolável de megalomania e imodéstia, "em 15 de junho de 1939, morreu, em Londres, Sigmund Freud, o maior gênio da humanidade, eleito no século passado. No mesmo dia, na Rua da Margem, hoje Rua João Alfredo, nasceu Francisco Paulo Sant'Ana. Foi uma simples passagem de bastão".

Zé Pedro entendeu a pausa e tentou arrancar de Sant'Ana um compromisso maior com as possíveis futuras gravações. "Tu vais ter que lidar comigo na base do improviso", desviou Sant'Ana, para logo se explicar. "Me falta tempo. Faz 15 dias que eu não vou em casa". Paulo Sergio Guedes, antigo parceiro de noitadas e amigo tanto de Zé Pedro quanto de Sant'Ana, não acredita nessa afirmação: "Ele saía muito, mas sempre voltava para casa".

A última parte dessa primeira gravação se concluiu de maneira amena. De volta ao Grêmio como assunto, Zé Pedro perguntou pelo Olímpico, estádio tricolor que estava vivendo seus dias finais pouco antes de ser substituído pela Arena. Sant'Ana lamentou o destino do velho estádio ao mesmo tempo que lembra – também com uma mistura de melancolia com alegria – dos Eucaliptos, estádio anterior do Internacional. "Lá vivi grandes alegrias", recordou, provavelmente fazendo referência ao Papai Noel Azul.

A segunda gravação, feita quase que na sequência da primeira, começa com uma nova tentativa de Zé Pedro de formalizar um compromisso de Paulo Sant'Ana com ele para que seja produzido um documentário. O cronista novamente se esquiva, admitindo que, pelo fato de se abrir em um projeto como esse, estaria sujeito a criar muitas inimizades. "Se o mundo soubesse o que eu penso se escandalizaria! A minha crítica é muito forte", justificou, para em seguida explicar a razão desse seu comportamento. "Eu só critico o que amo. É uma forma de corrigir o que pode estar errado."

Logo depois, Sant'Ana retoma um de seus assuntos preferidos, o casamento – ou melhor, a inevitabilidade do fracasso no relacionamento entre duas pessoas. "Eu me casei duas vezes, mas eu não me separei duas vezes", conta. "É muita burrice", diagnostica. Sant'Ana defende que o casamento formal é impossível de ser tolerado e que para dar certo exige que marido e mulher possam viver em quartos diferentes, em casas diferentes, em cidades diferentes. E finaliza, bem ao seu gosto, exageradamente: em planetas diferentes.

Nova tentativa de Zé Pedro, nova esquivada de Sant'Ana. "Temos um trato?", pergunta Zé Pedro. "Já te disse: tudo terá que ser no improviso", rebate o cronista. Com a insistência do cineasta, pedindo que pelo menos os próximos encontros possam ser agendados de maneira prévia, Sant'Ana saca outra desculpa, essa parcialmente verdadeira: "Quando me ligares, leva em conta que eu sou surdo". Mais coerente sobre o que pensa de si próprio, Sant'Ana minimiza a feitura do documentário amparado no fato de até então Zé Pedro ainda não ter admitido que considera ele, Sant'Ana, um gênio. "Achando que eu não sou um gênio, tu não vais me retratar como um gênio. Vai sair uma merda!"

A conversa envereda então sobre uma possível sucessão com relação ao espaço que Sant'Ana ocupa, em especial na *Zero Hora*. Zé Pedro provoca e pergunta quem Sant'Ana acredita que será seu sucessor quando vier a morrer. "David Coimbra?", pergunta. Sant'Ana não diz nem sim, nem não, e sugere uma alternativa. "Fiz 16 mil colunas. Elas merecem ser repetidas. Pode haver coisa melhor?" Sem resposta do interlocutor, o cronista delira: "Ou então que se contrate alguém capaz de psicografar meus textos". Encerrando a conversa, Sant'Ana – ainda megalômano – prevê: "Ninguém vai se atrever a fazer uma *Zero Hora* sem Paulo Sant'Ana".

Na parte final da gravação, diante da insistência de Zé Pedro, Sant'Ana despista pela última vez. Mais uma vez usa os problemas de saúde como justificativa. Lembra que sofre de diabetes e aponta para a garganta para mostrar o tumor na parótida.

Nesse momento, então, Sant'Ana levanta-se e pede que Zé Pedro o acompanhe até o banheiro, poucos metros adiante e, postando-se no mictório, o cronista apresenta o diagnóstico sobre o seu estado de saúde. "Não é tão grave e danoso como eu pensava", explica, para, logo a seguir, deixar uma porta aberta para futuras gravações. "Quando eu tiver tempo para jantar com uma mulher que me ame ou com um amigo que me adore, eu te chamo e tu vais comigo para gravar."

Nunca mais houve tempo.

Meses depois, Zé Pedro entrou na Churrascaria Barranco e viu Sant'Ana sentado em uma mesa ao lado de outras pessoas, Pedro Sirotsky entre elas. Zé Pedro aproximou-se, reparou que Sant'Ana não parecia muito concentrado, nem no prato, nem na conversa, e saudou o cronista já com o pedido para novas gravações. "Eu tenho câncer!", gritou Sant'Ana, rechaçando qualquer contato. Zé Pedro intimidou-se, ficou mais alguns segundos e se afastou. Foi a última vez que se viram.

CAPÍTULO 19
SANT'ANA FAZ 70 ANOS

Sant'Ana: "Vida, eu que tanto já te amaldiçoei, declaro que te amo".

Foto: Dulce Helfer.

Paulo Sant'Ana entrou na sua última década de vida compensando a saúde marcada por vários problemas com um reconhecimento popular e profissional quase inigualável, espantoso até para seu gigantesco ego.

O maior símbolo desse período glorioso foi sua festa de aniversário de 70 anos. Batizada por Nelson Sirotsky de Festa do Amor, a comemoração foi realizada no dia 4 de julho de 2009, 19 dias depois da data oficial. Sant'Ana e centenas de convidados lotaram o Salão Amarelo do Hotel Plaza São Rafael.

Emocionado, o comentarista foi saudado na abertura do encontro por uma fala de Nelson Sirotsky, que fez questão de homenagear o "amigo e jornalista, que há 37 anos é parte da rotina de milhares de leitores, ouvintes e telespectadores gaúchos". Em seguida, Sant'Ana recebeu uma homenagem no telão, com a exibição de um vídeo com alguns de seus grandes momentos como comunicador. Logo depois, Sant'Ana foi presenteado com um retrato seu assinado por Antonio Soriano.

Estrela da festa, Sant'Ana naquela noite foi – mais do que nunca – o dono da palavra. Com suas histórias, ele provocou risos e lágrimas em cada uma das pessoas, contou velhas e novas piadas e agradeceu o carinho da mulher e da família.

Em um momento surpreendente, Sant'Ana fez o que mais gostava: cantou. O que causou espanto foi quem ele escolheu para ser sua parceira de palco: a governadora Yeda Crusius, que dividiu com ele os versos de *Ronda*, de Paulo Vanzolini. Outra com quem Sant'Ana compartilhou sua paixão pela música foi a cantora Isabela Fogaça, à época primeira-dama de Porto Alegre.

Cercado pelo carinho dos amigos e de admiradores, Sant'Ana classificou a noite como uma das mais lindas da sua vida. E, como sempre acontecia em tantos outros momentos, a grande repercussão da festa se deu nas colunas do próprio homenageado.

O primeiro texto em que se auto-homenageou pelos 70 anos Sant'Ana publicou no dia seguinte ao aniversário, 16 de junho, e abriu da seguinte forma: "Ontem foi dia de receber pessoalmente mais de 200 cumprimentos, por e-mails, no blog e na coluna. Milhares de felicitações. Fiquei atendendo ao telefone das oito da manhã às 11 da noite, todos me felicitando por ter ontem ocorrido meu 70º aniversário".

Logo a seguir, Sant'Ana registrava que apenas uma única pessoa havia se recusado em a dar os cumprimentos pela data: "Foi o chargista Marco Aurélio, de *Zero Hora*, que disse ser uma tortura para ele ver seus amigos envelhecendo", justificou.

Sant'Ana ainda contou que na madrugada anterior Cláudio Brito havia produzido um programa na Rádio Gaúcha, com duração de três horas, em que o tema era um único assunto: "Os 70 anos de Pablo". Na coluna, Sant'Ana repetiu a história que adorava contar, que nasceu no mesmo dia em que Sigmund Freud havia morrido e que dessa forma ele era "sem dúvida a reencarnação dele".

Ao final, Sant'Ana registrava que "a diretoria inteira da RBS trocou de prédio e se juntou ao pessoal da Redação para que todos comêssemos Totosinho e brindássemos com refrigerantes os meus 70 anos" e que essas pessoas confraternizavam "no recinto sagrado do meu jornal, onde há 38 anos ininterruptos eu passo 18 das 24 horas dos meus dias".

E encerrava de maneira eufórica: "Vão me matar do coração. Como é bom fazer 70 anos!".

No mesmo dia, Sant'Ana já havia sido homenageado no *Jornal do Almoço*. Lembrando muitas das – segundo cálculos do próprio Sant'Ana – 15.500 participações em 37 anos, as apresentadoras Rosane Marchetti e Cristina Ranzolin exibiram um vídeo com alguns desses grandes momentos, com Sant'Ana ao lado de figuras como Jamelão, Falcão, Julio Iglesias, Zeca Pagodinho, Armando Manzanero, além de cenas de vários comentários e reportagens realizadas por ele.

Emocionado, Sant'Ana disse que tudo aquilo era um reconhecimento que ele recebia por ter dedicado uma vida à comunicação e ao seu amor pelo Rio Grande do Sul. Ao final, Cristina disse que o presente da equipe do programa era abrir o estúdio para que Sant'Ana pudesse cantar. Aí, ao lado do professor Darcy Alves, ao violão, Sant'Ana começou a entoar os versos "de uma das serestas mais lindas que eu conheço": *Não Foi o Tempo*, de J. Cascata e Leonel Azevedo. Ao encerrar seu canto, o aniversariante, contente, comemorou: "Mais um dia memorável do *Jornal do Almoço*".

Dias depois, mais reflexivo e demonstrando um otimismo raras vezes visto em suas análises, Paulo Sant'Ana mostrava-se agradecido na coluna publicada no dia 4 de julho, a data escolhida para a comemoração do aniversário.

No texto, Sant'Ana declarava-se merecedor de provas irretorquíveis de afeto e retribuía dizendo que os seus mais destacados momentos de felicidade eram aqueles em que, por uma harmonia que se instala repentinamente no ar, ao redor de uma pessoa ou de várias, ele alcançava com elas o deslumbramento da troca de ideias. Eram momentos, na sua definição, em que ocorria "a sacada repentina de raciocínio dedutivo, o saborear coletivo ou individual de uma frase talhada e definitiva que se ouviu ou se pronunciou naquele momento ímpar daquele belo encontro".

Sem em nenhum momento fazer uma referência à festa que ocorreria em poucas horas, Sant'Ana explicava que era "preciso guardar na recordação – e depois chamar à lembrança várias vezes – estes momentos de febril camaradagem, o espocar das gargalhadas gerais da turma, o fervor ao escutar o violão unido ao cavaquinho e todos cantando numa só voz".

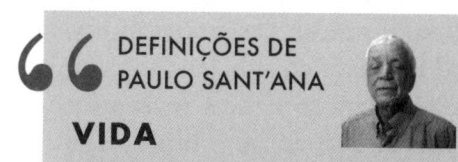

> **DEFINIÇÕES DE PAULO SANT'ANA**
>
> **VIDA**
>
> "A vida não passa de um passatempo. Todos nós vivemos a nos entregar a passatempos."

Já se aproximando do final do texto, Sant'Ana se revelou ainda mais emotivo, resumindo que é sempre fundamental estar bem e cercado pelas pessoas que desejamos. Retomando um de seus temas preferidos, a amizade, Sant'Ana reforçou que era imprescindível "correr ao encontro dos amigos e, principalmente, recebê-los de braços abertos quando eles correm ao nosso encontro". E, sem fazer uma referência direta à festa – talvez por receio de ser assediado por muitos que não foram convidados –, Sant'Ana deixou no ar o que poderia acontecer: "A felicidade tem de encontrar-nos preparados para ela. É assim que vai ser hoje, creiam que vai ser hoje, nós todos, todos, estaremos nos amando juntos para exemplo da condição humana".

Paulo Sant'Ana voltaria a ficar explícito e objetivo, sem meias-palavras para expressar sua satisfação, na coluna da segunda-feira seguinte à festa, dia 6 de julho. O título não poderia ser mais exultante, "Vida, eu te amo!", inclusive com direito a ponto de exclamação. Usando um trecho de uma crônica da colega Rosane Oliveira, Sant'Ana destacou: "Quem não foi (*à festa de aniversário do Paulo Sant'Ana*) terá dificuldade de acreditar no que eu vi, mas em se tratando de Sant'Ana, vocês sabem, nada é impossível". Rosane ainda escreveu – e Sant'Ana destacou – que, em meio à tamanha cantoria, "a discretíssima Luciana Genro não quis saber de cantar". Segue Rosane, revelando ainda, que Luciana "riu muito do vídeo que mostrava Sant'Ana contracenando com personagens diversos – de Julio Iglesias à macaca Nina – e saiu estrategicamente do salão quando Yeda se preparou para cantar. 'Vou lá fora fumar um cigarrinho', justificou".

Em êxtase e ainda embriagado pelas homenagens, Sant'Ana então confessava que por pouco seus amigos não o mataram do coração na festa. "Estavam lá grandes amigos meus, pena que não havia lugar para todos", justificou-se, para logo em seguida passar a elencar: "Foram peças básicas para solidificar meu arsenal espiritual para resistir à emocionalidade da ocasião meu filho Jorge Antônio, minha nora Clarice, o filho deles e meu neto Luca, mais meu genro Sérgio Wainer, minha ex-mulher Maria Ieda dos Santos Sant'Ana, meus irmãos de sangue e meus sobrinhos, que me ampararam devotadamente para que eu não soçobrasse psíquica e fisicamente no enfrentamento de tanta ternura que me dedicaram todos que compareceram à festa dos meus 70 anos".

Reflexivo, Sant'Ana fazia um balanço da sua existência e avaliava que todos aqueles anos serviram para que ele traçasse então uma linha divisória na sua vida. Ele então prometia que, dali por diante, teria o dever de ser mais amorável com os outros. E concluía, repleto de otimismo: "Vida, eu que tanto já te amaldiçoei, declaro solenemente agora que te amo".

O relato mais explícito do que ocorrera nos salões do Plaza São Rafael o próprio Paulo Sant'Ana faria uma semana depois, na coluna do dia 11. Já em seu estilo mais conhecido – menos sentimental e mais provocativo –, Sant'Ana abria o texto dando uma estocada no amigo e interino Cláudio Brito, responsável por escrever a coluna do dia anterior. Sant'Ana havia pedido ao colega que escrevesse pelo menos uma frase em sua coluna dizendo que ele estava doente ("com nove doenças") e que por isso não podia escrever. Brito não apenas não seguiu o conselho dado por Sant'Ana, como deu outra versão para a ausência do titular: o cronista ainda estava em casa se recuperando do turbilhão de homenagens que havia recebido na festa de aniversário. "Ou seja, me chamou de relapso, irresponsável e ressacado", reclamou Sant'Ana. "De uma vez por todas, meus interinos são amorosos comigo, mas tecnicamente inconfiáveis."

Em relação à festa, Sant'Ana – na mesma coluna – fez uma revelação que havia passado despercebida pela maioria das pessoas presentes. Segundo Sant'Ana, o mais instigante episódio acontecido na comemoração havia se dado quando foi planejado que se sentariam à mesma mesa a governadora Yeda Crusius e a esposa do prefeito de Porto Alegre, Isabela Fogaça.

Sant'Ana então esclareceu que, ao se verem, as duas se saudaram formalmente amistosas e "foram alvo dos cochichos". A explicação, ainda segundo o cronista, estava no fato de que, semanas antes, em um ato que se dizia partido diretamente de Yeda, a governadora proibira Isabela

Fogaça de cantar na solenidade que antecedia o jogo Brasil x Peru, no Beira-Rio.

Sant'Ana seguiu relatando que a imprensa então noticiou que, devido ao veto, houve um rompimento de relações "não só de Isabela, como também do prefeito Fogaça com a governadora. Se não rompimento, pelo menos agravamento nas relações". Assim, ainda segundo o cronista, reinava grande expectativa para saber qual desdobramento teria o encontro das duas. "Estavam ambas sentadas à mesma mesa na festa do meu aniversário", contava Sant'Ana. E apostava: "Todos comentavam que elas estavam fazendo as pazes, celebrando as pazes no meu aniversário".

O cronista, então, se apegou a um momento específico daquela noite e recordou que, depois de ter subido ao palco, a governadora cantou com ele e também sozinha, sendo alvo de grandes aplausos. O relato prosseguiu com Sant'Ana lembrando que, logo depois, foi a vez de ele convidar Isabela Fogaça para subir ao palco e cantar. "Ela, se bem me lembro, optou por cantar sozinha", escreveu Sant'Ana, concluindo no mesmo parágrafo que já passava pela cabeça de Yeda Crusius que Isabela Fogaça a perdoara pelo veto do Beira-Rio.

"Foi quando perguntei a Isabela o que ela iria cantar", provocou Sant'Ana, acrescentando ainda que Isabela "olhou fundo nos olhos da governadora e saiu cantando, ao som dos dois violões, atacando de Lupicínio: "Nunca / Nem que o mundo caia sobre mim / Nem se Deus mandar / Nem mesmo assim / As pazes contigo eu farei...".

O capítulo final do episódio deixaria Sant'Ana ainda mais exultante: "O prefeito Fogaça, na mesa, mal conseguia dissimular o êxito do sibilino desagravo".

Entre tantas manifestações pela comemoração dos 70 anos e em meio aos mais variados relatos festivos e autocongratulatórios, passou em branco para muitos uma senha deixada por Paulo Sant'Ana. Uma frase, essa sim, afinada com seu estilo melancólico, por vezes pessimista. Ele escreveu: "Cometi 70 anos ontem. Ufa, que alívio: agora falta pouco!".

Estava certo.

Uma nova comemoração de aniversário – essa sem tanta pompa e exageros – Sant'Ana iria registrar quando completou 72 anos, em junho de 2011.

"Obrigado a todos", escreveu no título para, logo em seguida, explicar que não era necessário "nenhum talento para escrever esta coluna de hoje", já que pretendia apenas agradecer.

A lista de agradecimentos incluía nomes como o dos ex-governadores Germano Rigotto e Yeda Crusius, que lhe telefonaram, assim como o então governador em exercício, Tarso Genro, "este último em um mandato que se inicia enquanto o meu mandato vai chegando ao fim", fez questão de comparar. "Só não me telefonou o próximo governador porque nem a Rosane de Oliveira ainda sabe quem é."

Assim como já havia dito que seu mandato estava acabando e que se sentia afastado de suas tribunas, Sant'Ana fez questão de registrar que durante toda a manhã daquele dia "foram se sucedendo em aluvião os telefonemas dos que queriam me cumprimentar".

Sendo mais específico, Sant'Ana comentou que o *Jornal do Almoço* colocara no ar "comovedoras imagens minhas no programa nestes 40 anos que também comemoro de RBS". E mais, ressaltou Sant'Ana, a turma do *Sala de Redação* cantou para ele *Parabéns a Você*.

Sant'Ana dizia que eram momentos como esse que lhe davam um nó na garganta, faziam com que ele sentisse que não havia passado em vão na existência de muitas pessoas e permitiam que ele concluísse novamente que a vida era boa.

CAPÍTULO FINAL
SANT'ANA COMEÇA A SE DESPEDIR

Sant'Ana: "Velhice não tem espera, ataca à traição".

Os últimos anos de Paulo Sant'Ana foram de tristezas e de uma constante e dolorosa despedida. A saúde dele definhava. Ele sofria de uma tontura inexplicável, que o levou a usar bengala. Tinha uma inflamação crônica nos ouvidos, operados várias vezes, e que lhe deixara quase surdo. Uma bursite no ombro lhe causava dores. Tinha ainda diabetes tipo 2, diagnosticado no início dos anos 90, doença que jamais o impediu de malbaratá-la e continuar desobedecendo às orientações médicas com o consumo desenfreado de bolos, mil-folhas, quindins, refrigerantes e pudins. Como tinha um glaucoma, ele temia ficar cego. Por quatro vezes, extraiu nódulos benignos do pescoço. Teve dois cânceres: na rinofaringe, em 2011, e no intestino, em 2014. Em julho de 2015, retirou um nódulo benigno do pulmão. Um mês depois, fez mais uma cirurgia, na próstata.

No obituário publicado no dia seguinte à sua morte, Moisés Mendes recuperou em texto manifestações de Sant'Ana em sua última década de vida em que ele dava a entender, com ironias faladas e escritas, que curtia ser doente. "Em novembro de 2007, desmaiou no restaurante da sede da RBS e saiu em cadeira de rodas. Achou que iria morrer e chorou muito ao entrar na ambulância. Havia sido apenas mais uma tontura. Voltou pouco depois, em estado de euforia: 'Morri durante 10 minutos'", registrou Moisés.

Aliando o caráter debochado e irreverente de sua coluna à fixação que tinha por médicos e tratamentos de saúde, Sant'Ana escreveu em fevereiro de 2008, na crônica "Minha saúde", o seguinte relato: "Sou mais conhecido dos médicos que propagandista de laboratório, o que pareço, de vez que sempre empunho uma pasta, a pasta dos apetrechos de saúde. Os médicos e enfermeiras dos hospitais e das clínicas me tratam por 'tu' e parece que são familiares meus, tal a intimidade e o ingresso periódico que realizam na minha privacidade corporal todos os dias".

Pouco tempo depois, em uma confraria comandada por Fernando Ernesto, que realizava encontros frequentes em uma churrascaria no bairro Bela Vista, Sant'Ana voltou a desmaiar. Por sorte, alguns médicos estavam entre os confrades e ajudaram na hora de reanimá-lo. Saiu do restaurante carregado e no dia seguinte circulava normalmente pela redação de *Zero Hora*.

Anos antes, em março de 2000, Sant'Ana já havia escrito o texto "Coluna em febre", em que dizia que "os médicos Marczyck, Gomes, Kronfeld e Palombini, a fisioterapeuta Andréa e o acupunturista Tone atestam que estou muito doente, pois me tratam. Atestam que tenho capsulite adesiva, tendinite, virose gripal grave, febre de 39 graus, quebradeira pelas pernas, dores terríveis no ombro e outros sintomas cruentos ou simplesmente desagradáveis".

O câncer que o levou à radioterapia e que por meio ano eliminou seu paladar novamente seria trazido a uma conversa. Em uma coluna publicada em março de 2011, Sant'Ana detalhou que "quando há dias apareceu um câncer no meu organismo, lá onde se localizam as adenoides, a corrente de solidariedade de que fui alvo me fez ter uma outra ideia sobre o caráter das pessoas".

> **DEFINIÇÕES DE PAULO SANT'ANA**
>
> **MORTE**
>
> "Quando eu morrer, quero à beira da sepultura todos os meus amigos e alguns dos meus inimigos arrependidos. Depois dos risos e lágrimas, voltem para casa e nunca mais se esqueçam de mim."

Prossegue Sant'Ana em seu relato, registrando com alegria a preocupação de seus familiares: "Minha filha Fernanda Wainer, que mora em São Paulo e estava de mal comigo, pegou um avião e desceu aqui fazendo as pazes e colocando-se a meu lado na luta que estou enfrentando. O mesmo com minha ex-mulher Ieda, com o meu filho Jorge, com meus netos, com minha irmã Teresinha, que aos prantos me desejava felicidades na solução de meu drama, o mesmo com minha atual mulher Inajara e minha filha Ana Paula, os meus parentes e amigos sofrendo dor terrível e procurando me amparar nesta hora tensa".

E, nesse mesmo mês, o repórter fotográfico Anderson Fetter o convidou para gravar um vídeo em que contaria mentiras do 1º de abril. Disse: "Não posso, eu não estou bem, eu tenho câncer". Da mesma maneira que havia ocorrido com Zé Pedro Goulart, Fetter – lembrou Moisés Mendes – ficou constrangido. Sant'Ana diagnosticou com precisão: "A palavra câncer enxota as pessoas".

Porém, o que mais o atormentava não era uma doença em especial, mas uma sequela que o acompanhava há quatro décadas. Em 1976, uma cirurgia no ouvido que deveria eliminar uma inflamação não foi bem-sucedida e, da mesa de operações, Sant'Ana saiu com um nervo do rosto cortado, o que o deixou a partir de então com a cara torta. Virou um trauma para ele. O canto direito não acompanhava os comandos para que sorrisse. A boca ficava quase sempre em diagonal. Atordoado com o defeito que, entre outras coisas, o impedia de rir, ele entrou em depressão e quase desistiu de fazer TV. O cirurgião Ivo Pitanguy reparou parte do dano.

Mais conceituado cirurgião-plástico do Brasil e mestre de sucessivas gerações, Ivo Pitanguy – que morreu pouco antes de Sant'Ana, em agosto de 2016, aos 90 anos – alcançou uma dimensão internacional em sua área. Ao realizar o que, para Paulo Sant'Ana, parecia um milagre, Ivo Pitanguy passou a ocupar um dos mais altos postos no olimpo pessoal do cronista.

"Criador" e "criatura" voltaram a se encontrar em setembro de 2010, quando o cirurgião esteve em visita a Porto Alegre e o cronista se escalou para entrevistá-lo. O encontro rendeu uma reportagem de duas páginas em *Zero Hora* e, logo na apresentação do texto, Sant'Ana já deixava claro o quanto ele considerava quem estava à sua frente naquele encontro. "Em primeiro lugar, a intenção foi fazer uma entrevista entre um operado e seu cirurgião. Só que o meu cirurgião, no caso, é uma divindade."

Aos 84 anos, Ivo Pitanguy estava, conforme Sant'Ana definiu, disposto, mentalmente ágil e cheio de humanidades na sua mente e no seu coração. Ambos recordaram com impressionante nitidez o encontro ocorrido 33 anos antes, quando Pitanguy operou o rosto de Sant'Ana na clínica da Rua Dona Mariana, no Rio de Janeiro.

"Temos uma longa história juntos", disse Pitanguy na entrevista. "Eu me lembro como se fosse ontem", recordou. E aproveitou para elogiar o paciente: "O interessante é que você sempre teve uma grande alegria de viver. E, no momento em que o conheci, vi que essa alegria que sentimos juntos se harmonizava".

A afinidade entre os dois foi tamanha que Sant'Ana virou um *case* de sucesso, com o cirurgião apresentando o resultado do seu trabalho a um jornalista do *New York Times*, que estava naquela época visitando a clínica. Ao repórter, Pitanguy explicou que aquela era uma cirurgia reparadora e que se encaixava em um exemplo de como a cirurgia plástica pode ter uma importância na recuperação do ser humano no seu dia a dia.

Sant'Ana, então, brincou com o médico, lembrando que o primeiro encontro foi apenas um passo inicial e que ele, Sant'Ana, poderia agora pensar em retornar para uma guaribada. "Trinta e três anos se passaram e eu não voltei lá para não lhe incomodar", admitiu Sant'Ana. "A maior guaribada que nós damos é gostarmos da vida e daquilo que fazemos. E quando fazemos com entusiasmo, você vai tendo a melhor cirurgia, que é esta força de viver", devolveu Pitanguy.

Com a conversa se encaminhando para o final, Sant'Ana decidiu fazer uma última provocação: "Agora, olhe bem para minha cara, olhe bem, olhos, nariz. Não tem que fazer alguma coisa aqui nessa lataria?".

Paciente, Pitanguy evitou fazer qualquer comentário estético e respondeu de maneira evasiva: "Quando eu olho é para a tua pessoa, não é para a tua cara. Por uma maneira muito estratégica, eu acho que, fora do sentido inteiramente profissional, eu não dou opiniões". E concluiu: "Eu acho que você está muito bem como pessoa. Você está muito bem, com a força de um garoto, com uma energia e uma vontade muito grandes, profundo como você é".

———

Em outra entrevista, já perto do final da vida, Sant'Ana demonstrou uma faceta pouco conhecida: a religiosidade. "Estou perto da morte. Mas eu não sei o que está atrás dela. Eu tenho medo. Por isso, me seguro na crença e na religiosidade", confessou. Logo depois, mostrava-se resignado. "Todos sabem que a morte vem – mas, no meu caso, ela está muito próxima. Tenho câncer e algo que eu chamo de tontura incapacitante."

O mesmo tema da religiosidade havia sido explorado também por Moisés Mendes em um relato publicado em 4 de agosto de 2009. Moisés, que naquele dia ocupava a função de interino da coluna de Sant'Ana, contava que havia estado com ele na Igreja São Jorge, do Partenon, e que aproveitou o momento para se aconselhar. "Ele me disse que devo me esforçar para não ser previsível, mas não a ponto de entrar na jaula", contou. E completou como se adivinhasse o recado que estava embutido no conselho: "Não disse, mas se sabe que o público não gosta de usurpadores de espaços alheios. Serei um interino respeitoso e reverente, como foram os que estiveram domingo na igreja".

Na sequência, Moisés recuperava o passeio que havia feito com Sant'Ana dias antes, um reencontro do cronista com parte de suas origens: "Na missa da manhã, o bispo Remídio Bohn e o pároco Paulo Dalla Rosa entregaram a Sant'Ana uma placa como homenagem ao primeiro coroinha da paróquia da igreja. Foi em 1951, Sant'Ana tinha 12 anos. O padre dizia em latim: '*Dominus vobiscum* (O Senhor esteja convosco)'. O coroinha respondia: '*Et cum spiritu tuo* (E com o vosso espírito)'". Segundo Moisés, Sant'Ana, naquele reencontro, voltou a repetir uma antiga preocupação: "O padre e o ajudante ficavam de costas para o público. Ajoelhar-se era uma aflição: 'Temia que vissem meus sapatos furados'".

Ao final do encontro, ainda segundo Moisés, Sant'Ana foi aplaudido de pé quando falou de sua religiosidade e relembrou seu tempo de Partenon. "Claro que chorou muito e fez chorar." Depois, Sant'Ana ainda comeu galeto com mais de 300 pessoas no salão paroquial, ao lado da mulher, Inajara, da sogra, Miguela, dos irmãos José Carlos e Rosinha e da sobrinha Tatiane. "Estava tão feliz, que até subiu ao palco e cantou com Inajara o hino do Internacional."

Para Moisés, Sant'Ana havia ido à paróquia para rezar e se fortalecer com gente, santos e anjos que conhece, antes de se retirar para uma revisão geral na saúde. O cronista interino encerrou seu texto fazendo uma promessa: "Fico a sua espera, porque na volta temos que levar adiante algumas deliberações. Combinamos que este ano deixaremos de fumar no mesmo dia – só falta escolher o dia".

Se Sant'Ana se mostrava disposto a se conectar com o que havia de mais espiritual, ele também demonstrava disposição para ajustes, digamos assim, mais terrenos.

Em maio de 2011, com a crônica "Reprogramando a vida", ele admitia estar se esforçando para rearrumar a sua capacidade de encarar a vida e as pessoas. "O que era em mim uma arraigada convicção (a de que a maldade humana não tem limites) me soa agora muito menos negativamente: há muitas pessoas que dirigem sua vida no sentido do bem, há muita gente boa neste mundo, vale a pena ainda investir no caráter de tanta gente", constatou.

Com esse espírito mais sereno e aberto, Sant'Ana dizia estar modificando o seu modo apressado de julgar as pessoas, reconhecendo que muitas delas são bem melhores do que pensava que fossem. "Vale a pena investir nelas, é forçoso acreditar nelas, caso contrário, não haverá mais sentido para a vida", escreveu. "Estou levando fé nessa minha reprogramação: em síntese, deixo assim de ser um cético para tentar me tornar um otimista. Creio, logo vivo."

Menos de um mês antes, também em uma crônica, ele citava a espera como um outro fator que o angustiava. Em um texto publicado no dia 29 de abril de 2011, Paulo Sant'Ana escreveu que "a vida é feita de espera" e, logo a seguir, passou a elencar muitas das esperas que o afligiam. "A primeira vez que esperei de verdade foi quando, moço ainda, comprei o meu primeiro imóvel: um apartamento para morar com a família. O prazo de pagamento era de 20 anos. Mas vejo só agora o horror: levar 20 anos para adquirir um imóvel. Acho que foi ali que aprendi a esperar."

Em seguida, ele contava que esperou dez anos para se formar em Direito, esperou para ser delegado de Polícia, esperou para ter filhos; e "depois de longa espera, esperei para ter netos".

Na lista elaborada pelo colunista, a espera muitas vezes precedia boas notícias, e ele aproveitou o texto para lembrar talvez duas das maiores alegrias que teve: "Esperei durante cinco horas, num nervosismo ímpar, para subir ao palco com Julio Iglesias" e "Esperei durante muitos anos para que trocassem minha coluna das páginas de Esporte para esta página na qual agora me encontro".

Porém, à medida que se encaminhava para o fim do texto, Sant'Ana mostrava-se cada vez mais melancólico. "Em verdade, lhes digo, das coisas que me aconteceram na vida, uma só, uma única não esperei: a velhice. Ela foi chegando sorrateiramente, sem prenúncio, sem aviso, com leves indícios: uma vontade de não tomar banho pela manhã foi o primeiro pipocar da velhice".

E encerrava seu pensamento chegando à triste conclusão: "Velhice não tem espera, ela ataca à traição".

A velhice era apenas um dos aspectos que faziam com que Sant'Ana tivesse cada vez maior consciência da finitude. Em 2006, na entrevista concedida à revista *Press*, Sant'Ana havia revelado um lado místico mais acentuado e voltava a confirmar uma proximidade maior com a religião. "Vou dar a vocês um furo", disse ele anunciando aos entrevistadores: "Eu estou em um processo de conversão. Eu estou me aproximando de Deus através de uma religião", contou sem revelar que religião seria essa. Seguindo sua confissão religiosa, Sant'Ana falava de sua consciência de que seu fim estava próximo: "Estou achando que tenho que passar os últimos dias da minha vida, e falta pouco, nos braços de Deus, ao lado do Senhor".

Nessa fase mais contemplativa, Sant'Ana demonstrava estar em busca de algo: "Estou achando que o homem só encontra a felicidade na face da Terra quando é crente em Deus, quando se submete a Deus e quando entrega a Deus o seu destino". E desejava, suplicante: "Daqui por diante eu vou entregar a Deus. Quero que ele me chame para, na Eternidade, ficar sentado à sua mão direita".

Em novembro do mesmo ano, a crença em algo superior seguiria presente nos sentimentos de Sant'Ana: "A relação que eu criei com meus ouvintes de rádio, posso dizer o mesmo de televisão, acabou tão superior nestes 35 anos que garanto que ela foi gerenciada por Deus". Com uma fé poucas vezes demonstrada, o colunista confessava: "E se Deus é quem presidiu esta minha relação com o público gaúcho, então ninguém poderá sequer molestá-la, quanto mais destruí-la. Ninguém. Este é o único casamento sem divórcio. E o que Deus une, os homens não têm forças para separar".

Na entrevista que concedeu a Ruy Carlos Ostermann, em março de 2009, Sant'Ana admitia estar menos inquieto, sendo então "um homem que vive só para o meu lar, para minha cama". À medida que se aproximava dos 70 anos, que completaria três meses depois, Sant'Ana contava que havia diminuído o ritmo do seu cotidiano, passando a dormir até às 10h30min, 11h da manhã, levantando-se, indo para a televisão, depois para a *Zero Hora* e de lá voltando direto para casa. "Eu cantava em cinco, seis bares por noite, cheguei a cantar profissionalmente no Chão de Estrelas", e completava: "Tive uma vida desregrada, boêmia, sensual, sexual, de sátiro peralta, de rapaz travesso, de muita camaradagem". E resignava-se: "Já vivi o meu ciclo sob o ponto de vista hedônico".

Ao final, ele dizia já estar antevendo a morte e confortava-se acreditando que dentro da doutrina cristã a mais adequada à razão era o espiritismo, que "nos dá uma explicação muito melhor do que as outras doutrinas".

Para o Sant'Ana que vivia essa fase mais voltada ao misticismo, o espiritismo era a garantia de que a vida não acaba aqui, "que teremos outros decursos e que estamos aqui nos aperfeiçoando". Sant'Ana confessava sempre ter sonhado com um mundo de justiça e igualdade política. E encerrava sua reflexão afirmando: "Religiosamente, ou filosoficamente, eu penso que a melhor maneira das coisas se igualarem é voltarmos um dia, depois da morte, a este mundo, e aqui passarmos por outras experiências".

O câncer descoberto em 2011 foi tema de uma coluna em que um Sant'Ana assustado revelou aos leitores: "Fui alvo de uma cirurgia na quarta-feira última. O cirurgião Nédio Steffen retirou da minha região rinofaríngea um tumor maligno, um carcinoma". E, depois, prosseguiu: "Suponho agora, ainda atordoado pela notícia, que vou fazer tratamento radioterápico ou quimioterápico".

Tamanho receio pela doença não iria impedir Sant'Ana de brincar com a própria desgraça. Assim, ele reapareceu no *Jornal do Almoço* do dia 18 de julho de 2011 para fazer o anúncio do seu pedido de demissão.

Com sua visita anunciada pela apresentadora Cristina Ranzolin – que ao recebê-lo perguntava se o comentarista estava fazendo apenas uma visita ou se estava retornando de vez –, Paulo Sant'Ana, em pé mesmo, ao lado de Cristina, começou sua fala elogiando o profissionalismo da colega. Explicando-se, Sant'Ana contava que havia solicitado à direção do programa que retirasse a apresentadora da atração por alguns minutos, pois ele iria tratar naquele bloco de um tema "sensível e delicado". Sant'Ana seguiu falando que sua sugestão não foi acatada, por interferência da própria Cristina, que dispensou ser preservada, pediu para seguir apresentando e se justificou, dizendo: "Não podemos misturar as coisas".

O que Cristina fazia questão de não misturar era o tema do comentário de Sant'Ana com a sua relação pessoal: Sant'Ana iria falar de Paulo Roberto Falcão, treinador do Internacional até aquele dia, quando foi demitido, e também marido de Cristina.

Feita a ressalva inicial, Sant'Ana fixou os olhos na câmera e de maneira formal disse que estava ali para fazer o seguinte requerimento: "Ilustríssimo Nelson Pacheco Sirotsky, presidente da RBS: Francisco Paulo Sant'Ana, 72 anos, união estável, residente à rua Estácio de Sá, 890, apartamento 1107, brasileiro, vem por meio deste pedir à vossa senhoria demissão dos quadros de comentarista da RBS TV, *Zero Hora* e Rádio Gaúcha, pelo fato que passo a seguir a expor".

Na sequência, ainda em tom sério e voltado para a câmera, Sant'Ana esclareceu o motivo do seu pedido de demissão ao vivo. "No dia 16 de abril de 2011, portanto há três meses atrás, escrevi em minha coluna de *Zero Hora* que Paulo Roberto Falcão seria demitido em três meses." Arrasado, Sant'Ana lamentava seu erro: "Foram três meses e dois dias! Errei em dois dias! E por isso, senhor Nelson Sirotsky, estou pedindo demissão!". Ao final, num gesto de comiseração, Sant'Ana definia sua situação atual: "Estou velho e caduco, doente e superado". E suplicava: "Ponha em meu lugar um outro comentarista não tão velho, não tão doente e não tão superado. E que não erre por dois dias!".

Nelson Sirotsky, obviamente, não levou o pedido de demissão a sério.

Anos mais tarde, em uma entrevista, Sant'Ana foi perguntado como havia conseguido prever a queda de Falcão como técnico do Inter. E explicou aos repórteres: "Analisei a vida profissional pregressa do Falcão. Ele nunca tinha sido treinador. Logo, pensei: vai ser um desastre. Dura, no máximo, três meses. Errei". "E a Cristina Ranzolin, como ela reagiu?", insistiram os entrevistadores. "Ela sentia por mim, digamos, um 'ódio cordial'", esclareceu Sant'Ana.

Longe do debiche com o falso pedido de demissão e da ironia com a colega de *Jornal do Almoço*, Paulo Sant'Ana sabia ser sério e dar solenidade aos problemas que o atormentavam, como deixou claro na coluna do dia 24 de agosto de 2011. Sant'Ana abria o texto pedindo desculpas aos telespectadores do *Jornal do Almoço* por ter aparecido mascando chicletes enquanto debatia com Lasier Martins. O que acontecera, explicava o cronista, não era qualquer espécie de desrespeito ou descortesia, mas, sim, o fato de ele ter passado a ter dificuldade de salivar por causa de um tratamento de radioterapia. "Perdi a saliva, o paladar e o apetite", lamentava.

Sant'Ana, no mesmo texto, ainda contava estar com a dicção comprometida e que a única solução que havia encontrado para diminuir o problema foi o uso de chicletes. "E amanhã, se eu tiver de usar o mesmo recurso, pelo menos os telespectadores já estarão avisados e com certeza me relevarão", desculpava-se com antecedência.

O câncer atormentava Sant'Ana. Na mesma coluna, ele registrava como o noticiário geral brasileiro estava acompanhando de perto o tratamento contra a doença do ator Reynaldo Gianecchini. "Quem sou para que noticiem nacionalmente o meu tratamento de câncer?", comparava, para logo em seguida explicar: "Como não tenho a notoriedade nacional dos atores da Globo, então sou eu mesmo que por vezes noticio o meu tratamento".

Pela doença, naquela época, o maior drama que Sant'Ana enfrentava era a perda do paladar. "Faz 50 dias que me alimento só de sopas, caldos, outros líquidos", reclamava, dizendo que uma de suas poucas alegrias gastronômicas era o consumo exagerado de mocotó. "Mas mocotó todos os dias também cansa a paciência", resignava-se.

Sem perder o humor, ele até partia em busca de soluções heterodoxas: "Churrasco, na situação em que me encontro, só se desossassem uma costela assada e a colocassem no liquidificador". Mas ainda assim era o primeiro a reconhecer: "O que seria ridículo".

Com 2011 se aproximando de seu final, Paulo Sant'Ana passou a receber homenagens internas pelos seus quase 40 anos de carreira na RBS. No dia 4 de dezembro, ele foi uma das quatro pessoas que chegavam à marca – os outros três eram o fotógrafo Arivaldo Chaves, o integrante do Conselho de Administração Carlos Melzer, genro de Maurício Sirotsky e pai de Duda Melzer, e Nelson Sirotsky. Mas, para Sant'Ana, mais importante do que a solenidade comemorativa da data foi o presente que ele recebeu na semana anterior: Nelson Sirotsky ocupando o espaço de sua coluna para elogiá-lo em público.

ANEXO 4

Carta a Pablo

(texto de Nelson Sirotsky publicado no espaço de Paulo Sant'Ana em 28 de novembro de 2011)

Querido amigo. Estamos completando, juntos, 40 anos de RBS. Por isso, tomo a liberdade de cometer o sacrilégio de ocupar o teu espaço sem aviso prévio (no bom sentido, é claro). São quatro décadas de trabalho, identificação e amizade. Neste período, que representa boa parte de nossas vidas, compartilhamos alegrias e decepções, vitórias e derrotas, e também uma infinidade de momentos que nos tornaram mais maduros e mais resistentes. Pois, para solidificar ainda mais esta camaradagem forjada pelo tempo, encomendamos ao artista plástico Gustavo Nakle uma escultura que te representasse, e com a qual te homenagearemos na noite de hoje. Ele sintetizou em bronze, numa mistura de Mosqueteiro e Dom Quixote, o Paulo Sant'Ana de múltiplas polaridades que todos admiramos. O guerreiro, que batalhou pela sobrevivência na infância e na juventude, e se tornou imbatível no exercício de seu ofício. O irreverente, que vestiu a armadura da criatividade para fazer a diferença na vida profissional. O torcedor vibrante, ensandecido de paixão pelo seu Grêmio, que leva no peito e na alma para onde der e vier. O comentarista polêmico, o colunista preciso, o jornalista ético, o comunicador de todos os gaúchos. Dom Pablo Sant'Ana de La Mancha. O cavaleiro da inconfundível figura, o rosto mais conhecido e um dos cérebros mais admirados do Rio Grande. Mosqueteiro sem rei, jamais recusaste a luta em defesa do teu público e do estandarte que sempre carregaste com orgulho. O estandarte da RBS. Esta escultura de bronze, amigo Sant'Ana, é um acerto eterno.

Por todos os motivos do mundo, Paulo Sant'Ana ficou em êxtase com a carta: pela comparação com Dom Quixote, pelo reconhecimento de quatro décadas de fidelidade à empresa, pelo excesso de elogios que chegavam em um ano especialmente difícil – em que ele havia enfrentado tantos e tão graves problemas de saúde – e, principalmente, pelo fato de tudo isso vir assinado por Nelson, a quem ele considerava um grande amigo e que nesses 40 anos havia sido patrão, conselheiro, tutor, "irmão mais novo", "irmão mais velho" e "pai".

Empanturrado de elogios, Sant'Ana escancarou toda a sua alegria na coluna de dois dias depois, 30 de novembro. Fazendo uma referência imediata a outro grande parceiro, Fernando Ernesto Corrêa, Sant'Ana também tratou a coluna como se fosse uma carta, contando ao "amigo dileto" como estava repercutindo "a coluna que o Nelson Sirotsky escreveu para mim na segunda-feira". Surpreendido pelo texto, Sant'Ana confessa ter esperado ler sua coluna no espaço de sempre quando descobriu que o original havia sido substituído pela novidade. E aproveitou – exaltando seu conhecido ciúme – para alfinetar todos que anteriormente ocuparam aquele espaço: "Dei de cara pela manhã com a coluna do Nelson, humilhando a todos os interinos históricos da minha coluna".

Logo adiante, ainda quando se autocongratulava por ter sido chamado de Dom Quixote de La Mancha, Sant'Ana voltou a fustigar "os usuais interinos da minha coluna que estão inconsoláveis".

Nos momentos mais bem-humorados, Sant'Ana ainda arranjou espaço para brincar com o corpo médico que o acompanhava nos últimos anos ("Na solenidade dos jubilados, estavam presentes 15 médicos que me trataram e tratam. Infelizmente, a minha saúde é muito forte, era para estarem presentes 19 médicos, mas quatro deles faleceram durante o meu tratamento") e também para provocar um possível interino: "Há dois dias, o senhor Jayme Sirotsky me assedia para tentar escrever uma coluna em meu espaço".

Já cansado e sem a mesma intensidade para tocar as múltiplas tarefas que assumira na RBS pelas quatro décadas anteriores, Sant'Ana entrou em 2012 em outra frequência, bem mais baixa. Os problemas de saúde permaneciam – alguns até se agravavam – e, durante aquele ano, o único fôlego que o cronista mostrou ter foi na polêmica em que se envolveu com o goleiro Marcelo Grohe, já tratada anteriormente aqui.

O que voltaria a ser uma obsessão para Paulo Sant'Ana entre os anos de 2012 e 2013 seria revisitar a traumática relação que sempre teve com o próprio pai. No período de um ano e nove meses, entre janeiro de 2012 e outubro de 2013, a figura do velho Cyrillo voltaria a assombrá-lo. A maneira encontrada por Sant'Ana para enfrentar seus demônios seria exorcizá-lo nas páginas de jornal. O primeiro *round* seria no dia 19 de janeiro, com Sant'Ana recordando: "Meu pai, quando eu era criança, só parava de desferir fortes bofetadas em meu rosto quando meu nariz sangrava". Sem capacidade de compreender o que ocorria, Sant'Ana primeiro justificava-se – "Eu amava meu pai, eu ainda amo meu pai" – para logo em seguida partir para o ataque: "Ele foi mau e sádico comigo. Surrava-me na maioria das vezes injustamente. Ele me surrava por prazer de me espancar. Ele se realizava tendo-me, menininho, à mercê de sua tara sádica".

Sant'Ana recuperava aqueles dias de terror ao mesmo tempo que fazia uma analogia entre a figura que o pai desempenhava na rua, trabalhando no presídio, e a que desempenhava no lar: "Eu morava num quarto dos fundos e ali vivia todos os dias o papel de um detento que invariavelmente era espancado pelo seu carcereiro. Todos os dias. Isso é o que meu pai foi para mim na minha infância: meu carcereiro implacável".

O medo que ele sentia naqueles dias permanecia quase 60 anos depois: "Foi tão grande o trauma que meu pai me causou com essas tremendas agressões, que por vezes, já agora na minha idade, talvez no fim da minha vida, por vezes sonho com meu pai me espancando ou então com cenas do meu medo, à espera de que dali a pouco meu pai chegasse e desse início àquelas sessões intermináveis de tortura".

Mesmo bem-sucedido financeira e profissionalmente, Sant'Ana não perdoava os estragos causados pelo pai: "O que meu pai conseguiu com sua sanha, tenho bem nítido: tornou-me inseguro e pessimista, dano monumental que se encravou na minha conduta em toda a minha vida". E garantia: "Não tenho como absolvê-lo, embora estranhamente eu ainda o ame".

Essa coluna, para Sant'Ana, desempenhou vários papéis. O primeiro foi culpar o pai – "Ele foi meu carrasco e eu fui sua vítima e um herói, porque consegui ainda reunir forças, depois que ele me estraçalhou, para enfrentar as duras lidas da vida". Em seguida, Sant'Ana, com base nas suas experiências pessoais, usou seu texto para fazer um alerta: "Estou escrevendo sobre uma grave queixa minha. Apenas pela esperança de que isso possa evitar que pais repitam tal massacre com seus filhos".

Mas a grande novidade surgida naqueles dias foi Sant'Ana apresentar a figura de seu avô, Israel, de quem Cyrillo parecia ter herdado o gosto pela violência: "O interessante é que meu pai nos contava que meu avô, o pai dele, chamava a ele e seus irmãos e dizia para que fossem buscar o relho dependurado na parede da sala para serem a seguir espancados". Em um de seus textos mais pungentes, Sant'Ana calculava: "Deve ser grande a dor e o medo de um filho que vai noutra peça da casa buscar o relho e alcançá-lo para o pai espancá-lo". E, encerrando com uma referência extremamente pessoal, Sant'Ana confessava: "Talvez por isso nunca, em toda a minha vida, espanquei ou sequer dei um tapa num dos meus três filhos".

A recuperação dos eventos traumáticos de sua infância deve ter tido imensa repercussão. Isso fez com que Sant'Ana revisitasse o tema menos de nove meses depois, novamente comparando a crueldade do avô com a do pai. "Calculo que meu pai me contava (*as surras de relho aplicadas pelo avô*) para justificar as surras tremendas que me dava, como que a me dizer assim: 'Tu tens a sorte de que não te mando buscar o relho na sala, como teu avô fazia comigo'." A conclusão, segundo Sant'Ana, só podia ser uma: "O que eu penso desse exemplo trazido a mim pelo meu pai é que se tratava de uma safadeza de meu avô".

O trauma era enorme. A ponto de, pelo resto da vida, Sant'Ana ter em relação ao pai muito mais lembranças ligadas às "dores que me causavam os severíssimos castigos corporais a que me submetia" do que qualquer demonstração de afeto. "Pouco me recordo de meu pai em raras atitudes de carinho que demonstrava comigo, das quais uma só não me sai da lembrança: quando, uma só vez, em cima de sua cama, me envolvia entre suas pernas afetuosamente e pedia que eu tentasse me livrar da 'tesoura' que aplicava docemente em meu tórax. Nunca vi nem ouvi dizer que espancar filho ajuda em alguma coisa."

A figura do pai voltaria a ser tema de uma coluna, agora em fevereiro de 2013, e com uma diferença: Sant'Ana falava do pai morto. "Nunca me sai da lembrança aquele dia em que fui até o cemitério para assistir ao cadáver de meu pai, entre quatro velas de cera. Pensei comigo, por mais que meu pai me tenha maltratado, o que seria de mim sem ele." Ambíguo em seus sentimentos, Sant'Ana abria seu coração: "Era estranho o que eu sentia. Decerto modo, eu me sentia libertado dos maus-tratos que ele me infligira durante toda a minha infância e adolescência. Por outro lado, a dependência que sentia por ele me jogava num destino incerto".

No mesmo ano de 2013, a direção da RBS achou por bem oficializar uma diminuição no ritmo de trabalho de Sant'Ana. A coluna foi reformulada: deixou de ser publicada às segundas, quartas, quintas e aos sábados para se tornar um espaço semanal. Permaneceu antes da contracapa, mas com página inteira. Além do texto principal na edição mais lida do jornal, passou a contar com uma seção dedicada às contribuições de leitores e outra chamada "O melhor de Sant'Ana", relembrando frases antológicas.

Geraldo Corrêa admite que os sinais de desgaste deveriam ter servido de alerta a todos de que o melhor a ser feito era Paulo Sant'Ana pensar em se aposentar. "Ele poderia ter parado de trabalhar um pouco mais cedo. Cheguei a aconselhá-lo sobre isso, mas ele era resistente, até pelo fato de ele não se dar conta de que estava doente", reflete. Para Geraldo, a visibilidade, a notoriedade eram a vida de Sant'Ana. "Ele tinha uma necessidade vital de ser o centro das atenções."

Em 30 de julho de 2014, já afastado das tarefas profissionais para o tratamento de sua saúde, Sant'Ana ainda fazia algumas participações pontuais em momentos especiais, quase sempre mais como gremista do que como comentarista. Como foi o caso dessa ida ao *Jornal do Almoço*.

Naquele dia, o programa era apresentado por Daniela Ungaretti e reunia, além de Sant'Ana, o radialista e também torcedor tricolor Everton Cunha, o Mr. Pi, e o comentarista Maurício Saraiva. O tema central era a volta de Luiz Felipe Scolari ao comando técnico gremista após treinar e fracassar com a Seleção Brasileira na Copa do Mundo.

Vestindo calça bege e camiseta do Grêmio e amparado em uma bengala, Sant'Ana declarou-se feliz com a volta de Felipão e, citando Lupicínio Rodrigues, passou a entoar os primeiros versos do hino tricolor em que ele deu um jeito de encaixar "Felipe" na letra.

Sant'Ana continuou: "Estávamos precisando do Felipão e ele precisava de nós. É um casamento perfeito", comemorou o comentarista, completando que esse novo enlace surgiria pelo "signo da esperança". Ao final, Sant'Ana vaticinou. "Que no Gre-Nal, ele se redima da goleada", disse, lembrando os 7 a 1 da derrota da seleção para a Alemanha. "Nós estamos cheios de esperança." A expectativa de Sant'Ana não se confirmou: na sua reestreia, Luiz Felipe Scolari saiu derrotado por 2 a 0 no Gre-Nal.

Falando que a volta do treinador era uma unanimidade, que ninguém objetou, Sant'Ana ressaltou: "O único que poderia ser contra seria eu, mas eu não vou estragar a festa. Se a torcida quer, eu me irmano".

E completou sem saber que estava dizendo aquilo pela última vez: "É sempre bom retornar ao *Jornal do Almoço*".

Em março de 2015, João de Almeida Neto foi convidado para integrar o elenco do *Sala de Redação*. A entrada do cantor ocorreu quatro meses depois da briga de Sant'Ana com Kenny. Sant'Ana já estava afastado do programa e, segundo João, ele não teve nenhuma influência na sua contratação.

A identificação de Sant'Ana e de João com relação ao que pensavam sobre o Grêmio era total. Embora nunca tenham ido juntos a um jogo, "eu ia nas cadeiras, ele ia para as cabines de imprensa ou para algum camarote", lembra João, os dois se afinavam nas opiniões e nos sentimentos, em especial na capacidade de falar de maneira contundente quando notavam que algo estava errado com o Grêmio.

João de Almeida Neto ocupou a vaga de representante gremista no *Sala de Redação* por quase dois anos, até janeiro de 2017, quando foi comunicado da sua dispensa. "Eles remodelaram o programa e eu deixei de integrar a equipe", explicou.

Foi também nesse período que ele e Sant'Ana se encontraram pela última vez. "Nos cruzamos pelos corredores da Rádio Gaúcha e era visível que ele já estava muito doente e parecia triste", lembra João. A amizade próxima dos dois durou pouco mais de uma década, mas nesse período foi intensa e constante. Talvez por isso, João tenha optado por não visitar Sant'Ana nos momentos mais agudos da doença. "Eu não me despedi do meu amigo."

Jane, mulher de João, sim. Ela conta que foi uma vez ao apartamento dele para visitá-lo. Sant'Ana já estava muito debilitado, acompanhado por uma cuidadora. "Ele me reconheceu, mas pouco falava", lembra

Jane, contando ainda que se aproximou do ouvido de Sant'Ana, disse que João lhe mandava um beijo e cantarolou alguns versos da valsa *Carnaval da Minha Vida*. "Diga ao João que ele é um amigo que eu amo", agradeceu Sant'Ana.

───────

Em julho de 2015, a coluna de Paulo Sant'Ana esteve na edição de *Zero Hora* pela última vez. Ocupando quase a totalidade da penúltima página do jornal do dia 26, a crônica seria pequena em relação aos textos anteriormente escritos pelo autor. Com o título "Jogo de empurra", a coluna começava citando uma colega, a comentarista política Rosane de Oliveira, e exaltando que ela conseguira dar "um furo num dia em que divulga que os funcionários públicos estaduais não vão receber nada de aumento em 2016, no dia seguinte divulga ela novamente outro furo, publicando que vai aumentar a alíquota do ICMS para 18%". Sant'Ana arremata esse primeiro parágrafo concluindo de maneira irônica: "Em seguida, a colunista entra em férias. Se ela não para de trabalhar, o Estado confessará a sua falência".

Sant'Ana prossegue concluindo que "a coisa tem funcionado assim: o governador (*no caso, José Ivo Sartori, personagem que na charge de Gilmar Fraga ilustra a página*) cochicha com a colunista Rosane de Oliveira e ela dá a notícia na sua coluna. No dia seguinte, o governador desmente a colunista".

Para Sant'Ana, "Sartori está trabalhando menos em ser governador do que em desmentir ou confirmar dos jornais diários em sua briga de beleza". E, desanimado, encerrava: "Primeira vez que o jornalismo virou 'bota que eu desminto ou bota aí que eu não confirmo aqui'. E segue o baile".

O último texto vinha ainda acompanhado de uma mensagem enviada por um leitor que agradecia a defesa que Sant'Ana fazia do funcionalismo público e que era completada pela resposta do colunista, que disse: "Não há mérito meu em defender o funcionalismo público, afinal sou cria dele, me aposentei e passei a ganhar menos da metade do que deveria ganhar. Mas que é triste ver o que pagam e o que não pagam ao funcionalismo estadual, com exceção das castas, é de chorar!".

Jogo de empurra

(a última coluna, publicada em 26 de julho de 2015)

Estamos de um jeito, que a colunista Rosane de Oliveira dá um furo num dia em que divulga que os funcionários públicos estaduais não vão receber nada de aumento em 2016, no dia seguinte divulga ela novamente outro furo, publicando que vai aumentar a alíquota do ICMS para 18% e, em seguida, a colunista entra em férias. Se ela não para de trabalhar, o Estado confessará a sua falência.

A coisa tem funcionado assim: o governador cochicha com a colunista Rosane de Oliveira e ela dá a notícia na sua coluna. No dia seguinte, o governador desmente a colunista. E mais: um dia depois, a mesma colunista noticia o aumento do ICMS para 18%, e o governador tenta desmentir de novo, mas o fato é que, sobre as finanças estaduais, qualquer notícia trágica que se der é sempre verdadeira, nada pior do que esse campo da administração na gestão sartorista.

Do jeito que a coisa estava andando, com a Rosane de Oliveira dando um furo por dia sobre o caos das finanças estaduais, se ela não entrasse em férias, ou o Sartori renunciava, ou a colunista sofreria de hemorragia noticiarista.

E do jeito que estava a coisa, a Rosane de Oliveira dava um furo sobre o caos das finanças estaduais e o jornal concorrente desmentia. Enquanto isso, o Sartori dava uma entrevista para um jornal no cochicho e no dia seguinte desmentia o furo no outro. O Sartori está trabalhando menos em ser governador do que em desmentir ou confirmar dois jornais diários em sua briga de beleza. Primeira vez que o jornalismo virou "bota que eu desminto ou bota aí que eu não confirmo aqui".

E segue o baile.

A última frase, com o título "O Melhor de Mim – Pensamentos extraídos do meu arquivo de colunas" é quase um retrato do autor: "O modesto é aquele cara que fica quieto quando não o estão elogiando, mas se passam a elogiá-lo ele finge que não ouve, mas por dentro fica vibrante".

Em dezembro de 2016, Pedro Sirotsky visitou o amigo Sant'Ana pela última vez. O encontro foi no quarto onde o cronista estava internado em sua própria casa, cercado por um arsenal de remédios e com a supervisão de cuidadores e enfermeiros. Pedro ficou com a imagem de que – além de muito debilitado fisicamente, falando devagar – Sant'Ana parecia triste. "A chama estava se apagando", flagrou. A data ficou para sempre na memória: 7 de dezembro, dia em que o Grêmio ganhou a Copa do Brasil daquele ano. "Como o Sant'Ana sempre teve o jogo como uma de suas obsessões, posso fazer a seguinte relação: a banca cobrou", compara Pedro. "Seu ocaso foi melancólico e ele pagou com juros todos os prejuízos que ele causou à própria saúde."

Também nesse mesmo mês, a RBS promoveria uma nova solenidade em homenagem aos jubilados. Paulo Sant'Ana completava, então, 45 anos como integrante da casa. Mas, a essa última festa, ele não pôde se fazer presente. Sant'Ana já se encontrava com graves problemas de saúde.

"Os problemas do Paulo Sant'Ana vinham muito a mim e eu sempre tive que ter a compreensão de que ele era um sujeito difícil e precisava ser preservado. Foi assim até o fim", constata Nelson Sirotsky. Além do apoio econômico e material mantido pela RBS, o Sant'Ana exigia ainda cuidados especiais. "Nesse sentido, eu e o Fernando Ernesto procuramos dar a ele todo apoio, mas sempre foi uma tarefa nada fácil."

Com os agravamentos das mais variadas doenças, Sant'Ana já não podia manter a mesma independência de antes. O resultado prático e imediato era que, paulatinamente, ele veio perdendo seus espaços em *Zero Hora*, na RBS TV e na Rádio Gaúcha. Como necessitava de acompanhamento constante e de cuidados especiais – em determinado momento, Sant'Ana chegou a mobilizar uma equipe com dez médicos, cada qual especialista em uma área –, amigos e parentes concordaram que o melhor para ele seria ficar internado em uma clínica geriátrica.

Já sem a mesma independência e a capacidade de tomar decisões, Sant'Ana foi convencido a se internar e de que – garantiram a ele – essa temporada seria uma situação provisória. "Ele já não apresentava a mesma lucidez e em alguns momentos ficava fora do ar", atesta Nelson.

Nelson ressalta que também a vida financeira de Sant'Ana, a partir de determinado momento, precisou sofrer uma intervenção. Geraldo Corrêa também foi chamado para integrar esse comitê de apoio. "Tanto o Nelson quanto o meu pai me davam, com frequência, algumas missões com relação ao Sant'Ana, quase sempre vinculadas a questões pessoais dele". Nelson detalha: "Teoricamente, o Sant'Ana tinha uma condição financeira muito boa. Ele tinha um alto salário, dos maiores da RBS, mas a incapacidade para administrar a vida o deixava sempre em risco. Se continuasse daquele jeito desregulado, ele iria quebrar", avalia Nelson.

Assim, partiu também de Nelson e de Fernando Ernesto a decisão de interná-lo. A primeira opção dos dois foi pelo Lar Israelita, no Bairro Jardim Itu, local ligado à comunidade judaica e que acolhe idosos. Nelson tinha as melhores referências do lugar, e Sant'Ana foi levado pelos dois para lá.

Mas a opção foi traumática – para o próprio Sant'Ana e para alguns outros pacientes – e ele ficou por apenas poucos dias no Lar Israelita. "Ele não obedecia à nenhuma regra, era grosseiro e se indispôs com muitas pessoas", conta Nelson a partir do relato de pessoas que dirigiam o Lar.

A decisão de Nelson e Fernando Ernesto foi, então, de procurar um novo local, onde Sant'Ana pudesse ter uma privacidade ainda maior. Assim, Sant'Ana passou a morar numa clínica na Pedra Redonda, Zona Sul de Porto Alegre.

O Residencial Pedra Redonda é um prédio com 35 apartamentos localizado na Avenida Coronel Marcos, a principal do bairro Ipanema. Fundado e administrado por Henri Chazan, o local ocupa um imóvel que já pertencia à família do proprietário. Os apartamentos estão permanentemente ocupados.

A mais remota lembrança que Henri Chazan tinha de Paulo Sant'Ana não estava ligada ao que aconteceria quase meio século depois, quando os dois se reencontraram na clínica. Henri recorda que quando criança, em São Jerônimo – onde foi morar quando seu pai, que era médico, para lá se transferiu – ele ouvia pela cidade histórias folclóricas do tempo que Sant'Ana era responsável pela delegacia. A mais pitoresca delas, conta Henri, se dava nos plantões de domingo. Se houvesse jogo do Grêmio naquele dia, Sant'Ana fechava a delegacia, embarcava na Kombi do município e viajava para Porto Alegre para ver o jogo.

Agora, anos depois, Henri Chazan estava sendo procurado por Fernando Ernesto, a quem conhecia socialmente, por indicação de Geraldo, filho de Fernando. "Recebi uma ligação dele que me explicou quem seria o paciente e todo o cuidado que a situação exigia", lembra Henri. Pelas peculiaridades desse tipo de habitação, explica, não é possível fazer reserva, até porque nunca se sabe por quanto tempo cada unidade permanecerá ocupada. Por casualidade, o 306, o maior apartamento, estava vago, e Sant'Ana pôde ser transferido para seu novo lar de imediato.

Era o dia 15 de março de 2017.

Paulo Sant'Ana passou a ocupar um quarto individual, com vista para um bosque e com livre acesso para as visitas. Henri recorda que o novo morador parecia não ter muita noção de onde estava. Sabia apenas que não estava na sua própria casa, mas não mostrava desconforto com o novo lar. "Ele sabia que não estava em casa, mas que também não estava no hospital. Sabia apenas que estava em tratamento", atesta Henri.

De imediato, Sant'Ana criou vínculo com Lisete, uma técnica em enfermagem que sabia como explorar assuntos que a aproximassem dele. Um desses códigos consistia em Lisete fazer uma brincadeira diária com ele: ela chegava com a edição de *Zero Hora* e ele pedia que ela abrisse na página da sua coluna. Lisete se fazia de desentendida e abria de propósito o jornal na primeira página. Sant'Ana acusava o golpe e, fazendo o gênero mal-humorado, reclamava. Nos dias seguintes se criaria um bordão entre eles, com Sant'Ana definindo da seguinte forma a insistência dela em abrir na página errada: "Odeio gente burra!".

Outro sinal de haver um bom convívio entre Sant'Ana e Lisete era o fato de ela, de brincadeira, entrar sambando no apartamento dele. Ele dizia que ela sambava errado, mandava voltar e entrar de novo.

Outra funcionária da clínica de quem Sant'Ana ficou próximo foi Vera, a fisioterapeuta. Como ele tinha dificuldade de locomoção, Vera insistia – e conseguia – que ele desse alguns passos dentro do quarto.

A vida na nova casa trouxe a Sant'Ana algo que parecia impossível: ele parou de fumar. Por recomendação médica, ele não podia ter acesso ao cigarro e, ao que parece, nunca reclamou, conta Henri. De peculiar havia o fato de Sant'Ana ter mantido o gestual do antigo vício, fazendo movimentos em que parecia acender o cigarro e levá-lo constantemente à boca. Doces também não estavam mais entre suas insistências. Alimentava-se no quarto com o que era servido pela clínica e nunca houve registro de que tenha reclamado ou exigido algo. Naquele período, Sant'Ana desenvolveu apenas um vício: pedia para beber cerveja sem álcool.

Como praticamente não saía do apartamento, Sant'Ana não interagia com outros pacientes, nem no salão, onde quase todos confraternizam, nem no jardim. Por ser uma figura pública, também havia a preocupação de que não fossem feitas fotos com ele, evitando assim o vazamento de qualquer informação sobre a permanência dele no local.

Sant'Ana também não saía para eventuais passeios. Só se ausentava do residencial para idas ao hospital ou para os exames. Passava quase todo o tempo no quarto e recebia muitas visitas. As mais frequentes eram as da mulher, Inajara, e dos amigos Fernando Ernesto e Nelsinho Sirotsky Dvoskin, filho de Marcos Dvoskin e herdeiro da amizade que seu pai tinha por Paulo Sant'Ana. "Ele e o meu filho ficaram íntimos, em especial, por causa do gosto por piadas e gozações envolvendo um e outro", diz Marcos.

Foi já em seu novo lar que Sant'Ana foi visitado em abril de 2017 por duas pessoas de quem esteve muito próximo nos últimos anos: Ricardo Stefanelli, que havia sido diretor de Redação de *Zero Hora*, e Nilson Souza, editor de Opinião de ZH.

Em uma postagem no Facebook, Stefanelli contou que havia sonhado com essa visita e, movido por esse sentimento, convidou Nilson para que o acompanhasse.

A expectativa era baixa, já que tanto Stefanelli quanto Nilson imaginavam que não seriam reconhecidos por Sant'Ana. O diagnóstico mais recente informava que ele não reconhecia a maioria das pessoas, suas memórias estavam em algum lugar do passado e suas falas faziam pouco sentido, "uma incoerência para o profissional que mais deu sentido à Comunicação do Rio Grande do Sul", escreveu Stefanelli.

Porém, segundo ainda o relato, "aquela tarde estava mais linda do que costumam ser os outonos de Porto Alegre e o lar da Zona Sul onde ele repousou seus últimos meses era o que de mais aconchegante pode ser uma casa de idosos à espera de sua hora". Isso não impediu que os dois se assustassem com a aparência inicial do anfitrião, mas foi um susto de segundos. Logo, Sant'Ana reconheceria os dois e teria ânimo, inclusive, para dar uma bronca por eles terem perguntado se ele sabia quem estava ali para visitá-lo.

Ao Nilson, Pablo fez reclamações habituais, como se estivessem ainda na mesma sala de Opinião na Redação. Recitou Augusto dos Anjos e cantarolou trechos do Hino do Grêmio. Tais gestos deixaram os dois visitantes felizes pelo reencontro. Em uma linha ainda mais pessoal, Sant'Ana perguntou por Juliana, mulher de Stefanelli. Anos antes, ela havia presenteado o cronista com um cinzeiro de cristal para que ele pudesse fumar quando estivesse em visita à sala do diretor de Redação. "Sempre tive forte aversão a cigarros, mas amava receber Sant'Ana. Valia a pena, portanto, conviver com suas baforadas que, por anos, me fizeram um fumante passivo de suas ideias", reconheceu Stefanelli.

Como tantas vezes fez na sala do vice-presidente Fernando Ernesto Corrêa e mais ainda na sala dos editorialistas, Sant'Ana também tirava alguns cochilos no sofá da sala do diretor de Redação. Às vezes, até em meio a reuniões, o que também não causava estranheza aos que participavam desses encontros.

À medida que a visita se encaminhava para o seu final, o clima já parecia mais relaxado, menos tenso. Stefanelli aproveitou para recordar sua mudança para Santa Catarina, cinco anos antes, quando foi transferido da chefia de *Zero Hora* para o comando do Diário Catarinense. "Santana chorou muito conosco e nos visitou inúmeras vezes em Florianópolis." E completou: "Ele me telefonava no meio da manhã, à tarde ou tarde da noite apenas para reafirmar a saudade ou soletrar *Canção do Exílio*, de Gonçalves Dias, naquele seu jeito".

Ao final, Stefanelli contou que ele e Nilson Souza saíram mais leves da visita. Estavam conscientes de que aquela havia sido provavelmente a última vez que veriam Sant'Ana, porém – frisou Stefanelli – "a nossa apreensão da conversa da ida deu lugar a boas lembranças no caminho de volta".

Quem saiu da clínica sem a mesma impressão foi Geraldo Corrêa. "Na última vez que estive visitando-o na clínica, ele me parecia bastante fora do ar. Parecia não me reconhecer e falava coisas desconexas."

Quase sempre acompanhado de Fernando Ernesto, Nelson foi algumas vezes visitar Sant'Ana na clínica. A última foi cerca de 20 dias antes da morte do colunista. "Ele me reconheceu, falamos um pouco do Grêmio, da RBS", lembra Nelson, ressaltando que o que chamou a sua atenção foi o fato de que Sant'Ana estava "muito debilitado e passava a sensação de que estava muito sozinho". Nelson emociona-se com a memória: "Ele chorou muito – e eu chorei com ele".

Na mesma época, Guerrinha também havia passado por lá. "Se ele me reconheceu, não demonstrou", lamentou. "Aí eu fiquei um pouco e fui embora. Aquele Sant'Ana diante de mim não tinha nada a ver com o que eu havia conhecido: o Sant'Ana que viveu tudo o que tinha que viver."

Com as internações ocorrendo cada vez de maneira mais frequente, Sant'Ana novamente passou a contar também com o apoio do filho Jorge. "Fui ao hospital todas as vezes." Porém, quando o pai passou a morar na clínica, a frequência de visitas do filho diminuiu. "O fim dele foi muito triste."

"Tenho a consciência tranquila de que fiz tudo o que estava ao meu alcance nos últimos meses de vida dele. Ia visitá-lo no hospital, no apartamento e na clínica em que ficou por alguns meses sempre que estava em Porto Alegre", conta Fernanda. "Na clínica, eu levava quindins e docinhos que ele gostava. Ele nem conseguia comer direito, mas ficava feliz com o meu gesto."

Jorge conta que ficou sabendo sobre a morte do pai no fim da noite do dia 19, "quando o Fernando Ernesto me ligou e me avisou", lembra. "Não foi um baque porque há tempos já estava se vendo que ele não ia durar muito mais."

Coube ainda a Jorge avisar a irmã, Fernanda, que estava em São Paulo. "Ele me ligou para contar", lembra Fernanda. "Aí eu liguei na Rádio Gaúcha, que estava fazendo a cobertura, e fiquei chorando a noite inteira. Na manhã seguinte embarquei para Porto Alegre", explica.

Inajara e a filha Ana Paula também recordam como elas precisaram ser constantes nesse período. "Atravessávamos a cidade para visitá-lo. Era muito cansativo", conta Inajara. "Na clínica, como ele não tinha noção de onde estava, às vezes eu mentia que estávamos em um hotel. Assim, ele me reconhecia." Já Ana Paula recorda que ele, muitas vezes, a confundia com uma irmã dele.

A mulher lembra que, na noite de 19 de julho de 2017, às 22h20min, ela recebeu uma ligação. "Um médico, o Dr. Maratia, me ligou e disse:

'A senhora pode dar uma chegada ao hospital?'. Aí não precisou dizer mais nada!"

Ianjara saiu rapidamente e, quando chegou ao local, o médico estava saindo da CTI. "Ele apenas me olhou e balançou a cabeça. Aí eu não queria acreditar. Eu sacudia ele e gritava: 'Acorda Sant'Ana, não faz isso comigo!'."

Quase seis anos depois da morte de Paulo Sant'Ana, em março de 2023, Nelson Sirotsky rememoraria ao comunicador Duda Garbi parte da sua relação com o comentarista e faria um resumo das mais de quatro décadas de convívio. "O Sant'Ana teve uma relação difícil com o pai dele. Assim, o meu pai de alguma forma supriu isso para ele", começou Nelson. "Quando meu pai faleceu, ele ficou órfão de novo. Aí, ele me adotou e eu assumi esse papel com carinho, amizade e muitas vezes eu fui duro com o Sant'Ana quando vi alguns tropeços dele no que ele fazia como comunicador."

Ao final, Nelson revelou uma das facetas mais curiosas do cronista, algo que contrastava com a autossuficiência e com a megalomania que Sant'Ana sempre fez questão de demonstrar: "Ele me pedia que eu não o demitisse todos os dias. 'Por favor, não me bota na rua', ele implorava". Mas, mesmo com o temor de Sant'Ana, tal ideia nunca passou pela cabeça do empresário.

Sant'Ana se transformara numa inexpressiva imagem dos seus tempos de glória. "Depois dos 70 anos, ele se perdeu um pouco, começou a fraquejar no raciocínio. Eram os efeitos da doença", admite Nelson. Para Moisés Mendes, "Sant'Ana foi despedindo-se de cada um dos seus muitos Sant'Anas com a inconformidade de quem vai perdendo pedaços das suas identidades". Completando seu raciocínio, Moisés ressaltou que "o Chico, o Paulo, o Pablo, o Pablito e outros que davam forma a tantas variações da sua personalidade e das suas performances foram aos poucos saindo da TV, do rádio, do jornal e da internet". E concluiu, melancólico: "Cada um deles foi perdendo força física para manter o ritmo mental do Sant'Ana múltiplo e vigoroso dos melhores tempos".

Como só admitia ser comparado, em nível regional, a João Bergmann, em alcance nacional, Sant'Ana reconhecia uma outra grande influência na sua maneira de escrever: Antônio Maria.

Jornalista, escritor, locutor esportivo e compositor, Antônio Maria foi múltiplo em múltiplas atividades. Foi também um dos casos em que a vida foi maior do que a obra – e isso não é pouco se comparado à produção tão talentosa e prolífica. Em sua vida, Maria se divertiu muito, bebeu muito, comeu muito, cantou e amou bastante. Como se fosse um espelho para Sant'Ana, Antônio Maria de Araújo Morais fez de tudo um pouco. E tudo de forma exagerada. Já consagrado como um dos grandes cronistas brasileiros, Antônio Maria, nos anos 60, teve dois enfartes, o segundo deles fatal, em 15 de outubro de 1964. Uma morte que pode até ter surpreendido alguns, não ele que havia escrito pouco antes: "Com vocês, por mais incrível que pareça, Antônio Maria, brasileiro, cansado, 43 anos, cardisplicente (isto é: desdenha o próprio coração). Profissão: esperança".

Outra frase famosa de Antônio Maria era: "Se eu estiver dormindo, me deixe dormir. Se eu estiver morto, me acorde". Essa pérola do *nonsense* servia também como advertência. Em forma de cartaz, ela estava colada sobre a cadeira de uso exclusivo de Paulo Sant'Ana na sala onde ficavam os editorialistas.

Mais do que indicar a quem pertencia a cadeira, a frase brincava com duas das obsessões de Sant'Ana, o sono e a morte. No obituário, Moisés Mendes anotou: "Na noite desta quarta-feira, 19, Sant'Ana deixou de fingir que dorme, como fazia quase todas as tardes, por alguns minutos, nos últimos anos. O cronista que não conseguia tirar um sono à noite e sesteava de dia na cadeira do jornal desistiu de ser acordado".

Quatro anos antes, em 11 de fevereiro de 2013, o próprio Sant'Ana, premonitoriamente, havia escrito: "Do sono até a morte, o passo é pequeno. A natureza pode ter criado o sono para treinar as pessoas para a morte".

Assim, nem a morte parece ter surpreendido Paulo Sant'Ana.

FIM

Pessoas entrevistadas

Todas as pessoas por mim procuradas – entre parentes, amigos e colegas – mostraram-se dispostas a falar comigo sobre Paulo Sant'Ana. Ninguém se negou.

A seguir, listo as mais de três dezenas de pessoas que aceitaram conversar. Pela paciência e pela colaboração na montagem desse imenso quebra-cabeça que foi Paulo Sant'Ana, agradeço imensamente a:

Adroaldo Guerra Filho
Alexandre Bach
Ana Paula Sant'Ana
Antônio Britto
Carlos Bastos
Cláudio Brito
Duda Pinto
Fernanda Sant'Ana Wainer
Fernando Ernesto Corrêa
Flávio Dutra
Geraldo Corrêa
Henri Chazan
Inajara Silva
Jane Vidal
Jayme Sirotsky
J.J. Camargo
João de Almeida Neto
Jorge André Brittes
Jorge Sant'Ana
José Pedro Goulart
Marco Antônio Campos
Marcos Dvoskin
Maria Ieda dos Santos Sant'Ana
Mariana Bertolucci
Matias Kronfeld
Moisés Mendes
Nélio Tombini
Nelson Sirotsky
Nilson Souza
Paulo Odone Araújo Ribeiro
Paulo Sergio Rosa Guedes
Patrícia Pivoto Specht
Pedro Sirotsky
Renato Portaluppi
Roque Jacoby

Agradecimentos

Letícia Coimbra Machado, pelo completo auxílio na pesquisa do acervo de Paulo Sant'Ana no Centro de Documentação e Informação de *Zero Hora*.

Marielsa Bildhauer, pela constante e eficaz assessoria em todas as etapas da produção do livro.

Livros consultados

Claudinho Pereira – *Na Ponta da Agulha* (Editora da Cidade, 2012).

Cléber Grabauska e Júnior Maicá – *Sala de Redação: Aos 45 do Primeiro Tempo* (Editora Bairrista, 2016).

David Coimbra, Nico Noronha e Mário Marcos de Souza – *A História dos Grenais* (Editora Artes e Ofícios, 2004).

Dilamar Machado – *A Esquina do Pecado* (Editora Mercado Aberto, 1993).

José Coiro e Cléber Grabauska – *Sala de Redação: A Divina Comédia do Futebol* (Editora L&PM, 1998).

José Rafael Rosito Coiro – *Os Anos Dourados na Praça da Alfândega* (Editora Artes e Ofícios, 1994).

José Rafael Rosito Coiro – *Os Anos Dourados na Praça da Alfândega 2* (Editora Artes e Ofícios, 1995).

Lauro Schirmer – *RBS: Da Voz-do-Poste à Multimídia* (Editora L&PM, 2002).

Letícia Wierzchowski e Nelson Sirotsky – *O Oitavo Dia* (Editora Primeira Pessoa, 2018).

Paulo Sant'Ana – *O Gênio Idiota* (Editora Mercado Aberto, 1992).

Paulo Sant'Ana – *O Melhor de Mim* (RBS Publicações, 2005).

Paulo Sant'Ana – *Eis o Homem* (RBS Publicações, 2010).